21 世纪高职高专规划教材·财经管理系列

公共关系理论与实务

（第 3 版）

主　编　魏翠芬

副主编　韩翠兰　徐　鑫

清 华 大 学 出 版 社

北京交通大学出版社

·北京·

内 容 简 介

本书在基本保持原版知识体系框架的基础上，遵循职业教育教学规律，追踪理论前沿，关注行业热点，在设计理念、编排形式等方面进行了大胆的创新和突破。全书共分七个项目，分别是：公共关系职业认知、公共关系基础知识、公共关系工作程序、公共关系协调、公共关系专题活动、公共关系危机管理、组织形象建设。

本书具有以下特点：① 基于职业能力递升的项目化课程设计；② 基于岗位情境模拟的典型学习任务安排；③ 追踪理论前沿，关注行业热点，校企合作开发教材。

本书适用于高职高专财经商贸类专业，也可以作为公共关系从业人员的培训用书。

图书在版编目（CIP）数据

公共关系理论与实务 / 魏翠芬主编. —3 版. —北京：北京交通大学出版社：清华大学出版社，2018.7

（21 世纪高职高专规划教材. 财经管理系列）

ISBN 978-7-5121-3554-3

Ⅰ. ① 公… Ⅱ. ① 魏… Ⅲ. ① 公共关系学–高等职业教育–教材 Ⅳ. ① C912.31

中国版本图书馆 CIP 数据核字（2018）第 104456 号

公共关系理论与实务
GONGGONG GUANXI LILUN YU SHIWU

责任编辑：吴嫦娥

出版发行：清 华 大 学 出 版 社　邮编：100084　电话：010-62776969　http://www.tup.com.cn
　　　　　北京交通大学出版社　邮编：100044　电话：010-51686414　http://www.bjtup.com.cn

印　刷　者：北京时代华都印刷有限公司

经　　销：全国新华书店

开　　本：185 mm×260 mm　印张：14　字数：350 千字

版　　次：2018 年 7 月第 3 版　2018 年 7 月第 1 次印刷

书　　号：ISBN 978-7-5121-3554-3/C·204

印　　数：1～4 000 册　定价：39.00 元

本书如有质量问题，请向北京交通大学出版社质监组反映。对您的意见和批评，我们表示欢迎和感谢。

投诉电话：010-51686043，51686008；传真：010-62225406；E-mail：press@bjtu.edu.cn。

前言

　　本书自 2007 年出版以来，得到了广大师生读者的认可和支持，经多次印刷和再版，目前总销量已达到 60 000 册。其中 2010 年再版的《公共关系理论与实务》（修订本）获得"第二届山东省高等学校优秀教材奖"一等奖（证书编号：2GZ21031）、"中国大学出版社协会第二届优秀教材"二等奖荣誉称号。应广大师生读者的强烈要求，目前经修订的《公共关系理论与实务》（第 3 版）又要与读者见面了。

　　本书在基本保持原有知识体系框架的基础上，遵循职业教育教学规律，追踪理论前沿，关注行业热点，在设计理念、编排形式等方面进行了大胆的创新和突破。本书具有以下特点。

　　（1）基于职业能力递升的项目化课程设计。课程设计的基本思路是：按照学习内容由易到难、岗位技能由低到高的逻辑顺序，进行基于职业能力递升的项目化课程安排。全书共分七个项目，分别是：公共关系职业认知、公共关系基础知识、公共关系工作程序、公共关系协调、公共关系专题活动、公共关系危机管理、组织形象建设。

　　（2）基于岗位情境模拟的典型学习任务安排。本书定位于培养公共关系公司（或组织内部公共关系部）的初级、中级岗位公关人员，其初始就业岗位为公关助理（或公关专员），递升工作岗位为公关经理。模拟情境设计为某公关公司，模拟岗位设计为公关助理，工作任务涵盖从日常公关事务处理，到协助公关经理进行公关协调、活动策划、危机处理、形象塑造等一系列公关活动。根据岗位职责所必须掌握的知识和能力要求，安排典型学习任务安排。

　　（3）追踪理论前沿，关注行业热点，校企合作开发教材。通过案例欣赏、知识拓展、行业动态、行业交流、职业圈等灵活新颖的编排形式，追踪理论前沿，关注行业热点；吸收行业专家和业界资深人士参与教材编写，并在行业现状与职业分析、岗位设计与情景模拟、编写思路与案例线索等方面提供了大量宝贵的建议。

　　本书主编为山东经贸职业学院魏翠芬；副主编为山东经贸职业学院韩翠兰、徐鑫；山东商业职业技术学院刘德进、崔发强，山东广播电视台广告管理部主任杨军，唯心影视工作室总经理刘超、潍坊众悦公关策划有限公司总经理文晓峰，北京领高国际贸易有限公司副总经理葛峰、潍坊邦智公关策划公司总经理王瑞群，参与了编写。全书由魏翠芬统稿及审核，分工如下。项目一：魏翠芬、杨军；项目二：魏翠芬、刘德进；项目三：徐鑫、崔发强；项目四：韩翠兰、王瑞群；项目五：徐鑫、文晓峰；项目六：韩翠兰、葛峰；项目七：韩翠兰、刘超。

　　本书在编写过程中，参阅了大量专家学者、业界同行的专著和文献，在此一并表示感谢！

　　由于受作者水平与经验的局限，不妥之处恳请各位专家学者、业界同行及广大读者批评指正。

编　者
2018 年 6 月

作者简介

魏翠芬，女，教授，经济学硕士。从教30余年，现任山东经贸职业学院工商管理系副主任，山东经贸职业学院学术委员会副主任委员、专业建设委员会委员，公共关系精品资源共享课程建设负责人，教育部高等职业教育创新发展行动计划（2015—2018年）"市场营销骨干专业建设"负责人，市场营销全国供销合作社系统特色专业负责人，主持现代商贸管理品牌专业群建设工作。

担任2014—2017年山东省春季高考商贸类专业技能考试市场营销专业命题专家；主编《公共关系理论与实务》等教材10余部，其中《公共关系理论与实务》（修订本）获"第二届山东省高等学校优秀教材奖"一等奖、"中国大学出版社协会第二届优秀教材"二等奖；指导学生技能大赛获"2015年全国高校商业精英挑战赛流通业模拟经营竞赛及第二届海峡两岸流通业模拟经营大赛大陆地区总决赛最佳辅导教师奖"等多个奖项；获省部级以上教学科研奖励8项；先后参加"高等职业教育课程资源建设规范的研究与实践""山东省职业院校慕课课程建设与教学模式创新专题报告会""国家教学标准制订与国家资源库总结推广会议""专业带头人领军能力研修班（职业院校教师国家级培训）"等多次培训，理论水平及业务能力扎实过硬。

主要社会兼职：全国"工作过程系统化市场营销专业联盟"理事；教育部高等学校高职高专工商管理类专业教学指导委员会市场营销分委员会委员；全国（商业）职业教育教学指导委员会实践教学及技能竞赛分委会委员；2015—2018年全国高校商业精英挑战赛组委会山东省委员会副主任委员；山东省创新创业教育导师库专家；潍坊科技专修学院兼职教授；为潍坊众悦公关策划有限公司、潍坊邦智公关策划公司等多家单位提供咨询服务。

目录

项目一

公共关系职业认知

项目 背景

　　王龙性格开朗，自信阳光，善于沟通，长于谋划，就读于某学院工商管理系。在校期间，王龙就十分喜欢公共关系课程，经常关注公共关系行业及公共关系事件，期望毕业后能从事公共关系相关工作，并对自己的职业生涯进行了美好的规划。

　　毕业季通过校园招聘，王龙顺利进入新世纪公关传播有限公司，应聘岗位为公关助理。该公司自 2008 年成立至今，以领先的公关思维与行动，为企业、政府及非营利组织提供全方位的精准传播、网络传播策略支持与整合营销服务，为客户提供包括品牌战略、媒体传播、网络营销、危机公关、活动策划、舆情监测、企业社会责任等专业服务。服务行业涉及广泛，其中包括汽车类、金融类、化妆品类、快消类、家电类、IT 数码类、烟酒类以及政府类客户等，得到客户的高度信赖和关注。王龙应聘的公关助理岗位的岗位职责与任职要求如表 1-1 所示。

表 1-1　公关助理岗位职责与任职要求

公关助理岗位职责	公关助理任职要求
1. 日常公关事务处理 2. 客户沟通、客户接待与客户分类管理 3. 协助撰写与编辑专题文章、文案及新闻稿等 4. 协助媒体关系处理，为客户增强传媒覆盖率 5. 协助各种相关活动的组织策划、协调和公关接待工作 6. 完成上级交给的其他临时性工作	1. 形象好、气质佳、热爱公关工作 2. 具有良好的团队合作精神及较强的服务意识 3. 具有良好的组织、协调、沟通和执行能力 4. 具有敏锐的市场洞察力，思维活跃，创新意识强 5. 能熟练运用办公自动化软件，会制作 PPT，有较强的文字组织能力 6. 受过市场营销、公共关系、新闻采编等方面培训

任务 分解

　　对于一个刚入行的新人，要想成就自己的职业梦想，实现"从公关新人到公关高手"的华丽转身，就必须在熟悉行业、职业及岗位相关要求的基础上，用所学理论知识指导业务实践，并在工作中不断学习、积累、进步和提升，具备履行相应岗位工作职责的知识与能力。

根据以上分析，我们将本项目分解为两个典型的学习任务。

任务一　公共关系行业认知

一、公共关系的含义

二、公共关系的职业历程

三、我国公共关系行业现状

任务二　公共关系职业分析

一、公共关系机构

二、公共关系人员的基本素质

三、公关员国家职业标准

任务一　公共关系行业认知

知识目标

正确理解和界定公共关系；明确公共关系的职业化历程；了解我国公共关系行业的现状及发展趋势。

能力目标

能够形成对公共关系行业的初步认知及对行业现状和发展趋势的基本了解。

一、公共关系的含义

公共关系（public relations，PR，简称公关）是指社会组织为改善与公众的关系，通过有效的沟通与传播手段，促进公众对组织的认识、理解与支持，达到塑造良好组织形象目的的一系列活动。对公共关系的全面理解，需要区分以下几个概念。

（一）静态的公共关系和动态的公共关系

公共关系作为一种关系，是指社会组织与其公众之间的相互作用和相互影响。这种相互作用和相互影响包括静态和动态两种形式。

1. 静态的公共关系

静态的公共关系是指一种状态。任何一个社会组织，无论是有意还是无意，它总是和内部、外部的各种公众之间，处于或好或坏的关系状态之中。例如，某饭店饭菜质优价廉、服务态度好，于是受到消费者的好评，大家互相介绍、慕名而去，天天顾客盈门。这时，该饭店的公共关系就处于一种良好的状态。再如，某饭店装修投资巨大，因急于捞回成本，便狠狠宰客，使消费者望而却步。这时，该饭店的公共关系就处于一种糟糕的状态。

2. 动态的公共关系

动态的公共关系是指一种活动。任何一个社会组织，为了创造良好的公共关系状态，总要开展一定的活动，从事有关的工作。例如，现在很多企业都设有"公共关系部"，这就是一个专门从事公共关系工作、安排公共关系计划、开展公共关系活动的部门。公共关系活动包括日常工作和公共关系专题活动。再如，有的加油站，每当有司机停车加油时，加油站的工作人员都会义务为司机擦车，当司机离开时，要说"感谢光临""欢迎再来"之类的礼貌用语。这些行为为组织树立了良好的形象，因此都可以认为是公共关系活动的一种形式。

（二）自然的公共关系和自觉的公共关系

无论是静态的公共关系，还是动态的公共关系，都有自然状态和自觉状态两种不同情况。

1. 自然的公共关系

自然的公共关系是指那些不自觉的公共关系活动以及无意识中形成的公共关系状态。自然的公共关系古来即有之，它只是一种经验，还不是严格意义上的公共关系。因为在这种状态下，不论工作做得是好是坏，都没有明确的目标和计划，也没有公共关系理论的指导，它只能解决一些日常的、比较简单的问题。自然的公共关系显然不能适应市场竞争的需要，必须进行自觉的公共关系。例如有些小型民营企业，从来没有听说过"公共关系"这个词，或根本不把这当回事，思想上没有公关观念，组织上没有专职公关部门和公关从业人员，但在日常的管理、生产、经营中，总要处理好各种关系，总要组织好产品的宣传和企业形象的宣传，以便在社会公众中留下一个较好的印象，这就是自然的公共关系活动和公共关系状态。

2. 自觉的公共关系

自觉的公共关系是指社会组织为创造良好的公共关系状态而进行的有意识、有目的、有计划的公共关系活动。如法国白兰地开辟美国市场一例，就是运用自觉的公共关系的结果。在这里，推销白兰地酒的公关策略是非常精彩的，其成功之处就在于把白兰地与美国总统寿辰联系起来，与法美友谊联系起来，把感情投资作为信誉效果的先导和基础，缩小了法国白兰地公司与美国公众之间的心理距离，以情动人，出奇制胜。这次活动，显然是自觉的公共关系活动，是由专门的公共关系人员设计并组织实施的，因此取得了预期的效果，实现了预定的目标，而自然的公共关系，绝不可能将此项活动导演得如此有声有色。

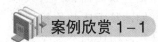
案例欣赏 1-1

法国白兰地巧入美国市场

法国白兰地品质优良，长期享誉法国境内并畅销不衰。可在 20 世纪 50 年代，法国人曾向美国推销白兰地酒却没有成功，原因是美国人对法国白兰地几乎一无所知。

时值美国总统艾森豪威尔 67 岁寿辰，法国人抓住机会，策划了一个蔚为壮观的"献酒"广告。他们特地选赠两桶酿造达 67 年之久的极名贵的白兰地酒献给艾森豪威尔总统贺寿。

贺寿那天，法国人用专机将两桶白兰地酒运到华盛顿，在隆重的献酒仪式上，身着宫廷侍卫服装的法国士兵精神抖擞、风度翩翩，他们护送那两桶经艺术家精心装饰、由壮士们抬着的白兰地酒步行经过宽敞的华盛顿大街，直往白宫。

一路上，数以万计的美国市民夹道观看，盛况空前。美国所有报刊、电台对此事争相报道，大肆渲染，把此事炒得家喻户晓，白兰地酒传遍美国城乡各个角落，销售量至今不衰。

资料来源：http://guanli.1kejian.com/ anli/qiyeguanli/30372.html.

（三）公共关系与人际关系

公共关系主要是研究社会组织与公众之间的关系，由于组织与公众都是群体，所以公共关系研究的是群体之间的关系。人际关系主要是研究个人与个人之间的关系，包括以血亲关系、亲属关系、朋友关系、地缘关系、业缘关系等为条件建立起来的各种关系。公共关系与人际关系的联系主要表现在以下几方面。

1. 人际关系是公共关系活动的基础

公共关系活动要通过人际关系的沟通方式来进行。从公共关系的主体来看，它的主体是社会组织，但公共关系活动的具体实施者仍然是个人；从公共关系的客体来看，它的工作对象是社会公众，也是人。因此，公共关系传播活动离不开良好的人际关系，人际关系的好坏在很大程度上影响和决定着公共关系的优劣。例如，某企业的工作人员接待一位因商品质量问题前来投诉的消费者，这种接待活动表面上是个人与个人之间的接触，实际上是一次公共关系活动。在消费者心目中，这位工作人员就是企业的代表，工作人员态度的好坏，直接影响到整个企业的形象；对于工作人员来说，也不应将这位消费者当作孤立的个人来看待，而是公众中的一员。

2. 处理人际关系的各项原则，对于公共关系也同样适用

如以诚相待，互相帮助，讲求信用等。公共关系人员的个人形象直接代表着组织形

象，因此在日常工作和生活中，首先要广交朋友，广结人缘，争取更多的公众通过个人形象来了解组织，支持组织。

3. 人际交往是公共关系活动必不可少的手段

公共关系活动需要吸收人际交往的技巧，并使之与其他技术和手段有机结合，充实公共关系活动内容，丰富公共关系活动的形式，提高公共关系活动的成功率。由于人际交往针对性强，感情色彩浓，信息真实，反馈迅速，因而它对增进双方理解、加深友谊、消除误解具有得天独厚的优点。

（四）公共关系与广告

广告作为现代企业一种最常见的促销方式，是借助大众传播媒介开展的。从形式上看，广告同企业公共关系活动有相似之处。但实质上两者又存在一定的区别。

1. 直接目的的差别

广告的直接目的是向消费者或客户介绍产品及服务，即"卖产品"或"推销服务"。公共关系活动是使公众产生信任感和依赖感，从而为企业的市场竞争提供一种良好的社会基础，即"卖企业"或"推销企业"。

2. 传播原则和方式的差别

广告传播的原则是通过提高信息的刺激强度和重复率，刺激消费者的购买欲望和行为。公共关系活动不能采用这种虚构和夸张的手段和方法，它所遵循的只是"以事实为依据"的传播原则。

3. 传播范围的差别

广告传播的范围相对狭小，它主要针对的是适应于自己的产品和服务的那一部分消费者或客户。公共关系活动的范围相对广泛，它不仅要面向企业产品和服务的直接消费者和客户，还包括那些虽不直接购买企业的产品和服务，但同企业的经营活动有着密切联系的公众，如媒介公众、社区公众、政府公众、金融公众、职工公众、股东公众等，通过协调与这些公众的关系为企业创造良好的生存环境。

4. 传播手段和周期的差别

广告的传播手段主要是各种大众传播媒介；公共关系的传播手段不仅仅是大众传播媒介，还可以通过举行记者招待会、庆典活动、展览展销、社会公益活动等方式。广告的周期是短暂的，而公共关系活动则具有长期性的特征。因为公共关系活动的基本任务是树立企业形象，提高企业信誉，为企业提供进行市场竞争的形象优势。

（五）公共关系与宣传

公共关系与宣传都是传播活动，并具有一些共同的活动特点。二者的区别主要表现在以下几方面。

1. 工作性质不同

传统的宣传工作属于政治思想工作范畴，是政治思想工作的手段和工具。公共关系作为一种特殊的管理职能，其目的是塑造组织形象，建立组织与公众间的良好关系，除了宣传、鼓动以外，其主要工作是信息交流、协调沟通、决策咨询、危机处理等。

2. 工作方式不同

宣传是信息的单向传播过程，带有灌输性和强制性；其目的有时是隐秘的，并不为公众所知晓；工作重点往往是以组织既定的目标来控制公众的心理；有时为了获取目标对象的支持，宣传容易出现夸张渲染的片面效应。公共关系是一种双向传播过程；公共关系必须尊重事实，及时、准确、有效地向公众传递组织信息，以真诚换取公众对组织的理解和信任；公共关系除了对公众解释、说服外，其很重要的职能在于向组织决策层提供信息和咨询；公共关系的目的、动机是公开的，应努力使公众了解，让公众知晓；公共关系工作是说与做的统一，不仅要求组织做好本身工作，还要求把自己的工作告诉公众。

二、公共关系的职业历程

现代意义上的公共关系，至今不过 100 年的历史。20 世纪初期，公共关系作为一种专门职业出现，到 20 世纪 50 年代，公共关系形成一个完整的学科体系。随着市场经济的发育成熟和大众传播技术的不断发展，公共关系已越来越成为现代组织不可缺少的管理手段和活动工具。

（一）古代类似的公共关系活动

公共关系作为一个新行业、新职业、新学科的出现，是现代社会的产物，它明显地带有现代社会文明的印记。然而，公共关系作为一种现象，绝不是今天才有的。在古代，人们就很重视相互间的关系，并注意舆论的作用。这些思想和行为与现代的公共关系活动极为类似。无论在中国古代，还是在外国的历史上，都可以找到大量类似现代公共关系的思想和行为。但是这一切仅仅是类似而已，公共关系作为一种新的社会思想和活动，其源头并不在古代，而是在 19 世纪中叶风行的报刊宣传活动之中。

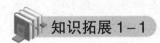 **知识拓展 1-1**

公共关系的先驱

古希腊时代，政治家认为一个人的修辞能力是参与政治过程的基本条件之一。著名的亚里士多德在他的经典著作《修辞学》中，就详细阐述了修辞的艺术，即如何运用语言来影响听众的思想和行为的艺术。这本书在西方公共关系界堪称最早问世的公共关系理论书籍。

古罗马独裁者——儒略·恺撒，也是一位精通沟通技术的大师。他面对即将来临的战争，印发大量的传单来进行宣传鼓动，以争取民众的支持。他那本记载着他的赫赫战功的《高卢战记》，帮助他登上了独裁者的宝座。这本书后来被公共关系业工会主席亨利·比诺称为"第一流的公共关系著作"。

中国是个历史悠久的文明古国，公共关系的影响在古代政治、经济生活中出现的例子不胜枚举，又以春秋战国时期尤为鼎盛。不同利益集团并存以及复杂的战争环境，出现了一批不同凡响的谋士和食客，他们周游列国，四处游说，演出了无数精彩激烈的、具有极高公共关系艺术的历史剧。"与朋友交，言而有信""言而无信，不知其可也""天时不如地利，地利不如人和"，这些公共关系思想至今仍被采用。战国时期苏秦游说六国，合纵抗秦；张仪也游说六国，以拆散合纵关系，与秦连横，使秦得以并吞六国，一统天下。这两位纵横家可以说是我国公共关系的鼻祖。

（二）现代公共关系活动始于政治宣传

现代概念的公共关系，始于美国独立战争期间的政治宣传运动。当时美国南北双方的政治集团，都把争取公众作为斗争的焦点，这使得公共关系一开始就成为各派政治斗争的工具。随着民主政体的建立，公众舆论在政治生活中变得举足轻重，这时，统治者也开始利用公众舆论塑造自己的形象，这就是最初的公共关系活动。最初公共关系的主要手段是极力宣传，因此，现代公共关系的起源是与 19 世纪中叶美国的一系列宣传活动有关的。

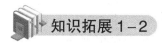
知识拓展 1—2

"便士报运动"

便士报又称美分报。19 世纪 30 年代由美国的《纽约太阳报》带头，掀起了所谓的"便士报运动"，它以货币的最小单位为报纸的售价卖，每份报纸只卖 1 便士，而此前纽约所有的报纸售价都在 6 美分左右。《纽约太阳报》开了廉价报纸的先河，从此一发不可收。此后，以普通劳动人民为读者对象的通俗化的报纸，如雨后春笋般诞生了。报纸的日渐大众化，成了现代公共关系的先导。

《纽约太阳报》的成功，是西方新闻传播史上的一场革命性变革，它带来的一系列的新的新闻理念、新的报道方式、新的经营之道等，都对新闻传播事业产生深远影响。它预示着"大众传媒"时代的诞生，使新闻事业的发展进入了一个全新的阶段。

（三）不得不说的"揭丑运动"

19世纪末、20世纪初，美国经济得到了高速发展，垄断代替了自由竞争，社会财富日益集中在少数大企业、大财团手里。他们一心追求最大利润，无视公众利益，采用种种不可告人的手段积累财富。同时，他们对于来自公众的呼声以及来自政府、劳工、舆论的压力，却都置之不理。他们竭力对新闻界封锁消息，掩盖企业内部丑行。他们采取的原则是：让公众知道得越少越好。当时的铁路大王威廉·范德比尔特在接受记者采访时，竟破口大骂："让公众见鬼去吧！"这一切引起了公众的强烈不满。

这个时期的美国新闻界，有一批受过正规教育的、追求社会公正与平等的年轻人加入进来。在一段时间内，以这些青年记者为代表的新闻界，专门搜集、报道工商业巨头们的丑闻，揭露它们的不法行径和不道德的商业行为，从而掀起了一场现代新闻史上著名的"揭丑"运动，又称"扒粪"运动。仅仅在1903—1912年这十年间，报刊揭露企业丑闻的文章就达2 000多篇，此外还有一些宣传小册子和漫画作品，这就是美国近代史上著名的"揭丑运动"。

（四）公共关系职业出现

"揭丑运动"的冲击，使这些大企业声名狼藉，经营也陷入困境，他们再也无法对来自公众和新闻界的批评视而不见了。这时，一些具有远见的企业家也开始意识到取悦公众、与公众建立良好关系的重要性。许多企业开始聘请懂行的专家专门从事改变与新闻媒介关系的工作，并且邀请社会各界人士，特别是新闻界人士参观企业。这样，一种代表企业利益，在企业与公众之间沟通"对话"，并从中获取劳务费用的新职业便应运而生了。这一崭新职业的第一个开创者，就是被誉为"现代公共关系之父"的艾维·李。

艾维·李于1877年7月生于美国的佐治亚州，早年曾在纽约当过报刊记者和编辑，1903年开始在一些企业中担任新闻代理人。1905年他向新闻界发表了著名的《原则宣言》，主张一个企业要获取良好的声誉和发展，就必须把真情告诉公众，并保持企业与雇员之间经常性的沟通。后来他成为美国著名的洛克菲勒财团的公共关系高级顾问。他明确提出的"说真话"成为现代公共关系的基本原则。

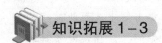
知识拓展 1—3

"公共关系之父"

1903年，美国记者艾维·李在纽约与乔治·帕克一起开办了"宣传顾问事务所"，这是现代公共关系职业诞生的标志。虽然1900年乔治·迈克尔利斯在波士顿开办了第一家事务所，1902年威廉·史密斯在华盛顿也成立了一家"公共关系公司"，艾维·李的事务所只是第三家，而且仅存在了四年，但是他们的事务所最有影响，最具有公关色彩，并且具有最明确的目标。因此，人们一般把这家事务所称为第一家专门从事公共关系事务的公司。

艾维·李开办的事务所专门为企业和其他组织机构提供新闻代理服务，并协助企业与公众建立良好关系。艾维·李认为，企业要获得良好声誉就要消除与外界的隔绝，把封闭的"象牙塔"变成透明的"玻璃屋"同公众进行沟通，达到理解与合作，从而促进企业的发展。1906 年，艾维·李作为大企业主乔治·贝尔的代表处理一次煤矿工人罢工事件。他发现矿工领袖约翰·米歇尔向记者们提供了全部事实，但贝尔拒绝与新闻合作，甚至拒绝与西奥多·罗斯福总统对话。艾维·李说服了贝尔与其合伙人改变政策。他大胆邀请新闻人士，让他们提出问题，并坦率地回答问题，不掩盖事实真相，使问题得以解决。

这一年，艾维·李发表了著名的《原则宣言》，宣言说："这不是秘密的新闻机构，我们全部工作都公开进行。我们的宗旨是提供新闻，这不是广告公司，如果您认为我们提供的材料送给广告业务部门更适当的话，那就不要采用。我们的材料是准确的。我们迅速地提供任何有关问题的详尽细节。任何编辑在直接核对任何事实时，将得到令人愉快的帮助。简言之，我们的目标是代表企业和公共事业机构，公开而坦率地向美国的公众迅速而准确地提供他们需要了解的、有关公众利益和有价值的资料。"《原则宣言》的发表，被认为标志着"公众应该知情"的时代的来临。后来艾维·李被洛克菲勒财团与宾夕法尼亚铁路公司等聘为公共关系代理人，为其处理危机，重塑了形象。艾维·李也由于在这一领域的卓越贡献，被称为"公共关系之父"。

（五）公共关系走向科学

尽管艾维·李的工作获得了巨大的成功，但由于他只是凭经验、凭直觉工作，因而存在相对的局限性，缺乏科学性。真正促使公共关系工作走向系统化、科学化的重要人物，则是美国著名的公共关系理论家和实践者爱德华·伯尼斯。

伯尼斯 1891 年生于维也纳，是著名的心理学家弗洛伊德的外甥，他的思想深受舅舅的影响，他于 1923 年完成了一部经典著作《公众舆论的形成》，这是世界上第一部公共关系学专著。1952 年，他又写了教科书《公共关系学》，对公共关系的原理和方法构建了较为完整的体系。伯尼斯为公共关系职业化和科学化做出了极为突出的贡献，他使公共关系从一种社会现象和活动，上升为一门科学。因此，伯尼斯也被列为公共关系的先驱之一。

伯尼斯认为，企业仅仅向公众说真话是不够的，他们不仅要为社会及公众所了解，更重要的是必须在决策前研究公众的喜好，研究公众对企业或组织的要求和期望，在确定公众价值观和态度的基础上，再进行有组织的宣传工作，以迎合公众的需要，即"投公众之所好"。这是伯尼斯思想的重要部分。

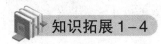

知识拓展 1-4

公共关系学科化

　　爱德华·伯尼斯是公共关系学科化的先驱者。出生于维也纳的奥地利裔美国人爱德华·伯尼斯是著名心理学家弗洛伊德的外甥，1912 年大学毕业后从事新闻工作，1913 年他 21 岁时受聘担任福特汽车公司公关部经理，他为该公司策划并实施了一系列旨在发展公众福利及社会服务的计划，大大提高了公司在公众及社会中的影响，被誉为"开企业承担社会责任之先河"。1919 年他和夫人在纽约开办了一家正式的公共关系公司。1923 年，他以教授的身份首次在纽约大学讲授公共关系课程，同年出版了专著《公众舆论的形成》，该书被称为公共关系理论发展史的"每一个里程碑"。在书中，爱德华·伯尼斯详细地阐述了"公共关系咨询"这一概念，并提出了公共关系的原则、实务方法和职业道德守则等；1928 年，他写出了《舆论》一书；1952 年，他又写出了《公共关系学》教科书。爱德华·伯尼斯在其将近 80 年的公关生涯中撰写的公共关系书籍达 16 部之多，他的主要贡献就在于，他一生都致力于公共关系学的学科化建设；他把公共关系学理论从新闻传播领域中分离出来，并对公共关系的原理与方法进行较系统的研究，使之系统化、完整化，最终成为一门相对独立完整的新兴学科。

　　爱德华·伯尼斯公关理论的核心是明确提出了"投公众所好"的公关原则，即一个组织在决策之前，应先去了解公众的需求和兴趣，然后有针对性地展开有科学理论指导的说服性宣传，在迎合公众要求中争取其支持。这被称为"双向非对称"的公共关系模式。

三、我国公共关系行业现状

　　我国的公共关系行业伴随着改革开放而出现。20 世纪 80 年代初，部分外商独资企业和合资企业在内部设立了公共关系部，开始为公司提供相关的公共关系服务，形成国内公共关系行业的雏形。1987 年，中国公共关系协会成立；1991 年，中国国际公共关系协会成立。随着行业自律组织的建立，公共关系行业的服务质量标准逐渐统一，从业人员的职业等级、职业特征、职业培训及职业道德逐渐形成一套科学的体系，从业人员行为不断规范。虽然公共关系行业在我国的发展历史不长，但公共关系市场发展迅速，公共关系已经全面渗透到我国经济生活的方方面面。

　　根据中国国际公共关系协会发布的行业调查报告，目前我国公共关系服务内容主要包括：传播顾问、媒体执行、品牌传播、产品推广、整合传播、危机管理、活动管理、事件营销、网络公关、数字媒体营销、政府关系及企业社会责任服务等。其中，传播顾问、媒体执行、活动管理和整合传播是目前我国公共关系公司的主营业务。

　　随着网络媒体的"E 军突起"，网络公关业务已成为当前公共关系服务中增长最快的领域。所谓网络公关就是公共关系服务在网络媒体上的延伸，基于互联网的新闻发布、专题发布、线上活动、口碑营销、论坛传播、圈子营销以及舆情监测和危机处理等成为当前网络公关市场的主要服务手段。快速消费品、汽车、IT、互联网和通信等行业成为网络公关的主要服务领域。企业主对网络公关服务采购需求的常规化和普及化，市场各方对网络公关业务模式标准化、规范化的需求和呼声越来越高。

然而，随着网络公关的迅猛发展和竞争加剧，同行之间不可避免的出现哄抬价格、恶性竞争、诋毁攻击等现象，各种网络推手、网络打手、负面制造服务满天飞，大大降低了网络公关市场的服务质量与公众认可度，严重影响了网络公关服务的声誉，对整个行业发展造成了极为不利的影响。为此，中国国际公共关系协会向所有网络公关从业者及公司发出倡议，倡导"绿色网络公关"，并出台了《网络公关服务规范》。

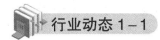 行业动态 1–1

2016 年中国公共关系行业发展分析

2016 年，伴随"一带一路"倡议的持续推进和具体实施，中国公共关系市场机遇增大。同时，在"大众创业、万众创新"的背景下，中国公共关系行业新生力量不断涌现，市场保持稳定而快速增长。据调查估算，2016 年整个市场的年营业规模达到 500 亿元人民币，年增长率约为 16.3%。相比 2015 年 13.2% 的增长率，增幅有所上升。

一、汽车依然稳居行业之首，IT（通信）跃升至第二位

调查显示，2016 年度中国公共关系服务领域的前 3 位分别是汽车、IT（通信）和快速消费品。尽管该年度的汽车份额稍有回落，但依然是行业内的主要服务客户。汽车在近年的行业调查中均位居榜首，表明其服务需求依然很大，预计未来几年这一趋势不会有大的改变。但值得注意的是，近年来，汽车领域的危机公关事件不少，公关公司需要在品牌塑造方面与企业、媒体加强沟通，不断创新活动模式。本次调查中，IT（通信）跃升至第二位，达到 12.3%，这跟智能移动终端快速普及和应用密切相关。位居第三位的快速消费品所占份额为 11.8%，继续保持近年来行业主要服务客户的地位。

二、娱乐/文化发展势头迅猛，显示中国经济转型趋势

2016 年度的行业调查，首次将娱乐/文化列为调查项目，出人意料的是，该领域份额位居第五。这表明，随着人们物质生活水平的提高，娱乐和文化等精神方面的需求不断增加，它为公共关系行业发展提供了更大的服务空间。

三、人力成本增加导致运营压力加大

调查显示，TOP 公司平均月工资水平为 12 352 元，比上年同期增长 16.7%；客户经理平均月薪 13 307 元，比上年同期增长 8.2%；大学生转正平均月薪 4 820 元，比上年同期增长 11%。调查还显示，随着 TOP 公司业务规模扩大，单位人工成本上升较快，加上管理费用加大，以及兼并收购出现的商誉和无形资产减值等因素，运营压力依然存在。

四、国际公司在中国的业务保持稳定增长的同时，本土公司已经占据主导地位

国际公司的主营业务侧重顾问咨询服务。由于成本控制较好，人均利润较高，加上年签约客户数及连续签约客户数相对稳定，因此国际公司在中国的业务保持稳定增长。但近年来，本土公司在不断提升专业化水平的同时，借助技术、资本和资源等优势，已经在行业中处于主导地位。

五、中国公共关系行业发展趋势

随着社会对公共关系需求的不断增加，公关行业服务领域将越来越广泛和深入，行业发展机遇更加宽广。

第一，大战略引领公关，为公共关系行业发展创造新的发展契机。伴随"一带一路"战略的持续推进和实施，公共关系行业面临新的发展契机。随着中国企业全球化布局，市场对公关公司的专业化、规范化和国际化提出了更高的要求。

第二，资本加速进入公共关系行业，企业上市、兼并重组成为常态。据统计，参与本次调查的公关公司中有 20 多家通过主板、新三板以及兼并收购等多种形式打通与资本市场的通道。资本加速进入公关行业，而公关行业也正在借助资本的力量做大、做强。未来的中国公关行业将形成双头格局：一是通过兼并重组形成的少数实力强大的综合性国际传播集团，它们规模较大，业务范围广泛，客户相对稳定，国际化水平高。二是专注某些特定领域的中型公关公司，它们数量较多，通常针对一个或几个细分市场，专业化程度高。

第三，数字营销正成为行业发展的明显趋势。据统计，本次上榜的 40 家公司中，新媒体业务营收在 3 000 万元以上的公司为 20 家，占比 50%，比去年增加 16 个百分点。调查显示，新媒体传播的客户主要需求集中在整合传播、产品推广、口碑营销、事件营销、企业传播这五个领域。而在数字营销领域，娱乐营销和体育营销成为新的服务增长点。调查显示，40 家公司中，23 家开展娱乐营销，10 家开展体育营销。另外，随着传播环境和方式的变革，广告、公关和营销的边界更加模糊、竞争更趋激烈。

第四，人才流动和培养依然是影响行业发展的重要因素。由于行业整体稳定增长带来的人才需求，与 2015 年相比，中国公关市场人才专业化，以及人才培养等问题，并没有得到有效缓解。2016 年，尽管人才无序流动的势头稍微放缓，但总的来说，人才问题依然困扰着公关行业。另外，2016 年公关行业人力资源成本上升较快，也给公关公司带来了一定的成本压力。

作为行业组织，中国国际公共关系协会始终致力于中国公共关系行业的国际化、专业化、规范化，并取得有目共睹的成绩。2017 年，协会将继续加大力度，提升行业的社会影响；继续与政府相关部门沟通，让政府了解和重视公共关系的作用，并使行业获得应有的地位；继续推进公共关系的业务整合和资本运作，推动更多的优秀公关公司做大、做强、做精；鼓励它们在通过创新模式、兼并收购等手段发展壮大的同时，承担更多的行业责任和社会责任。

资料来源：http://www.chinapr.com.cn/p/412.html.

同步训练

一、关键知识点

公共关系的含义；公共关系职业化历程。

二、抛砖引玉

美国一家知名的营销广告公司公关总监大卫·坎普提出："网络是公司的新名片，第一个、也许是唯一塑造最佳第一印象的机会。"

结合上面这段话，谈谈你对网络公关的认识，并分析互联网为公关行业带来的机遇和挑战。

三、案例讨论

以剪断十万条电线为小目标　这场公关炒作真心 low

（一）案例介绍

小聪明搞了个大新闻

这几天，一家"手拿剪刀剪电线，一路火花带闪电"的创业公司火了。做校园洗衣服务的团队"宅代洗"，号称自己是校园洗衣服务的 No.1，并成功融资 1 000 万元。这家公司从名不见经传到一夜爆红的原因是什么？他们在接受专门报道融资的自媒体——铅笔道采访时，直言当初为拓展业务曾使出"小聪明"——剪断大学宿舍楼下所有的自动洗衣机电源线，"强制"让其使用自家服务，于是获取了第一批用户，从此迎来了增长的春天。

铅笔道把文章发出去后，网友瞬间炸了！许多人对这样的行为表示鄙夷，甚至愤怒。很快就有网友分析，这家创业公司的行为涉嫌违法。有投资人表示，如果中国所有创业者都这样，那么中国就没有希望了。钛媒体作者罗超发文评论：这种行为已突破底线，更重要的是，创业者、甚至报道创业者的媒体都不觉得这个事有什么问题，堂而皇之地将其"分享出来"。敢于揭短自己，且不认为自己的短是短，让人无语。

不过即使处于潮水般的抨击声之中，"宅代洗"方面似乎对他们的"小聪明"引以为荣，其公关负责人徐丹甚至在朋友圈戏称，要定个小目标，先剪断十万条电源线……

不得已的道歉

面对各方质疑和压力，昨天凌晨，"宅代洗"官方微博发表声明，称这一事件是公关团队策划的一场商业炒作。声明全文如下。

大家好！我是"宅代洗"CEO 郭超宇。对于刚刚过去的周二，可能大家都被"剪电线事件"刷屏了，在这里我深表歉意。从我 2009 年大学辍学创业至今，一直本本分分创业，每一天都是靠带领团队用泪水与汗水在市场拼搏。创办"宅代洗"是希望可以解决校园一个痛点，给学生带来优质的洗衣服务。为此我的团队始终不敢放松每一刻。可能有好多朋友已经知道，我们是从内蒙古走出来的互联网企业，可能很多人都觉得内蒙古信息比较闭塞，互联网发展缓慢。所以当我们从呼和浩特市拓展到北京那一刻，就感觉压力越来越大。我们一直小心翼翼地做好我们自己的事情，可是这一路走来还是遇到了很多我们无法预料的困难。可能本次创办的"宅代洗"商业模式比较被资本市场认可，为了快速打出品牌知名度，公关团队才会策划本次"剪电线事件"。请容许我做出以下几点声明。

（1）"宅代洗"团队未做过剪断洗衣房电线之事，本次事件纯属商业炒作行为。关于这一点大家可以向公安机关举报、举证，我们一定配合有关部门调查。

（2）铅笔道在此过程中确实本着以采访过程中客观事实进行报道为原则。作为初创团队，在相关经验、阅历不够的情况下，导致了我们这么不负责任的行为。

（3）我本人对于此次事件给创业者带来的负能量，表示诚恳道歉。

（4）对于我的所有团队人员，由于本次事件带来的心理负担，我深感歉意。

望所有人给"宅代洗"一个机会，给年轻人一个机会，如果一定要为此事负责，那么我愿意接受任何惩罚。创业不易，心里的苦只有自己知道。愿我下一次可以给大家带来的是好消息！@互联那些事@铅笔道@阑夕@36氪@虎嗅@创业帮@猎云网

"宅代洗"郭超宇

咸鱼难翻身

然而，危机公关成功了吗？显然没有，绝大多数网友只知道你"缺德剪电线"，不关心你"深夜发道歉"，不忿和鄙夷情绪始终是主流，"宅代洗"和铅笔道给人的恶劣印象（对于大多数人而言是第一印象），已经形成。

资料来源： https://mp.weixin.qq.com/s?__biz=MjM5NTg2NzAxMw%3D%3D&idx=1&mid= 2650268686&sn=4c9af1f7cd2829f96b93f758ffecd5fb.

（二）案例思考

1. 你是如何理解公共关系这一概念的？
2. 结合本案例，谈谈你对"商业炒作"的看法。

任务二　公共关系职业分析

知识目标

掌握公共关系机构的类型；明确公关人员的基本素质要求；了解公关员职业定义及工作要求。

能力目标

能够形成对公共关系职业的初步认知，并建立职业自豪感和自信心。

一、公共关系机构

公共关系机构是专门执行公关任务、实现公关功能的行为主体，是公共关系工作的专业职能机构。公共关系机构主要分为三种：一是专业的公共关系公司（一般称公关公司）、二是组织内部的公共关系部门（一般称公关部）、三是公共关系协会。

（一）公共关系公司

公共关系公司简称公关公司，由职业公关专家和各类公关专业人员组成，是专门为社会组织提供公共关系咨询或受理委托为客户开展公共关系活动的服务性机构。

公共关系公司的职能包括：专题调查研究和信息追踪、公关活动的策划和实施、公众事务处理和协调、组织形象专题咨询和策划、网络推广和公关危机处理、一般公关事务代理等。

公共关系公司的具体业务包括：咨询诊断、联络沟通、收集信息、新闻代理、危机公关、广告代理、产品推介、会议服务、策划活动、礼宾服务、印刷制作、音像制作、培训服务等。

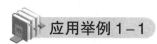
应用举例 1-1

公关公司组织结构

某公关公司组织结构图如图 1-1 所示。

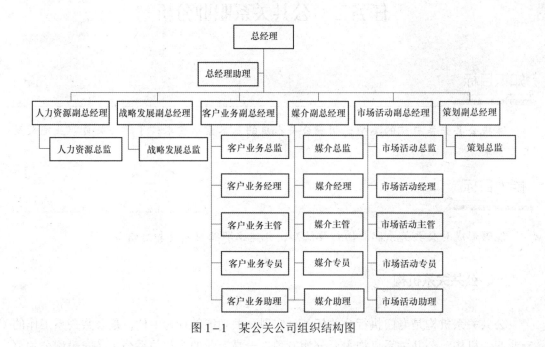

图 1-1 某公关公司组织结构图

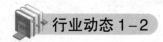 **行业动态 1-2**

2017 "互联网+公关传播业" 公关公司排名前 10 强

1. 奥美中国 2. 蓝色光标传播集团 3. 万博宣伟公关顾问 4. 宣亚国际品牌管理（北京）股份有限公司 5. 博雅公共关系有限公司 6. 爱德曼国际公关有限公司 7. 罗德公共关系顾问有限公司 8. 中国环球公共关系有限公司 9. 伟达公共关系顾问公司 10. 际恒集团

资料来源：http://www.enet.com.cn/article/2018/0117/A20180117042404.html.

（二）公共关系部门

公共关系部简称公关部，是组织为开展公共关系工作而设置的专门职能机构。公共关系部是组织协调内外公众关系、树立良好形象的重要部门。其具体职责范围包括且不限于以下几方面。

（1）建立信息网络。负责收集组织内外部环境的各种信息，将经过分析评价的各种信息提供给组织领导和各部门做参考，以提高经营管理的能力。

（2）监测公共关系。在双向信息沟通的基础上，处理好组织内外的各种公众关系，如员工关系、股东关系、社区关系、媒介关系、政府关系等。

（3）监测社会环境。组织是社会的有机组成部分，组织的每项活动及其生存、发展都受到社会环境的制约和影响。公共关系部必须不断监测社会环境的变化、国家政策法令的变化、市场的变化、社会舆论的变化等，使组织能及时适应这种变化。

（4）分析发展趋势。公共关系根据对政策法令、社会民意、时尚潮流等重要外界因素的监测和分析，向组织预报有重大影响的近期或远期发展趋势。

（5）作为组织的对外发言人，负责对外宣传、沟通工作，树立良好的组织形象。

（6）编写并向有关传播媒介散发新闻稿、照片和特写文章；汇编有关的报刊目录；拍摄、整理、保存资料图片；设计、筹划、监制组织各种宣传品和赠品。

（7）接受各种投诉和有关咨询，对合理的要求及时通知有关部门，协助解决。

（8）作为组织社会活动的代表，积极参与有关社会活动，并做好各种礼仪接待工作。

（9）做好组织内部员工关系，调动员工积极性；编辑供组织员工阅读的报刊，组织其他各种形式的内部传播工作；安排组织员工的各种康乐活动。

（10）处理突发事件和危机事件。

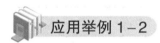 应用举例 1-2

公共关系部岗位设置及岗位职责

某饭店公共关系部岗位设置及岗位职责如表 1-2 所示。

表 1-2　某饭店公共关系部岗位设置及岗位职责

岗位	岗位职责
公关部经理	1. 做好饭店公关策划、广告宣传和形象管理工作，维护酒店良好的公众形象 2. 根据市场状况和饭店实际经营需要，制订长期、近期广告宣传计划。并根据饭店的总体经营思路组织策划饭店各类主题营销活动，制订相应的广告宣传计划。负责审核饭店各部门内外宣传品，确保酒店统一的企业形象和良好的格调 3. 负责设计、联系制作饭店各种广告宣传单、地图册、小礼品等 4. 参加饭店各类例会和专题会议，主持召开部门各类会议，传达上级指示，听取下属汇报，批阅工作日志，布置部门工作 5. 对公共关系部人员的工作进行合理分工，不定期地对下属员工的工作进行检查和审核，以保证整个部门的工作有序、高效地进行 6. 协调饭店和各种社会组织的关系，同社会各界（尤其是新闻媒体和客户）保持长期稳定的良好协作关系。及时了解当地政府的大型活动情况，供总经理决策。及时发布饭店最新服务、最新产品和各种活动的信息，做好集团品牌在本地的宣传 7. 负责做好新闻界、文艺界人士的接待工作 8. 负责定期组织开展宾客满意度调查，并向总经理提交宾客满意度报告 9. 向总经理提交环境美化、氛围营造等相关合理化建议 10. 制定人员评估和考核制度，组织开展部门培训和对外交流活动，掌握员工的思想状况、工作表现和业务水平，做好本部门的人力资源开发和培养工作 11. 完成总经理交办的其他工作

续表

岗位	岗位职责
新闻宣传岗位	1. 在公共关系部经理的领导下，积极维护酒店及部门的良好公众形象 2. 做好年度新闻宣传计划和预算，报公共关系部经理审核 3. 和重要媒体相关人员保持经常联系，确保酒店的新闻宣传工作顺利进行 4. 积极撰写或收集相关稿件，在集团内外媒体进行发布 5. 对重要活动提前进行宣传报道；做好媒体相关广告内容策划。组织相关经营性部门宣传小组成员关注活动情况并提交报告；对取得较大成功、产生较大影响的活动进行效果报道 6. 做好酒店内部会议、活动及培训等的宣传工作 7. 负责饭店重要宾客、重大会议、重要活动的摄影摄像工作，并妥善保存相关图文资料 8. 协助做好新闻界、文艺界人士的来访、参观接待工作 9. 定期检查网页的宣传，及时督促网页维护员进行网页更新 10. 不定期检查美工的工作，保证新闻宣传工作的顺利进行 11. 完成公共关系部经理交办的其他工作
客户关系岗位	1. 定期给宾客发放《主题营销活动宣传册》《开元旅业报》和广告文案、新闻稿等 2. 及时到总台、销售、预订等区域收集客户资料并建立和更新客户档案 3. 通过前厅预订、商务中心、大堂经理、信函、电子邮件等渠道发放宾客信息反馈表并每月定时回收，及时充实、更新客户档案 4. 定期开展宾客满意度调查，编写宾客信息分析报告，并及时上报公共关系部经理 5. 做好宾客消费统计，对有较大变动的宾客予以重点关注并以书面形式写出分析报告 6. 对已推出的主题营销活动和重大活动进行宾客意见反馈调查，对下阶段主题营销活动的策划进行前期市场需求调查和分析 7. 做好重要宾客的定期回访；做好重要宾客的节假日拜访工作；并负责开展客户联谊活动 8. 每月为当月生日宾客发送生日贺卡。每月为前一年同期下月在酒店举办婚宴的宾客寄发结婚周年纪念卡 9. 完成公共关系部经理交办的其他工作

（三）公共关系协会

公共关系协会是非官方、非营利的群众社团组织。行业性协会的建立和发展，是公共关系成熟程度的一个标志。国际公共关系协会成立于 1955 年。随着公共关系的发展，公共关系协会也在我国各地广泛出现。1986 年 11 月，上海市公共关系协会成立。1987年 6 月，中国公共关系协会成立以后，各省市乃至地县和乡镇都出现了公共关系协会。

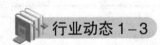
行业动态 1-3

中国国际公共关系协会简介

中国国际公共关系协会（**CIPRA**）是具有社团法人地位的全国性公共关系涉外专业组织，业务主管单位为外交部。本会具有联合国经社理事会特别咨商地位，并由国家民政部授予行业管理资质。协会成立于 1991 年 4 月，总部设在北京。

主要任务：致力于公共关系的理论研究和实践探索，制定中国公共关系业发展战略；提高公共关系业及其从业人员的社会地位，维护公共关系从业人员的合法权益，规范公共关系业及从业人员的行为；开展高层次、多渠道、多形式的公共关系活动，促进公共关系领域相关社会组织同海内外之间的相互了解和联系，发展国际交流与合作；搭建与政府间沟通平台，为政府购买公共服务提供咨询与帮助。推动中国公共关系业的职业化、规范化和国际化发展。

协会下设：传播战略委员会、学术工作委员会、公关公司工作委员会、企业公关工作委员会、组织工作委员会、警察公共关系专业委员会、新媒体委员会和汽车行业公关传播委员会，分别由政府有关领导、国内公关领域的知名学者、知名公关公司的总裁、中外知名企业的高层领导和地方省市公关协会的领导组成，在协会的领导下开展工作。

常设机构：协会秘书处，下设会员管理部、国际合作部、研究发展部、信息咨询部、教育培训部、对外联络部、办公室。一批政府有关部门的高层领导、新闻媒体负责人、著名企业家、资深公关学者和专家以及社会各界知名人士担任协会理事，为协会工作提供支持。

媒体：协会拥有自己的杂志和网站，它是传播中国公共关系理论、实践以及行业发展、交流的信息平台。《国际公关》杂志是经国家新闻出版广电总局批准的全国性公共关系专业期刊。协会设有官方网站（www.cipra.org.cn）和中国公共关系行业官方门户网——中国公关网（www.chinapr.com.cn），并开通新浪官方微博及官方微信。

资料来源：http://www.cipra.org.cn/templates/T_Content/index.aspx?nodeid=12.

二、公共关系人员的基本素质

公共关系人员的素质，首先是一种现代人的全面发展的素质。其次，结合公共关系职业的特性，它专指以公共关系意识为核心，以自信、热情、开放职业心理为基础，配之以公共关系专业知识结构和能力结构的一种整体职业素质。公共关系人员是否具备良好的专业知识结构和能力结构，直接关系到他们心理素质的发挥和整体职业素质的提高。

（一）知识结构

1. 公共关系的基本理论知识

包括：公共关系的基本概念、公共关系的职业化历程、公共关系机构的职能与类型、公共关系工作人员的素质能力要求、公共关系的职业与岗位认知、公共关系的三大基本要素，公共关系的职能和原则，公共关系工作的基本程序等。

2. 公共关系的基本实务知识

包括：公共关系调研、公共关系活动策划、公共关系活动的实施和评价、不同类型公共关系的协调、公共关系专题活动的组织实施、公关危机处理、组织形象塑造等。

（二）能力结构

公共关系人员应具备较强的文字和口头表达能力、良好的组织能力、健全的思维和谋划能力、敏锐的观察能力、很好的自制自控和灵活应变的能力、善于与他人交往的能力、掌握形势和政策与理论的能力。

（三）自我意识和心理素质

公共关系人员应具备塑造形象的意识、服务公共的意识、真诚互惠的意识、沟通交流的意识、立足长远的意识和创新审美的意识；具备自信、热情和开放的心理素质。

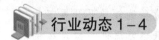 **行业动态 1-4**

第六届中国大学生公共关系策划创业大赛正式启动！

2017 年 3 月 29 日，由中国国际公共关系协会主办，清华大学国家形象传播研究中心承办，北京保研公益基金会、广汽集团、京东集团、欧莱雅（中国）有限公司、完美世界协办的"第六届中国大学生公共关系策划创业大赛"启动仪式在清华大学举行，并就此拉开了长达 7 个月的赛事活动序幕。中国国际公共关系协会常务副会长兼秘书长赵大力，中国国际公共关系协会副秘书长章兰，清华大学国家形象传播研究中心主任、公共关系与战略传播研究所所长范红，中国国际公共关系协会学术工作委员会主任委员、国际关系学院副校长郭惠民，以及高校领导、大赛组委会、企业代表和评委、在校学生等出席活动启动仪式。

本届大赛的主题为"创意、创新、创业——未来公关的想象"，以彰显对公关行业可持续发展的期待。大赛以企业实际工作需要为选题，力争使参赛选手从一线实践中得到锻炼。大赛指定了 15 家在中国综合实力较强的专业公关公司作为"中国公关人才实习基地"，为选手在专业咨询和就业实习方面提供渠道。4 月至 6 月期间，大赛将陆续开展全国性的校园活动和案例征集活动。总决赛将于 10 月下旬在福建厦门举行，由厦门大学新闻传播学院承办。

启动仪式上，赵大力发表了致辞。他对支持此次大赛的企业、公关公司、高校和社会各方表示感谢，并指出，协会持续举办中国大学生公关策划创业大赛旨在推动中国公共关系教育事业的发展，促进公关教育理论与实践的结合。大赛逐渐成为彰显高校公共关系专业水准的竞技场，成为培养公共关系优秀人才的有效途径，成为中国公共关系领域的人才库。他还强调，协会将继续努力，集学界、业界和社会各界的智慧，改革创新，使大赛越办越好。

据悉，中国大学生公关策划创业大赛自 2006 年起每两年举办一次，已成功举办了五届。11 年来，大赛的规模不断扩大，影响力不断提高。与首届大赛相比，第五届参赛院校由 41 所增加到 151 所，覆盖的城市由 7 个增加到 52 个，直接参赛人数由 1 965 人增加到 4 786 人，作品征集数量由 186 件增加至 923 件。前五届大赛累计吸引了 4 395 个团队参加，提交作品 3 260 件，参赛选手累计达 19 670 人。在教学方面，全国多个设有公共关系专业的院校已结合大赛开设公共关系策划课程，而大赛的专业化、系统化和规范化，为高校公关策划课程提供了规范价值。

资料来源：http://www.cipra.org.cn/templates/T_Second/index.aspx?nodeid=3&page= Content Page&contentid=1220.

三、公关员国家职业标准

以下内容根据 2003 年 6 月颁布的《公关员国家职业标准》整理。

（一）职业概况

1. 职业名称

公关员。公共关系人员简称为公关员。

2. 职业定义

从事组织机构信息传播、关系协调与形象管理事务的调研、策划、实施和评估以及咨询服务的从业人员。

3. 职业等级

本职业共设五个等级，分别为初级公关员、中级公关员、高级公关员、公关师和高级公关师。

4. 职业能力特征

具有一定的分析、推理、判断、表达、交流和运算能力，学习能力强，形体知觉好。

（二）基本要求

1. 职业守则

奉公守法，遵守公德；敬业爱岗，忠于职责；坚持原则，处事公正；求真务实，高效勤奋；顾全大局，严守机密；维护信誉，诚实有信；服务公众，贡献社会；精研业务，锐意创新。

2. 基础知识

公共关系基础理论，公共关系发展简史，公共关系职业道德规范，相关法律、法规知识。

（三）工作要求

初级公关员、中级公关员、高级公关员、公关师和高级公关师的工作要求，分别见表 1-3～表 1-7。

表 1-3 初级公关员

职业功能	工作内容	能 力 要 求	相 关 知 识
1. 沟通协调	1. 接待联络	1. 能按礼仪规范进行接待活动 2. 能答复电话问询 3. 能起草贺信、贺电、请柬	1. 日常礼仪的基本内容和要求 2. 接待来访的程序和基本要求 3. 社交礼仪文书的类型和文体
	2. 演讲介绍	1. 能准备组织演讲材料 2. 能简述组织基本情况	1. 演讲的类型和功能 2. 演讲的基本要求
	3. 公众关系处理	1. 能处理简单问询 2. 能进行事务性联系	1. 公众关系协调原则 2. 公众关系协调的一般方法
2. 信息传播	1. 媒介联络	1. 能准备媒介联络资料 2. 能收集、整理、制作新闻剪报	1. 与媒介交往的原则和方法 2. 新闻剪报的基本要求
	2. 新闻发布	1. 能准备有关新闻资料 2. 能联络新闻发布会场事宜	1. 新闻发布的程序 2. 与新闻发布有关的礼仪要求
3. 调查评估	1. 方案准备	1. 能准备调查和评估所需资料 2. 能承担调查的联络工作	1. 调查的目的和意义 2. 调查的基本程序
	2. 方案实施	1. 能进行一般性文献调查 2. 能进行问卷的发放与收集	文献调查法的步骤与技巧
	3. 数据统计	能对调查数据进行简单的统计和整理	数据统计的简单方法
4. 活动管理	1. 策划准备	1. 能准备策划所需资料 2. 能安排策划会议	1. 专题活动的类型、特点 2. 专题活动策划的一般程序
	2. 活动实施	1. 能联络活动现场 2. 能绘制活动场地布置图 3. 能使用投影仪、照相机和摄像机	1. 会场布置的基本知识 2. 印刷品的一般制作过程 3. 投影仪、幻灯机等设备知识

表 1-4 中级公关员

职业功能	工作内容	能 力 要 求	相 关 知 识
1. 沟通协调	1. 接待联络	1. 能按礼仪规范进行中外接待 2. 能撰写社交公关文书	1. 中外礼仪的基本内容和要求 2. 社交文书的类型和写作要求
	2. 演讲介绍	1. 能介绍组织的历史和现状 2. 能组织小型演讲活动	1. 演讲的基本技巧 2. 演讲活动的程序
	3. 公众关系处理	1. 能处理日常公众问询 2. 能与主要公众进行信息沟通 3. 能安排领导与公众进行沟通	公众关系协调的主要方法和基本要求
2. 信息传播	1. 媒介联络	1. 能进行媒体联络 2. 能安排记者采访 3. 能追踪监测采访结果	1. 记者职业特点 2. 新闻传播的基本程序 3. 新闻追踪和监测的基本要求
	2. 新闻发布	1. 能检查发布资料的准备情况 2. 能接待现场媒体采访活动	新闻发布的性质、特点
	3. 宣传稿编写	1. 能撰写新闻稿 2. 能编写组织内部刊物 3. 能编写组织对外宣传册	1. 新闻稿的类型和撰写要求 2. 新闻编写的基本要求 3. 公众的特点和心理需求
3. 调查评估	1. 方案准备	1. 能提供与调查相关的背景资料 2. 能起草小型调查方案	1. 小型调查的基本程序 2. 调查方案的写作要求
	2. 方案设计	1. 能设计小型观察调查提纲 2. 能设计小型访谈提纲 3. 能设计媒介文献调查方案	1. 调查方法的类型与特点 2. 调查方法的运用及其原则 3. 调查问卷文案写作知识

职业功能	工作内容	能 力 要 求	相 关 知 识
3. 调查评估	3. 方案实施	1. 能用观察法进行调查 2. 能用访谈法进行调查 3. 能进行各种媒介的文献调查	1. 观察调查法的步骤与技巧 2. 访谈调查法的步骤与技巧
	4. 统计分析	1. 能对调查数据进行统计分析 2. 能编制调查评估图表	1. 常用的数据统计的方法 2. 调查评估分析的原则和方法
4. 专题活动	1. 活动策划	1. 能制定简单策划方案 2. 能编制行动方案和时间表	1. 专题活动目标和主题的确定 2. 策划构思的方法
	2. 活动实施	1. 能按要求执行活动方案 2. 能收集活动物品市场信息	1. 音像宣传品制作的有关知识 2. 活动物品的市场信息
5. 危机处理	1. 舆论监测	1. 能监测媒体负面报道 2. 能监测公众关系中的消极信息	1. 危机管理的基本概念 2. 危机处理的程序和技巧
	2. 危机传播	1. 能应对日常公众投诉 2. 能准备危机传播材料	1. 危机传播管理的原则 2. 危机处理中的新闻发布要点

表1-5 高级公关员

职业功能	工作内容	能 力 要 求	相 关 知 识
1. 沟通协调	1. 接待联络	1. 能制订接待计划 2. 能负责业务谈判接待工作	1. 接待程序、特点和基本要求 2. 谈判知识和技巧
	2. 演讲介绍	1. 能介绍组织政策和远景情况 2. 能组织演讲活动、充当主持人	1. 演讲类型、功能和基本要求 2. 主持人的功能和基本要求
	3. 公众关系处理	1. 能制订外部公众沟通计划 2. 能制订内部公众沟通计划	1. 公众关系沟通的原则和策略 2. 公众关系沟通的主要方法和基本技巧
2. 信息传播	1. 媒介联络	1. 能规划媒介数据库的建设 2. 能安排记者采访组织或代表组织接受记者采访 3. 能制订简单媒介传播计划	1. 信息传播的基本原则 2. 中国媒介特点 3. 媒介传播组合及传播技巧
	2. 新闻发布	1. 能制订新闻发布计划 2. 能组织新闻发布活动	新闻发言人制度的内容和要求
	3. 宣传稿编写	1. 能编写各种新闻稿件 2. 能起草组织内部刊物及音像资料编写方案	1. 内部沟通的原理和方法 2. 内部通信的设计原则
3. 调查评估	1. 方案准备	1. 能洽谈和承接调查项目 2. 能撰写调查项目方案 3. 能撰写评估项目方案	1. 调查项目的要求和技巧 2. 各种调查的基本程序 3. 评估的原理及其应用
	2. 方案设计	1. 能设计观察调查方案 2. 能设计各种调查问卷 3. 能设计实验调查方案	1. 各种调查方法的取舍原则 2. 各种调查方法的原则及技巧
	3. 方案实施	1. 能执行调查方案的实施工作 2. 能执行评估方案的实施工作	1. 实施调查的知识与技巧 2. 实施评估的知识与技巧
	4. 报告编写	1. 能对调查数据进行分析 2. 能撰写小型调查报告 3. 能撰写小型评估报告	1. 数据统计类型、方法与技巧 2. 调查报告的类型和写作技巧 3. 评估报告的类型和写作技巧

职业功能	工作内容	能 力 要 求	相 关 知 识
4. 活动管理	1. 活动策划	1. 能组织小型活动的策划工作 2. 能起草简单的策划建议书 3. 能对活动效果进行基本预测	1. 主题构思的技巧 2. 策划创意的技巧 3. 大型活动相关的政策法规
	2. 活动实施	1. 能对中型活动进行管理 2. 能制定具体的行动方案 3. 能编制活动预算 4. 能对中型活动进行现场监控	1. 可行性研究的方法 2. 专题活动的流程管理 3. 预算的基本常识和技巧
5. 危机处理	1. 舆论监测	1. 能对媒介负面报道进行分析 2. 能提出危机处理意见	1. 危机的处理程序 2. 危机预警的基本原则
	2. 危机处理	1. 能根据危机管理计划进行危机处理 2. 能根据危机管理计划进行危机传播管理	1. 危机管理工作要点 2. 危机期间媒介关系的协调与沟通
6. 公关咨询	1. 一般性咨询	能处理日常工作中的咨询工作	1. 公关咨询的工作原理 2. 咨询业务的一般工作流程
	2. 咨询建议	能起草日常服务公关建议书	公关建议书的写作技巧

表1-6 公关师

职业功能	工作内容	能 力 要 求	相 关 知 识
1. 传播沟通	1. 业务沟通	1. 能制定和审定业务洽谈策略 2. 能进行高层次的业务谈判	1. 业务沟通的特点和基本要求 2. 业务洽谈的工作流程及技巧
	2. 公众协调	1. 能负责制订全年公众沟通计划 2. 能单独承担主要公众关系（政府、行业、社区等）的协调工作 3. 能有效地进行客户关系管理	1. 长期沟通规划的原则 2. 政府、行业、社区等重要对象的工作特点和沟通渠道 3. 客户关系管理的原则与方法
	3. 公关传播	1. 能制定并执行媒介传播计划 2. 能运用传播工具进行公关传播 3. 能撰写各种专题性新闻稿件 4. 能有效地进行媒介关系管理	1. 媒介概况和新闻报道原则 2. 新闻传播的方式方法 3. 媒介沟通与投放技巧 4. 媒介关系管理知识
2. 创意策划	1. 客户需求测评	1. 能准确把握客户的市场环境并做出符合实际的判断 2. 能客观分析客户公关工作中需改进的环节	1. 市场信息和数据分析的知识 2. 组织竞争战略的有关知识
	2. 公关策划	1. 能根据客户需求制定有效的公关战略和计划 2. 能起草大型公关策划建议书，并提出创意性计划和行动方案 3. 能进行一般性的案例研究分析	1. 公关创意策划的基本方法 2. 决策过程及其理论 3. 创造性思维的有关知识 4. 客户所属行业的市场状况 5. 案例研究的原则和方法
3. 策略管理	1. 公关调查	能运用各种调查研究方法与工具发现一个组织面临的各种公关问题	1. 市场调查一般知识、方法和步骤 2. 定性与定量的分析方法 3. 调查工作涉及的有关法规
	2. 媒介管理	1. 能规划媒介关系工作框架 2. 能建立并维护媒介数据库 3. 能开展积极的、形式多样的媒介关系活动	1. 媒介关系的工作内容 2. 媒介关系的工作技巧 3. 媒介数据库的有关知识

续表

职业功能	工作内容	能 力 要 求	相 关 知 识
3. 策略管理	3. 市场传播	1. 能运用发布、巡展、论坛、培训等传播工具进行市场传播 2. 能实施全年市场传播计划和行动方案 3. 能帮助组织规划市场传播战略和策略	1. 产品发布、巡展、研讨、论坛、培训等工作的程序、内容和技巧 2. 市场营销的知识和工作原理 3. 整合营销传播的基本理论和技术原理
	4. 企业传播	1. 能利用媒介传播、事件策划、品牌战略等工具进行形象传播 2. 能实施全年形象传播计划和行动方案 3. 能帮助组织规划品牌战略	1. 媒介传播、事件策划、品牌战略的工作原理和工作技巧 2. 组织战略、组织文化、组织运作与管理的基本内容
	5. 公共管理	1. 能制订政府关系工作计划 2. 能建立与政府、行业、社区之间良好的工作渠道 3. 善于并保持经常性的沟通	1. 政府关系、社区关系的工作原理和工作技巧 2. 最新政策动向和产业动向 3. 组织赞助的程序和应用
	6. 公关评估	1. 能结合组织的目标，对公关工作的中、长期效果进行评估 2. 能从公关活动的效果出发，鉴别日常公关工作的薄弱环节	1. 组织管理与绩效评估的有关知识、方法和工具 2. 数理统计与分析的基本知识
	7. 网络公关	1. 能运用互联网技术，加强与各类公众的交流与沟通 2. 能及时更新组织网站上的内容资料，构建网上的沟通平台	1. 网页设计的有关知识 2. 网络营销的有关知识
4. 项目管理	1. 项目确认	1. 能有效地进行项目沟通 2. 能快速对公关需求进行鉴别 3. 能进行商业合同谈判	1. 市场环境的有关知识 2. 高级商务谈判的策略与手段 3. 跨文化传播的有关知识
	2. 项目竞标	1. 能客观分析客户工作中存在的薄弱环节 2. 能有效进行项目沟通 3. 能把握项目竞标的各种变化	1. 公关市场预测的基本知识 2. 客户关系管理知识 3. 项目竞标工作内容和工作流程
	3. 项目执行	1. 能独立承担项目小组的管理工作，并进行全案跟踪和监控 2. 能进行现场的有效管理和监控，并灵活处理各种变化	1. 流程管理的原则与方法 2. 目标管理知识 3. 时间管理知识 4. 财务管理知识
	4. 项目评估	1. 能有效统筹项目实施的有序性与完整性 2. 能在项目结束后与客户保持积极的沟通并总结实施经验	1. 项目管理的核心原则 2. 项目评估方法与手段
5. 危机管理	1. 计划制订	1. 能制订危机管理计划 2. 能协调危机中相关方面的关系	危机管理计划的撰写要求
	2. 危机处理	1. 能及时处理危机事件 2. 能主持危机管理计划的实施 3. 能监控危机事件信息传播	1. 危机管理的工作程序和技巧 2. 危机传播中的新闻发布要点
	3. 危机传播	1. 能起草危机管理预警方案 2. 能承担危机传播管理工作	1. 危机管理预警方案的要点 2. 危机传播管理工作内容
6. 管理咨询	1. 公关公司管理	1. 能开展公司的业务管理 2. 能对公司业务、财务、人力资源、客户服务等进行有效的管理	1. 企业管理的主要内容 2. 企业财务、税法、劳动法、合同法等有关的法律知识 3. 人力资源管理知识

职业功能	工作内容	能 力 要 求	相 关 知 识
6. 管理咨询	2. 公关部门管理	1. 能协调公关部门的各项工作 2. 能对公关部门业务、人力资源和组织战略决策进行管理 3. 能为组织管理层提出公共关系的策略建议 4. 能协调公关部门与其他部门以及外部公关公司的合作	1. 服务营销与品牌管理知识 2. 组织形象识别系统（CIS）知识
	3. 专业咨询	1. 能对组织公共关系的状态进行策略分析 2. 能对组织的公关战略提出建设性建议和成熟的实施方案 3. 能对组织的中长期公关计划提出指导性的策略建议	管理咨询的原则、程序和方法的专门知识
7. 培训指导	1. 培训	1. 能对中级专业人员进行培训 2. 能对非专业人员进行日常培训 3. 能编写专业培训讲义	培训的有关知识
	2. 指导	能对公关员进行业务指导	案例教学法

表1-7　高级公关师

职业功能	工作内容	能 力 要 求	相 关 知 识
1. 传播管理	1. 舆论监测	1. 能及时掌握公众舆论动向，并指导组织建立相应的资料库 2. 能对组织与各主要公众间的关系状态进行整体定位	1. 舆论调查的有关知识 2. 舆论分析的原理和技巧 3. 公共关系状态定位研究
	2. 传播沟通	1. 能审定全年公关传播计划，指导公关传播计划的执行 2. 能制定中长期公关传播战略和规划	1. 长期传播计划的基本内容及其特点 2. 公共关系战略与规划
	3. 关系协调	1. 能监控与各主要公众关系，维持良好的沟通渠道 2. 能指导客户关系管理	1. 公众关系的沟通原则和策略 2. 主要公众对象的特征和工作环境
2. 策划研究	1. 创意策划	1. 能主持大型公关活动策划 2. 能对公关建议书提出专家意见 3. 能审定大型公关活动方案 4. 能评判公关活动效果	1. 大型活动的有关政策法规 2. 创新思维的工作原理 3. 策划的基本理论和原则 4. 创新管理的基本知识
	2. 公关研究	1. 能综合进行公众舆论研究与分析，并提出科学建议 2. 能独立进行公关案例研究 3. 能主持开发公关工作工具	1. 舆论及传播研究的有关知识 2. 案例研究与分析 3. 各种研究手段的有关知识 4. 专业发展趋势
3. 危机管理	1. 预案策划	1. 能审定危机管理预警方案 2. 能主持或审定危机管理计划	主持或审定危机管理计划的要点
	2. 预防与规避	1. 能主持危机管理工作 2. 能提供危机管理建议 3. 能独立提供危机管理顾问服务	1. 公关咨询工作原理和流程 2. 各种应急技巧训练知识
	3. 危机管理培训	1. 能进行危机管理训练 2. 能根据情况的变化对危机管理预案进行不断更新	1. 专业培训的基本要领 2. 培训工具的有关知识

续表

职业功能	工作内容	能 力 要 求	相 关 知 识
4. 网络公关	1. 网络舆论调研与评估	1. 能运用现代传播技术把握组织与公众的关系状态 2. 能对互联网不同公众反应进行整理，建立数据库并及时更新	1. 现代通信科技的有关知识 2. 网络传播的形式、特点和功能等方面的有关知识
	2. 网络工具使用	1. 能使用网络工具建立组织与公众的互动平台 2. 能规划并审定网络公关计划	与网络传播有关的法律与法规
	3. 网络监测与维护	1. 能监测网上公众的反应 2. 能采取多种互联网沟通手段，保持与公众间日常的积极互动	1. 网络监测的有关知识 2. 网络设计与网络安全方面的有关知识
5. 组织管理	1. 公关公司管理	1. 能独立承担专业公司的运营 2. 能对公司业务、财务、人力资源、客户服务等进行有效监督 3. 能开拓公司新业务和新客户 4. 能规划公司企业文化建设	1. 企业战略管理等有关知识 2. 营销质量管理等有关知识 3. 企业使命和社会责任的有关知识
	2. 公关部门管理	1. 能主持公共关系部门工作 2. 能对公关部门的业务、人力资源和公关战略进行有效的监督	1. 卓越公共关系标准 2. 项目预算知识
6. 战略咨询	1. 环境监测	1. 能组织和指导对组织的各类公众进行分门别类的分析，并分别建立相应的资料库 2. 能负责对组织与各主要公众间的关系状态进行整体定位与把握	1. 消费者权益保护法和组织社团法规等方面的法律知识 2. 相关行业的有关知识
	2. 问题诊断	1. 根据组织目标，能指导对组织公关整体运作效果进行评估 2. 能对影响组织环境的因素进行分析和研究	管理决策的有关知识
	3. 战略建议	1. 能负责对组织与各主要公众间的关系进行调整和改善提出建设性建议 2. 能指导撰写并审定组织与公众间关系的咨询报告和建议案	1. 战略管理的有关知识 2. 组织文化建设的有关知识
	4. 趋势预测	1. 能从组织环境的视角把握组织的公关特征 2. 能提出组织公关运作应注意的主要问题 3. 能对组织的中长期公关计划提出指导性的策略建议	战略公关和国际公共关系知识
7. 培训指导	1. 培训	1. 能对高级专业人员进行培训 2. 能对组织领导人进行高级培训 3. 能编写专业课件	1. 培训方案的编制方法 2. 专业课件开发的有关知识
	2. 指导	能对公关师进行行业业务指导和专业指导	1. 公关职业的前沿知识 2. 专业指导的有关知识

 同步训练

一、关键知识点

公共关系机构类型；公关人员的基本素质要求；公关员职业定义及岗位要求。

二、抛砖引玉

公交站牌上看到一则广告："招聘男女公关，形象好气质佳，日薪过万，工资日结。"讨论他们招聘的是不是真正意义上的公共关系工作人员；请你为公共关系职业正名。

三、案例讨论

蒙牛陷害门

（一）案例介绍

2010 年 10 月 19 日晚，新浪微博上突然传出消息，称曾引起轩然大波的"圣元奶粉致儿童性早熟事件"，竟是著名奶业巨头蒙牛及其公关公司策划出来以打击竞争对手的。同时另一奶业巨头伊利公司也指控蒙牛对伊利旗下产品"QQ 星儿童奶"、婴儿奶粉进行有计划的舆论攻击。而蒙牛在随后的声明中也爆出伊利旧事，伊利曾在 2003 年花 592 万元雇用公关公司攻击蒙牛。一场由"圣元奶粉致儿童性早熟事件"引发的奶粉界罗生门愈演愈烈。

10 月 19 日起，网络若干论坛及微博开始流传伊利集团旗下生产的"QQ 星儿童奶"遭到恶意声誉损害系网络公关公司受雇实施的行为。网民纷纷表示震惊，纷纷发帖"求真相"。

而要找回真相，就必须回到事件发生的源头——2010 年 7 月。

2010 年 7 月 16 日，某报刊登了一篇所谓"深海鱼油造假严重"的新闻，随即网上相继出现大量宣传"深海鱼油不如地沟油"的攻击性文章。

之后，网络攻击深海鱼油的行动有组织地向深层次发展，攻击添加深海鱼油的产品不能食用，最后矛头直指伊利实业集团股份有限公司生产的"QQ 星儿童奶"，煽动消费者抵制加入了深海鱼油的伊利"QQ 星儿童奶"。随后，相关文章纷纷出现在我国大型门户网站论坛、个人博客和百度等主流网站的问答栏目。

警方经过为期两个多月的缜密侦查发现，这起看似商战的事件，确系"一网络公关公司受人雇用，有组织、有预谋、有目的、有计划，以牟利为目的实施的"损害企业商业信誉案。

警方证实：2010 年 7 月 14 日，蒙牛"未来星"品牌经理安勇与北京博思智奇公关顾问有限公司共同商讨炒作打击竞争对手——伊利"QQ 星儿童奶"的相关事宜，并制定网络攻击方案。据警方介绍，这些网络攻击手段包括：寻找网络写手撰写攻击帖子，并在近百个论坛上发帖炒作，煽动网民情绪；联系点击量较高的个人博客博主撰写文章发表在博客上，并通过"推荐到门户网站首页""置顶""加精"等操作以提高影响力；以儿童家长、孕妇等身份拟定问答稿件，"控诉"伊利乳业公司，并发动大量网络新闻及草根博客进行转载和评述，总计涉及费用约 28 万元。而整个操作链由"蒙牛'未来星'品牌经理安勇—北京博思智奇公关顾问公司（郝历平、赵宁、马野等）—北京戴斯普瑞网络营销公司（张明等）、博主（网络写手）—李友平（戴斯普瑞公司合伙人）"这样串联而成。

整个网络炒作历时一个月，其中点击量最高的一个帖子点击数达20余万人次。

警方表示，这起案件目前已告破，安勇、郝历平、赵宁三名犯罪嫌疑人已于10月16日被内蒙古检方正式批捕，另一名犯罪嫌疑人马野也被警方刑拘，张明、李友平等人在逃。

资料来源：http://baike.sogou.com/v57243674.htm?fromTitle=%E8%92%99%E7%89%9B%E9%99%B7%E5%AE%B3%E9%97%A8.

（二）案例思考

1. 你是如何理解公关公司职能的？
2. 结合本案例，谈谈你对整治非法网络公关的认识。

四、趣味游戏

你适合哪种工作？测测你的公关能力就知道

良好的公关能力是现代社会生活中人的重要素质之一。下面设计了各种环境中的对话，每种回答都标有不同的分值，做完后将总分值与结果对照，可以预知你的公关能力。

（1）在公共汽车站上，因人多而没有挤上去，你的朋友说"等一会儿再上吧！"你回答：

A. 老是这样会一直乘不上车的！

B. 是的，再等等下一班车吧。

C. 高峰期总是这样，真讨厌！

（2）在公共汽车上，由于人多互相拥挤，有人对你说："不要挤！"你回答：

A. 人多，没办法！请你向前靠些吧！

B. 对不起！

C. 真是的，我也不想挤！

（3）与恋人约会时，恋人因来晚了而对你说："哟，我来迟了。"你作何回答？

A. 真不礼貌！稀里糊涂的。

B. 不必介意！不必介意！

C. 你是我喜爱的人嘛！

（4）在家中，妈妈说："你为什么混得这样差，是怎么回事？"你回答：

A. 妈妈的孩子呗，没办法！

B. 对不起！我已做了努力。

C. 下次会让你高兴的。

（5）在学校当你和同学们一起议论另一个同学时，其中一位同学说："他又碰钉子了。"你接着说：

A. 那家伙差劲！真差劲！

B. 撒谎！是真的吗？

C. 真可怜！

以上选择选 A 得 1 分，选 B 得 2 分，选 C 得 3 分。

0～3 分：公关能力很不理想。在公共场合，常常带有强烈的攻击性，碰到不顺心的事，就立即发怒。如果不加以改善，不适合有关群体性的工作。

4～8 分：具有很强的公关意识和公关能力，遇事能够仔细考虑他人情绪和周围环境。即使讨厌的事情，如有必要，也能够控制住自己的感情去适应环境。需要防止的是：过于冷静，以致淡漠处世，丧失个性，失去自我发展的机会。

9～15 分：对自己的好恶不太外露，但在行动上给人以唯我独尊的印象，不太考虑别人的情绪，不善于理解别人的行动。因此，你要注意把自己放在大环境中去生活，并且适应环境（以上测试纯属游戏仅供参考）。

资料来源：http://www.people.com.cn/GB/shenghuo/1092/2187434.html.

项目二

公共关系基础知识

项目 背景

　　作为一个刚入职的公关新人，王龙时刻牢记自己的岗位职责，在公关经理的指导下处理日常公关事务，积极主动与客户沟通，协助撰写与编辑专题文章、文案及新闻稿等，协助各种相关活动的组织策划、协调和公关接待工作，协助媒体关系处理，执行一些临时性的工作安排等。

任务 分解

　　面对这些琐碎、具体而又专业的公关工作，王龙感觉到了一些压力，尽管在校期间系统学习了公共关系及相关知识，可是总有种"书到用时方恨少"的感觉。王龙深深体会到，公共关系确实是一项既有科学性又有艺术性的工作，每一项公关工作的处理，哪怕是最简单、最普通的一项工作，都离不开公共关系理论的指导。

　　根据以上分析，我们将本项目分解为两个典型的学习任务。

任务一　公共关系基本要素

一、社会组织

二、公众

三、传播沟通

任务二　公共关系职能和原则

一、公共关系的基本职能

二、公共关系的基本原则

任务一 公共关系基本要素

知识目标

正确理解社会组织、公众及传播的含义与特征；掌握社会组织、公众及公共关系传播媒介的类型；对传播的代表性理论有一定的了解。

能力目标

能够辨别社会组织、公众及媒介的类型；能够认识到互联网时代公共关系传播媒介的新变化。

公共关系的基本要素又称为公共关系三要素，包括：社会组织、公众、传播沟通。其中，社会组织是公共关系活动的发起者，是公共关系活动的主体；公众是公共关系的对象，是公共关系的客体；传播沟通是公共关系活动的手段和媒体，没有传播沟通也就没有公共关系。在三要素中间，社会组织具有主导性，公众具有权威性，传播具有效能性。

一、社会组织

（一）社会组织的含义

社会组织是人们为了有效地达到特定目标，按照一定的宗旨、制度、系统建立起来的共同活动集体。它有清楚的界限、特定的目标、明确的分工和制度化的组织结构，如企业、政府、学校、医院、社会团体等。

社会组织的生存和发展与很多因素有关，自身的实力、良好的管理、适宜的环境等都是组织成功的基础。公共关系作为一种管理职能，则是从如何建立和维护组织与公众之间的互利互惠关系、树立组织良好形象的角度来促进组织的发展的。

公共关系是一种组织活动，而不是个人行为。因此，社会组织是公共关系活动的主体，是公共关系的组织者、实施者、承担者。我们在理解公共关系时，特别要注意这一点，不要把一些个人的行为也说成是公共关系。如某公司总裁以个人名义向野生动物基金会捐款，这是个人行为，而不是公共关系；但当他以公司的名义捐这笔款时，我们便可把这种行为理解为是一种旨在提高组织（公司）的知名度和美誉度、扩大组织影响的公共关系行为。

（二）社会组织的特征

1. 特定的组织目标

组织目标一般是明确的、具体的，表明某一组织的性质与功能，人们围绕某一特定的目标才形成从事共同活动的社会组织。组织目标是组织活动的灵魂，它可以是单一的，也可以是具有内在联系的目标体系。

2. 一定数量的固定成员

社会组织是由至少两个或两个以上的人组成的系统。组织成员是相对固定的，成员明确地意识到自己属于某一组织；社会组织如无固定的成员就失去了自身存在的实体基础。进入或退出一个组织必须按照一定的程序进行，特别是组织成员资格的取得一般都要经过组织的考核与审查。

3. 制度化的组织结构

为了实现特定的目标并提高活动效益，一般都具有根据功能和分工而制度化的职位分层与部门分工结构。只有通过不同职位的权力结构体系，协调各个职能部门或个人的活动，才能顺利开展组织活动并达到组织目标。

4. 普遍化的行动规范

它一般是以章程的形式出现，并作为组织成员进行活动的依据。组织的行动规范是每个成员必须遵守的，它通过辅助的奖惩制度制约组织成员的活动，以维护组织活动的统一性。

5. 社会组织是一个开放的系统

就每一个社会组织来说，它不仅自身要与周围环境进行物质、人员、信息的交换，而且还根据与其他组织的关系，组成不同的组织体系，在更大的范围内和更高的水平上与外界环境进行各种形式的交换。一个组织如果绝对的自我封闭，组织的生命也就停止了。

（三）社会组织的类型

为了使公共关系活动更具有针对性，我们一般把组织分成四种类型。

1. 营利性组织

这类组织以营利为目的，追求经济利益的最大化，如工商企业、服务业、金融机构等。

2. 服务性组织

这类组织不以营利为目的，而以服务对象的利益为目标，包括学校、医院、慈善机构、社会公用事业机构等。

3. 公共性组织

通常是指为整个社会和一般公众服务的组织，如政府、军队、消防部门、治安机关等。这类组织的目标是保证社会安定，不受内部不良因素的影响和外来干涉。

4. 互利性组织

这是一种以组织内部成员间互获利益为目标的组织，这类组织追求的是组织内部成员之间的互惠互利，如政党、工会组织、学会、协会、宗教团体等。

二、公众

（一）公众的含义

公众是指与社会组织发生相互联系、作用，其成员面临共同问题、共同利益和共同要求的社会群体。公众就是公共关系的客体和对象，社会组织的员工、顾客、媒介、政府、社区居民等都是重要公众。公众构成了社会组织生存和发展的社会环境。

任何组织都有其特定公众，而公共关系便是组织主动地去与公众建立和维护良好关系的过程。但这并不意味着作为客体和对象的公众是完全被动的、随意受摆布的，公众随时都可以表达自己的意志和要求，主动地对公关主体的政策和行为做出积极反应，从而对公关主体形成舆论压力和外部动力。因此，社会组织必须认清自己的公众对象，分析研究自己的公众对象，并根据公众对象的特点及变化趋势去制定和调整公关政策和行动。

（二）公众的特征

1. 同质性

同质性即构成某类公众的成员都面临共同问题、共同利益和共同要求，具有天然的一致性，甚至形成心理上、情感上的默契，从而表现出明显的合群意识。

2. 群体性

尽管社会组织面临的往往是一些具体的乃至个别的这样或那样的特殊人、问题和关系，但从公共关系角度看，总体上是一个群体性问题，即如何处理好组织与公众的关系问题。

3. 可变性

这是指不仅公众群体的产生和解体是可变的，而且还指随着时间的推移，公众群体的构成和态度也是变化的。

（三）公众的类型

1. 按照公众与组织的关系，分为相关公众与非公众

这种划分的着眼点在于明确公共关系工作的针对性，使组织有限的人力、物力、财

力有的放矢地发挥出尽可能大的效益，避免公关工作的盲目性。

（1）相关公众是指作为组织公关对象的具体公众，包括个人、群体或其他组织。

（2）非公众是指与该组织没有相关关系的个人、群体、组织。

从具体的公关角度看，特定的组织，其对象公众只能是特定的、明确的。那些与公关主体没有相关关系的个人、群体、组织，只能是非公众。

2. 从公众发展变化角度，分为潜在公众、知晓公众、行动公众

这种划分的目的在于及时根据公众的变化不断调整对策，使组织与公众的关系置于组织的可控之下，从而把握有利的航向，保持良好的声誉。

（1）潜在公众是指已经与组织发生了某种直接关系而自身却尚未察觉的公众。潜在公众是由非公众转化而来的。

（2）知晓公众是指已明确与组织发生了直接利害关系的公众。

（3）行动公众是指已明确与组织发生了直接利害关系，并已做出反应的公众。

潜在公众是一种警示，知晓公众是一种重大考验，而行动公众极可能对组织造成影响。

3. 按照公众与组织的密切程度，可分为内部公众与外部公众

这种划分的目的在于把公共关系分为内部公共关系和外部公共关系两大块，促进内外协调，从而使组织"内求团结"与"外求发展"两大目标高度统一起来。

（1）内部公众是指由组织内部成员的一部分或直接隶属于某一个组织的部门所形成的公众群体，一般由员工、股东、部门构成。

（2）外部公众是指组织以外与组织有直接联系的个人、群体或组织所形成的公众群体。一般可分为消费者公众、社区公众、政府公众、媒介公众等。

4. 按照公众对组织的态度，分为顺意公众、逆意公众和独立公众

这种划分的意义在于最大限度地争取公众的支持和理解，化解公众的偏见，从而使组织的生存发展更加顺利。

（1）顺意公众是指积极支持组织的公众。他们对组织的方针、政策、行动持积极赞同、支持的态度，并在行动上热情宣传、主动配合，是可以依靠的力量。

（2）逆意公众是指对组织的政策、行为持否定态度或抱有偏见敌意的公众。他们可能是由于误解，也可能是组织错误行动的受害者。是需要转化、缩小的群体。

（3）独立公众是指介于上述两类之间的公众，他们对组织既不支持也不反对，或态度不明朗、不表态。独立公众存在着向上述两类公众转化的可能性，是争取的对象。

5. 按照公众对组织的重要性，分为首要公众、次要公众和边缘公众

这种划分在于确定不同公众对组织的不同作用，以明确公关工作的重点和主要矛盾。

（1）首要公众是指与组织联系最为频繁、最密切，对组织的前途、现状最为关心、最有影响力的公众，一般包括员工、股东、顾客等。

（2）次要公众是指对组织的生存、发展有重要作用但没有首要公众那么关键的一部

分公众，如政府公众，媒介公众等。

（3）边缘公众又叫一般公众，是指对组织的生存、发展具有一定作用但相关性有限的一部分公众，如对于企业而言，社区大众即为边缘公众。

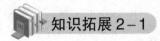 知识拓展 2-1

微信公众平台

微信公众平台，简称公众号。曾命名官号平台、媒体平台、微信公众号，最终定位为"公众平台"。利用公众平台进行自媒体活动，简单来说就是进行一对多的媒体性行为活动，如商家通过申请公众微信服务号，展示商家微官网、微会员、微推送、微支付、微活动、微报名、微分享、微名片等，已经成了一种主流的线上线下微信互动营销方式。

微信在 2013 年 8 月 5 日从 4.5 版本升级到了 5.0 版，同时微信公众平台也做了大幅度调整，微信公众号被分成订阅号和服务号，运营主体是组织（比如企业、媒体、公益组织）的，可以申请服务号，运营主体是组织和个人的可以申请订阅号，但是个人不能申请服务号。

微信公众号主要是面向名人、政府、媒体、企业等机构推出的合作推广业务。在这里可以通过微信渠道将品牌推广给上亿微信用户，减少宣传成本，提高品牌知名度，打造更具影响力的品牌形象。微信的价值在于：让企业的服务意识提升，在微信公众平台上，企业可以更好地提供服务。

三、传播沟通

（一）传播沟通的含义

公共关系传播沟通，是社会组织利用各种媒介，将信息有计划地与公众进行交流与共享的活动过程。传播的目的是为了提高组织自身的知名度、美誉度和认可度。

公共关系传播沟通是信息交流的过程，也是社会组织开展公共关系工作的重要手段。离开了传播沟通，公众无从了解组织，组织也无从了解公众。如果我们把社会组织看作公共关系工作的主体，把公众看作公共关系工作的客体，传播沟通就是二者之间相互联系的纽带和桥梁。组织与公众的沟通，在很大程度上依靠信息传播，组织与公众之间的误解，也往往是由于信息不畅造成的。组织通过传播媒介可有效地将有关信息传递给社会公众，以此达到提升组织知名度和美誉度，塑造组织良好形象的目的。因此，一个社会组织不但要有明确的目标、符合公众利益的政策和措施，还要充分利用传播手段开展公共关系活动，赢得公众的好感和舆论的支持，获得良好的经济效益和社会效益。

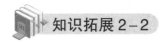

知识拓展 2-2

传播与沟通

传播具有共享的意思，是传播者与受传者之间的信息交流与共享的过程。在这个过程中，一方（信息源）有意向地将信息编码，并通过一定的渠道传递给意向所指的另一方（接受者），以期唤起特定的反应或行为。完整的传播必须是：意向所指的接受者感受到信息的传递，赋予信息以喻义（破译编码），并受其影响而做出反应。

沟通，原指开沟而使雨水相通，后泛指彼此相通，是一种信息的双向交流过程。在表达信息传递的过程时，传播和沟通在许多场合下都可以通用。在英文中，传播与沟通这两个概念是同一词汇——communication，其基本含义是交换、交流、传递。两者都具有相同的三要素：信息的发出者、接受者和信息传递的媒介。

传播的目的，就是为了沟通，也就是"传务求通"。在中国的老百姓中，大家经常听到极为普遍的寒暄语："吃饭了吗？""吃过了"。就是这么简单的问答，也说明我们每个人都在日复一日的循环中扮演着两个基本的角色，交流着不同的信息。

（二）有关传播的代表性理论

1. "5W"模式

美国学者 H. 拉斯维尔于 1948 年在《传播在社会中的结构与功能》论文中首次提出了构成传播过程的五种基本要素，并按照一定结构顺序将它们排列，形成了后来人们称之为"5W"的模式。即 who（谁），say what（说了什么），through which channel（通过什么渠道），to whom，（向谁说），with what effect（有什么效果）。

"5W"模式表明传播过程是一个目的性行为过程，具有企图影响受众的目的。因此说它的传播过程是一种说服过程，其中的 5 个环节正是传播活动得以发生的精髓。5W模式如图 2-1 所示。

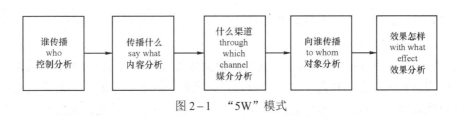

图 2-1 "5W"模式

"5W"模式概括性强，对大众传播的研究起了很大的推动作用，但它忽略"反馈"传播因素，有局限性。

2. 施拉姆模式

施拉姆模式于20世纪50年代由美国传播学者W.施拉姆提出，是较为流行的人际传播模式。此模式强调传者和受传者的同一性及其处理信息的过程，揭示了符号互动在传播中的作用。图中的"信息反馈"，表明传播是一个双向循环的过程。施拉姆模式如图2-2所示。

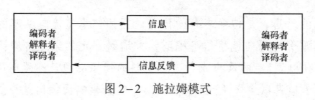

图2-2　施拉姆模式

3. 德弗勒模式

德弗勒模式又称大众传播双循环模式。20世纪50年代后期由美国社会学家M.L.德弗勒提出。其主要内容是在闭路循环传播系统中，受众既是信息的接收者，也是信息的传送者，噪声可以出现于传播过程中的各个环节。此模式突出双向性，使传播过程更符合人类传播互动的特点，被认为是描绘大众传播过程的一个比较完整的模式。德弗勒模式如图2-3所示。

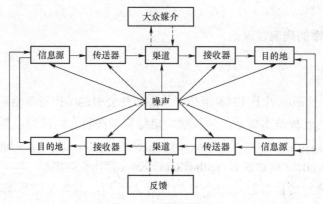

图2-3　德弗勒模式

4. 受众选择"3S"理论

传播学者发现受众在接触媒介和接收信息时有很大的选择性，这个选择过程表现为三种现象，简称"3S"，包括以下。

（1）选择性注意（selective attention）是指受众对诸多信息有选择地加以注意。受众总是愿意注意那些与自己观念一致的，或自己需要的、关心的信息，回避那些与自己固有观念相抵触的，或自己不感兴趣的信息。因而，在面对诸多信息的刺激时，受众不可能对所有的信息刺激一一做出反应，只能是有选择地加以注意。信息发布者必须注意信息的强度、信息的对比度、信息的位置、信息的重复率、信息的变化等因素，使自己所发布的信息醒目、有吸引力，能在众多信息中引起公众的选择性注意。

（2）选择性理解（selective perception）是指不同的人对同一信息做出的不同意义的解释和理解。所谓"智者见智，仁者见仁"。因而信息发布者在制作和发布信息时，必须考虑受众的心理因素，如需要、态度和情绪等，以便使受众能够按发布者的意图理解信息。

（3）选择性记忆（selective retention）是指受众对各类信息记忆的取舍趋向。一般来说，受众总是容易记住那些简单醒目、与众不同和与自己的需要、兴趣一致的信息，容易忘记那些毫无特色、与己无关、不感兴趣的事情。这种记忆的取舍，就是选择性记忆。

选择性注意、选择性理解、选择性记忆是受众心理选择过程的三个环节。这三个环节可以看成是受众心理的三层"防卫圈"。信息如果不合乎受众的观念、兴趣和需要，则被挡在"防卫圈"之外。对于传播者来讲，关键在于研究受众的情况，有针对性地选择传播内容、方式，采取有效办法减少受众的选择性因素干扰，以达到预期的传播效果。

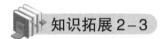 知识拓展2-3

成功公共关系传播的基本要素

根据"5W"模式理论，公关传播经历了由传播者到受传者的全过程，包括：传播者、传播内容、传播渠道、目标公众和传播效果五个基本要素。

（1）公共关系传播者是组织信息的采集和发布者，是代表组织行使传播职能的人，是公共关系的主体，是构成传播过程的主导因素。在协调公众关系、改善周围环境的过程中，在树立自身形象、提高信誉的过程中，在沟通内外联系、谋求支持与合作的过程中，公共关系传播者都居于主导地位，起着控制者与组织者的作用。它的任务是将外部的信息传达给组织内部公众，将有关组织的信息发布出去传递给目标公众。

（2）公共关系传播内容是指传播者发出的有关组织的所有信息。它大体上可以分为以下两类：① 告知性内容。即向公众介绍有关组织的情况，它的目标、宗旨、方针、经营思想、产品和服务质量等。② 劝导性的内容。即号召公众响应一项决议，呼吁公众参与一项社会公益活动，或者劝说人们购买某一种牌子的商品。

（3）公共关系传播渠道是指信息流通的载体，也称媒介或工具。人们通常把用于传播的工具统称为传播媒介，而把公共关系活动中使用的传播媒介称之为公共关系媒介。可供公关人员利用的传播媒介有两种：一种是大众传播媒介，另一种是人际传播手段。具体来说，公共关系传播媒介是各种各样、丰富多彩的。

（4）目标公众是指那些与组织有着某种利益关系的特定公众。组织要想有效地开展公关工作，辨认自己面对的公众是十分重要的。一般来说，辨认公众可分几个步骤，层层深入。比如，首先把组织面对的公众无一遗漏地罗列出来，然后按需要对它们进行分类。当组织开展一项具体活动时，还可以对公众做更进一步的分类，以便确定具体活动针对的目标公众。它们是大众传播受传者中的一部分，是组织意欲影响的重点对象。

（5）公共关系传播效果。大众传播媒介固然能够改变受众原有的观念，但其效果不是无限的。在实际工作中，公共关系人员不能把大众传播媒介作为唯一的手段，而应当将它与人际传播、组织传播等多种方式结合起来，以便收到更好的效果。同时，受众的被动地位是相对的，他们对信息的注意、理解和记忆都是有选择的。公共关系人员可以通过各种调查手段了解公众对信息的接受程度，知己知彼，百战不殆。此外，在信息传播过程中，还要重视专家、学者、社会名流等"意见领袖"的中转作用，设法通过他们影响公众。

（三）公共关系传播媒介

1. 大众传播

大众传播即通过大众传播媒介将复制的信息传递给分散的大众。大众传播是公共关系传播的最主要方式，是组织进行公共关系活动的主要载体。

大众传播媒介特指专门用于大众传播活动的媒介。传统的大众传播媒介包括报纸、杂志、广播、电视、网络和图书等。大众传播媒介具有速度快、范围广、影响大等特点，借助大众传播媒介进行公关传播，能迅速、广泛地提高组织的知名度，扩大社会影响。大众传播媒介具有五项功能，即宣传功能、新闻传播功能、舆论监督功能、实用功能和文化积累功能。

2. 人际传播

人际传播即个体与个体之间的传播与沟通。其特点是双方参与性强，传播符号多样，信息的传递和反馈同时进行或间隔时间很短，感情色彩浓厚。

从公共关系的角度看，人际传播是一种最基本的、必不可少的传播方式，大量的公共关系活动是通过人际传播实现的。人际传播也是组织形象传播的主要形式。人际传播的具体形式很多，如日常的公关接待、客户的交流和联络、内外部公众关系的沟通与协调、举办的各种专题活动等。公共关系人员应当根据不同的传播目的、对象、内容等，选择恰当的人际传播形式。

3. 新媒体

新媒体是在数字技术、网络技术、移动技术等新技术支撑体系下出现的媒体形态，如数字杂志、数字报纸、数字广播、手机短信、移动电视、网络、桌面视窗、数字电视、数字电影、触摸媒体、手机网络等。相对于报纸、杂志、广播、电视四大传统意义上的媒体，新媒体被形象地称为"第五媒体"。

新媒体迎合了人们休闲娱乐时间碎片化的需求，满足随时随地互动性表达娱乐与信息的需要，具有传播与更新速度快、成本低，信息量大、内容丰富，低成本全球传播，检索便捷，多媒体传播，超文本，互动性等特点。

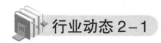 **行业动态 2-1**

互联网时代的新媒体公关

目前，公关分为传统公关和新媒体公关两种。传统的公关始自 20 世纪早期，工作的基本模式主要是围绕传统媒体（纸质媒体和电视、广播类媒体）展开，从最基础的撰写和发布软文、深度报道管理到各式各样的发布会、体验会和线下活动都属于这个范畴。

新媒体公关则兴起于 2006—2007 年，虽然在一开始的萌芽阶段，新媒体公关只不过是将在传统媒体上的工作搬到了互联网媒体上，在网站、门户上继续发稿。但仅仅经过一年左右的发展，随着 Web2.0 时代来临，新媒体公关的工作核心就发生了重大变化。在新的公关形式下，互动占有越来越高的比重。新媒体的媒体环境使得每个人不再只是简单接受信息，而是可以同时发声和反馈，这就导致了曾经在传统媒体中盛行的"写好稿件，发对媒体"的思路变得落伍，互动营销时代的公关兴起。

紧接着，微博和微信的出现让 SNS 社区开始没落，在新媒体上简单的互动开始变得复杂和多样，公共关系迎来新媒体的社交时代，社会化媒体或社交媒体上更广泛、更多样的沟通，也成为公关工作新的研究方向。

简单地说，在传统媒体时代，要想推广一款新产品，需要开发布会、写稿、发稿、剪报、汇报，而在新媒体时代则需要为该产品建立微博和微信账户、组织线上活动，甚至要为它建立粉丝管理体系。因为沟通环境的变化，公共关系的工作方式也随之变化，新媒体时代的公关核心就是帮助客户与公众更好地沟通。

资料来源：https://tieba.baidu.com/p/5520274738？red_tag=1955670510.

4. 自媒体

自媒体又称"公民媒体"或"个人媒体"，是指私人化、平民化、普泛化、自主化的传播者，以现代化、电子化的手段，向不特定的大多数或者特定的单个人传递规范性及非规范性信息的新媒体的总称，具有低门槛、易操作、交互强、传播快等特点。自媒体平台包括：博客、微博、微信、百度官方贴吧、论坛、BBS 等网络社区；以微信公众号为标志，再加上百度百家、搜狐、网易、腾讯等自媒体写作平台。

自媒体有别于由专业媒体机构主导的信息传播，它是由普通大众主导的信息传播活动，由传统的"点到面"的传播，转化为"点到点"的一种对等的传播概念。在自媒体时代，各种不同的声音来自四面八方，"主流媒体"的声音逐渐变弱，人们不再接受被一个"统一的声音"告知对或错，每一个人都在从独立获得的资讯中，对事物做出判断。

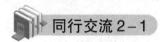 同行交流 2-1

网络时代公关人如何传播

如今，传媒和公关行业正在发生着前所未有的巨变，互联网正在逐渐代替传统媒体，日渐成为人们获取各类资讯和观点的新媒体。这些新媒体由于具有无时不在、无处不在的特征，大大推动了信息传播的速度、广度和透明度。它低廉的沟通成本和超凡的传播能力对于信息传播的从业者们来说就像发现了一块新大陆一样，给他们带来很多新的惊喜。同时，网络传播手段的丰富性也大大激发了公关行业的创造力，越来越多的公关人在网络平台上发挥着他们的智慧和潜力，花样繁多的网络公关解决方案纷纷出台，很多好的创意和应用也的确带来了让人惊喜的传播效果，这些积极的行动显然有助于推动公关行业迈向网络媒体新时代。

然而，网络这种新媒体还未能建立起行业的新秩序。常常有人说"网上的消息不敢信"。互联网媒体信息的随意性已经带来了相当严重的问题，信息鱼龙混杂，真假不分；虚假的、不健康的信息像病毒一样通过互联网蔓延；人们常常无从判断一些网络报道、BBS话题的真实性。这种现象的存在已经大大削弱了网络公关原本应该达到的效果。

一些所谓的公关从业人员甚至在利益的诱惑下，通过网络帮助企业传播夸大的信息，制造低俗的噱头，炒作不实的新闻，这些行为实际上是对互联网的滥用，他们不但没有积极地推动有效信息的共享，反而增加了人们为了甄别信息的真假所需的额外时间和精力，对于社会、文化、商业和文明的进步没有起到积极的推动性或建设性的作用。

在这样的环境中，我们需要倡导公关从业人员建立高尚的从业信仰，遵从道德规范，避免借用公关的名义在互联网媒体上传播不真实的信息，混淆视听；或者炒作对行业秩序有破坏性的话题，以吸引公众的眼球达到其短期的商业目的。我们需要倡导公关从业人员不断创新，充分运用和挖掘网络新媒体这一"新大陆"的潜在力量，以有价值的创意推动智慧的交融，文化的进步和商业的繁荣。我们还需要倡导公关从业人员一起抵制低级、恶俗、虚假的网络信息传播，反击滥用互联网新媒体资源从而导致社会秩序紊乱的行为。

公关从业人员在互联网上担负着向社会大众提供更有价值和更有意义的信息，积极推动中国网络文化进步和建立网络文明的重要责任。建立社会大众对于互联网的信赖是这一新媒体群发展的前提，也是公关行业在网络时代发展的前提，这需要网络人和公关人携手促进。

公关行业的自律与净化有赖于所有公关人的责任和行动，任何丑闻都将对整个行业造成致命的伤害。因此，每一名公关人都需要在各种利益和诱惑面前审慎思考，做出正确的选择，以确保你的职业发展和这个行业的发展始终积极向上。

资料来源：http://huaxunwangluoggg.blog.sohu.com/164856774.html.

 同步训练

一、关键知识点

社会组织的含义、特征及类型；公众的含义、特征及类型；传播的含义及代表性理论；公共关系传播媒介。

二、抛砖引玉

张小姐在一个人气很旺的妈妈论坛上闲逛时发现，妈妈们正在热烈地讨论如何选择食用油，一位专家正在线解答大家的问题。作为一位资深公关人士，张小姐立刻联想到前不久国内一家食用油巨头在这个网站上推出了一个孕产妇健康知识的专题，这背后似乎有某种联系。将商业公关融入网络社区的讨论话题中，并不露痕迹，这正是眼下公关界追求的一个极高境界。网络时代，公共关系无处不在。

请你通过网络搜集类似公关活动案例，并与大家分享。

三、案例讨论

微博热搜榜被下线，对公关传播有何影响？

（一）案例介绍

2018 年 1 月 27 日晚上开始，新浪微博的热搜榜、热门话题榜、热门微博榜明星和情感板块等栏目突然消失了。随后，北京网信办在其微信订阅号发布消息，坐实了此消息，并将其下线原因归为"新浪微博违反国家有关互联网法律法规和管理要求，传播违法违规信息，存在严重导向问题，对网上舆论生态造成恶劣影响。"当然晚上 9 点 31 分，微博也发布公告承认此事，并表示："微博将在深刻领会主管部门通报的基础上，深入开展自查自纠，严格落实整改措施，确保落实到位。"

微博的这条公告并没有关闭评论，下面的留言共有 8 万多条，几乎对微博热搜整顿一片叫好。从微博网友的留言可以看出，大家对明星炒作和与其相关的一系列负能量事件和话题成为微博的"主流"内容，均表示"早就该整顿了"。虽然北京网信办并未明确说明这次要求微博整顿的具体事由，但据猜测，与最近其多次明星"丑闻"的曝光有关，尤其是疑似某说唱歌手粉丝制造的"紫光阁"事件。虽然微博迅速回应并辟谣，但微博在众多明星"丑闻"事件中，确实极大地提升了"影响力"。

而微博在回应中的措辞，其实也从侧面坐实了自己的问题，比如"加大与正规媒体的合作力度，提升内容服务质量"说明其过去和营销号和自媒体"合作"太多了，内容质量都不高，包括不限于最近几次的明星出轨事件。而"增加技术和人力投入，提升对违法有害信息的管理水平，维护网络空间信息传播秩序和良好生态"则说明其对一些低俗内容和关键的审查和把关不够，尤其是像"紫光阁地沟油"这样的事件，被外界认为微博的热搜是可以通过公关公司来干预的。

资料来源：http://www.sohu.com/a/219477434_104421.

（二）案例思考

就"微博热搜被下线"事件，谈一谈你对新媒体公关传播的认知。

任务二　公共关系职能和原则

知识目标

理解公共关系的基本职能；掌握公共关系的基本原则及具体要求。

能力目标

能够将公共关系的基本职能和原则贯彻落实到具体的公共关系活动中，并尽量避免违背公共关系基本原则的短视行为。

一、公共关系的基本职能

公共关系职能是指以优化公众环境，树立组织形象为任务的一种传播沟通职能。即运用各种传播、沟通的手段去影响公众的观点、态度和行为，争取公众舆论的理解和支持，为组织的生存和发展创造良好的社会环境。

（一）采集信息，监测环境

采集信息是指社会组织自觉地利用各种渠道，采集与组织相关的各种信息。公共关系首先要发挥采集信息、监测环境的作用，即作为组织的预警系统，通过各种调查研究的方法，采集信息、监视环境、反馈舆论、预测趋势、评估效果，以帮助组织对复杂、多变的公众环境保持高度的敏感性，维持组织与整个社会环境之间的动态平衡。

1. 与组织形象有关的信息

公共关系首先要注意与本组织的形象评价有关的各种信息，这些信息涉及公众对组织的政策、产品、行为、人员等方面的印象、看法、意见和态度。

（1）产品形象信息。产品形象是组织形象的客观基础，只有产品被接受、受欢迎，企业存在的价值才能得到社会的认可。产品形象信息主要包括消费公众对产品和服务的质量、价格、性能、款式、包装和用途等各项指标的反映，同时也包括对产品和服务的意见和建议。

（2）组织形象信息。组织的整体形象，还反映在公众对组织其他要素的评价上。一是公众对组织机构的评价，如组织机构的设置是否合理、运转是否灵活高效，以及对领导能力、创新意识、组织氛围等要素的评价；二是公众对组织管理水平的评价，如经营方针、发展目标等；三是公众对组织人员素质的评价，如基本素质、职业道德、服务态度、敬业精神等。

社会公众对组织的认可和评价，对组织的发展至关重要。了解公众心目中的组织形象，可根据公众的要求和建议，及时改进工作思路。因此，公关人员应将组织自身有关的信息及时传播给公众，作为公众全面了解和正确评价组织的依据。

2. 与组织环境有关的信息

要特别重视对组织环境的监测，对政策、市场和竞争环境的深入调研，判断并识别机遇和挑战、分析自身的优势与劣势，为组织战略目标的制定提供依据。

（1）政策立法信息指直接关系到社会组织运行发展的方针政策、法律条文。对这些政策和法规必须予以高度重视，并在搜集、整理和研究的基础上，贯彻到组织运行的各个环节，成为组织制定目标策略的重要依据，从而使组织能够更好地利用政策依法生产、守法经营。

（2）市场竞争信息包括商品的供求状况、行情变化、竞争对手、各类公众等。及时采集分析这类信息，才能有针对性地开发新产品、制定新策略、提供新服务、创造新业绩。

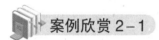 案例欣赏2-1

一张照片背后的巨额利润

1964年，中国画报的封面刊出这样一张照片：大庆油田的"铁人"王进喜头戴大狗皮帽，身穿厚棉袄，顶着鹅毛大雪，手握钻机刹把，眺望远方，在他背景远处，错落地耸立着星星点点的高大井架。当时，由于种种原因，大庆油田的具体情况是保密的，然而上述由官方对外公开播发的、极其普通的、旨在宣传中国工人阶级伟大精神的照片，在日本三菱重工财团信息专家的手里，变成了极为重要的经济信息，揭开了大庆油田的秘密。

其一，根据对照片的分析，可以断定大庆油田的大致位置在中国东北的北部。其依据是：唯有中国东北的北边寒冷地区，采油工人才必须戴大狗皮帽和穿厚棉袄。又根据有关"铁人"的事迹介绍，王进喜和工人们用肩膀将百吨设备运到油田，表明油田离铁路线不远，据此，他们便轻而易举地标出大庆油田的大致方位。

其二，根据对照片的分析，可以推断出大庆油田的大致储量和产量。其依据是：从照片中王进喜所站立的钻台上手柄的架势，推算出油井的直径是多少，从王进喜所站立的钻台油井，和他背后隐藏的油井之间的距离和密度，可基本推算出油田的大致储量和产量，又根据新闻报道王进喜出席了第三届全国人民代表大会，可以肯定油田已出油。

其三，根据中国当时的技术水准和能力及对石油的需求，中国必定要大量引进采油设备。

于是，日本三菱重工财团迅速集中有关专家和人员，在对所获信息进行剖析和处理之后，全面设计出适合中国大庆油田的采油设备，做好充分的夺标准备。果然，中国政府不久向世界市场寻求石油开采设备，三菱重工财团以最快的速度和最符合中国所要求的设计的设备获得中国大量订货，赚了一笔巨额利润。此时，西方石油工业大国都目瞪口呆，还未回过味儿来。

资料来源：https://wenku.baidu.com/view/8ed66d5f3c1ec5da50e270e0.html.

（二）咨询建议，辅助决策

公共关系咨询建议是指公关专业人员向组织领导提供有关形象、公众方面的可靠情况的说明和意见。咨询建议是公共关系最有价值的职能，因此公共关系也称"咨询业"。为领导决策提供必要的信息建议，直接影响决策过程，这是公关咨询建议的最高形式。公共关系咨询建议一般包括下述三类。

1. 一般情况的咨询

这类咨询主要提供社会组织与公众关系形态的一般情况说明，如内部员工的归属感、本组织在社会中的舆论、同行业对本组织的评估、顾客对本组织的评价等。根据不同的需要，这类咨询可以是定期的，也可以是不定期的，目的是要让组织的领导及时了解和掌握公众的一般情况，以便适时调节本组织的运行机制，为实现组织目标创造有利条件。因此，这类咨询是任何初具规模的公共关系组织经常性的工作。

2. 特殊公众情况的咨询

这里的特殊公众指的是与社会组织的经营活动、业务往来密切相关的政府部门、媒体记者、社会名流、意见领袖等一类公众。对任何一个社会组织都会有机会或有缘由与这类公众发生某种关系，社会组织拟举办某个专题活动、利用新闻媒体发表组织的业绩、社区政府公益事业的号召等。公共关系专业人员提供与该活动直接有关的情况说明和意见，以使这些专题活动更有效地开展。如社会组织拟举办新闻发布会，公共关系专业人员应当提供新闻媒介的近期宣传动向、新闻记者对本组织的了解程度等情况，还应建议安排邀请出席会议者名单、会场的布置等。

3. 公众心理咨询

这类咨询是将在长期观察和积累的基础上形成的对公众心理变化和趋势分析的意

见，结合社会组织的中长期规划，向决策层所作的通报。上述的公众一般情况咨询，主要是对公众现状的分析和说明，但是由于社会环境的变化，公众的心理状态也会随之发生变化。公众的心理变化对于社会组织的运行影响极大，如果在公众心理已发生大的变化时，社会组织仍照旧运行，那就会破坏组织与公众的协调关系，从而影响组织目标的完成。因此，公共关系专业人员还必须在对公众信息的长期收集和积累的基础上，对公众心理变化及时进行分析和做出预测，并向组织的决策层通报。这类咨询常常能富有成效地为社会组织中长期战略规划的制定和变更提供可靠的根据。

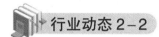 **行业动态 2-2**

公关咨询业职业概述

（节选自《公关咨询业服务规范》）

第三条 公关顾问服务是一种通过提供专业服务技术满足客户的公关需求（信息传播、关系协调、形象管理），以获取经营利润的服务形式。它通过调查、策划、实施、评估以及咨询等一系列专业服务手段来实现，是一种外部顾问咨询服务。

第四条 公关顾问服务是一种专业咨询服务。它具有顾问服务、独立服务、期限服务和商业服务四个方面的特性。公关顾问们为组织提供公共关系咨询建议，并在组织的授权下帮助组织实施部分公共关系项目；公关顾问们必须站在公正的立场上，提出科学合理的建议，同时确保所传播信息的正确性、准确性；公关顾问服务是一种有时限的服务，不管是长期的日常服务，还是临时的项目服务，都需要根据与客户约定的时间来完成委托任务；公关顾问公司通过提供专业技术服务来达到营利目的。

第五条 公关咨询业具有人才密集、知识密集、技术独占和资源密集四个方面的行业特征。公关顾问服务是一种智力服务，即通过研究、分析、判断以及建议来实施服务，专业人员资源是公关顾问公司的主要资本；公共关系是一门边缘学科，其知识体系包括诸如传播学、市场学、社会学、心理学以及各种研究方法等专门知识；公关顾问服务是以传播技术为核心手段的一种服务，有其独特的技术特征；公关咨询业与其他咨询业务的重要区别还在于，公关顾问除提供咨询服务外，还帮助客户完成一定的执行任务，需要调动广泛的社会资源。

第六条 在公共关系实践中，公关顾问公司主要帮助组织实现如下的公共关系目标：

（1）制定组织的公共关系战略，促进与其目标公众（组织内部和外部）的相互理解；

（2）建立组织的信息监测体系，发现和消除摩擦、误解和危机；

（3）提供组织的形象管理建议，树立品牌形象；

（4）制订组织与公众沟通的传播计划，促进各种传播沟通活动的开展；

（5）实施一系列传播活动（宣传、广告、会展、市场推广等），扩大组织影响力。

第七条 公关顾问公司以各种方式参与组织的公共关系实践，满足客户对于公共关系服务的需求。归纳起来，可以划分为如下十种主要方式：战略咨询、市场研究、品牌策划、传播顾问、公共事务、事件管理、舆论监测、危机管理、专业培训、宣传品制作等。

第八条　公关顾问公司以各种分类方式来提供更加专业、有效的服务。从专业服务性质来看，可分综合性公司、专业性公司、公关研究机构、独立公关顾问、兼职公关教授等；从专业服务方向来看，可分战略咨询公司、公共事务顾问公司、投资者关系顾问公司、新闻代理公司、营销传播顾问公司等；从客户服务领域来看，可分 IT、医保、财经、文化、体育等行业顾问公司；从业务覆盖地域来看，可分跨国公司（或称国际公司）和本地公司。

第九条　公关顾问公司提供的专业服务产品包括如下十三个方面：媒介关系、事件管理、营销传播、品牌管理、公共事务管理、投资者关系、舆论调查与研究、危机管理与议题管理、内部传播、CEO 声誉管理、战略咨询、专业培训以及宣传品制作等。

资料来源：https://wenku.baidu.com/view/59d98a3a580216fc700afd5c.html?from=rec&pos= 3&weight=1.

（三）传播推广，塑造形象

公共关系的传播职能主要体现在两个方面：一是组织运用传播沟通的手段同公众进行双向交流，赢得公众的信任和支持；二是顺时造势，实现舆论导向，通过新闻策划、公关广告、专题活动等手段，制造声势，提高组织的知名度与美誉度，为组织创造良好的舆论环境。

组织形象是社会公众对组织整体的印象和评价。组织形象的优劣直接影响着组织目标的实现，关系到组织的决策和行为能否得到公众的支持和赞同。社会组织在公众心目中的形象，与组织的日常行为密不可分，公共关系的一个重要职能，就是不断调整组织的行为，争取信任、赢得支持、树立形象。组织形象包括：组织自身的形象和产品（或服务）的形象。

1. 组织自身的形象

组织自身的形象是指组织管理水平、决策能力、竞争机制等方面在公众心目中的综合反映。以企业为例，企业形象的塑造，可以通过以下几个途径。

（1）创造名牌。通过创造名牌产品来实现创造名牌企业的目的。企业从创造名牌产品入手，从地区到全国，从国内到国外，成为全国知名、世界知名的企业。

（2）创造良好的环境形象。良好的环境形象不仅指优美的工作环境，也指和谐的人际环境，要在组织与员工之间建立起相互信赖和相互合作的关系。

（3）创造良好的员工形象。员工形象的创造不仅仅停留在外在形象上，更应在内在素质上下功夫。员工敬业爱岗、行为规范、具有良好的职业道德、具有较强的业务能力等内在素质都是组织良好形象的体现。

2. 产品（或服务）的形象

对于企业来说，只有提供优质实用的产品和优良的销售服务，产品的形象才能树立。另外，对于那些非营利性组织，如党政机关、科教文卫等部门，则应当坚定贯彻为人民服务这一宗旨，以其优良的传统、廉洁的作风、为人民群众排忧解难的实干精神，服务于民、取信于民，树立形象。

关于公共关系组织形象塑造的相关知识，将在项目七中详细介绍。

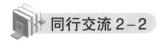

同行交流 2-2

如何给你的品牌推广塑造一个形象！

企业绞尽脑汁、冥思苦想、想尽各种方法，为企业如何塑造良好的互联网品牌而烦恼。企业品牌塑造之后，接下来要做的就是品牌推广。品牌推广与产品的推广类似，其目的都是为了提升企业知名度，打造知名品牌。品牌的推广过程，实际上就是品牌文化的传播过程，那么企业要怎样推广自己的品牌呢？笔者认为可以从以下几个方面着手。

（1）塑造品牌文化。品牌的推广过程伴随着品牌文化的传播与宣传，所以在品牌推广之前，企业要塑造好品牌文化，品牌的 logo，品牌的名称释义等，同时还要塑造一个有内涵有意义的品牌故事，只有具备文化内涵的品牌，才能给用户留下深刻的印象。

（2）媒体广告推广品牌。品牌的推广，自然少不了广告的助力，其中媒体广告是见效最快的方式。在电视、电台等媒体上打广告，电视、电台的广大受众就是品牌推广的潜在用户，可以让人快速记住企业的品牌，打造知名品牌。但是媒体广告费用普遍偏高，很容易给中小企业造成资金上的压力，所以是否采取这种方式要根据企业的资金实力和阶段预算来定，切不可贸然行事。

（3）利用网络推广品牌。利用网络来推广品牌无疑是最受中小企业青睐的方式，网络推广具备成本低、回报高、见效快等多方面的优势，在推广品牌方面也给企业带来了便利和良好的效益。现在网络推广模式很多，但是最终的目的大致是以下两种。

一是提升信息的网络覆盖面。要想推广品牌，就得将品牌信息发布到各大网络平台，大批量发布信息。比如看道（www.kandao.com）这种平台，不仅免费，而且发布的信息可以被百度等各大搜索引擎较快收录并获取较高排名，从而提高品牌与销量的转化率。那么，如何提升信息的网络覆盖面？现在网络平台那么多，如果单纯用一种或是少量几种营销推广方式，信息的网络覆盖面是不会有多广的。如果我们只在商贸平台上发布广告信息，那么浏览论坛的网友就看不到这条信息了，这就是信息覆盖面不够广导致的结果。所以企业要在品牌推广方面取得好的效果，就得用多种营销方式，做多方位的网络推广。目前能够帮助企业实现多方位网络推广的产品，如 SKYCC 组合营销软件，就具备多方位网络营销推广的优势。

二是提升网站在搜索引擎的排名。企业的官网就是企业的门面，是企业向外展示的窗口。但是这个门面能不能被别人光临，就取决于这个网站在百度等各大搜索引擎的排名。要想提升网站在搜索引擎的排名，首先要做好网站的内部优化，包括网站的结构、关键词、网站内容的原创性和更新频率等。网站的外部优化，可以和一些 PR 值（网页等级）高的网站交换友情链接，也可以以软文的形式向外发布高质量的外部链接。网站排名提升了，网站的访问量提升了，才能更好地利用企业的官网推广品牌。

资料来源：http://news.58che.com/news/403671.html.

（四）协调沟通，平衡利益

公共关系的协调沟通、平衡利益，是在沟通的基础上，经过调整，达到组织与公众互惠互利和谐发展。一方面，它是指社会组织内部及社会组织与外部公众之间和谐一致的状态；另一方面，它是指社会组织为了促使与内、外部公众的和谐一致所做出的调整、平衡行为。可以这样理解：公共关系协调既是目的，又是手段，具有两重性。作为目的指的是一种良好的公共关系状态；作为手段指的是一种调整工作，通过协调使关系达到良好状态。

任何组织在其发展过程中，都会由于各种原因而与内、外部公众发生矛盾和冲突。一旦出现这些现象，公关部门就要及时了解情况，进行协调和妥善处理各种矛盾与冲突。否则，组织的发展就会受到影响。公共关系能够发挥平衡、协调关系职能的主要领域有两个。

1. 协调组织与内部公众之间的利益与关系

组织内部的公共关系，简称内部公关，主要包括员工关系和股东关系。组织内部公共关系的状态，直接影响到组织形象塑造和组织目标的实现。内部公共关系协调的目的在于：充分调动内部员工的积极性，增强组织内部的凝聚力，提高组织的整体素质，为实现组织的整体目标服务。

2. 协调组织与外部公众之间的利益与关系

组织外部的公共关系，是组织与社会各类相关公众的关系，简称外部公关。它主要包括：顾客关系、媒介关系、政府关系、社区关系、竞争对手关系等。外部公共关系协调的目标，主要是增进组织与社会各类公众之间的相互了解，协调彼此间的利害关系，消除可能出现的矛盾和冲突，建立良好的社会形象和信誉，为组织的繁荣和发展创造良好的社会环境。

关于公共关系协调的相关知识，将在项目四中详细介绍。

（五）教育引导，培育市场

公共关系要想完成其社会职能、促进社会发展，就需要加强教育引导，提高美誉度更需要教育引导。公共关系的教育引导职能主要表现在对内、对外两个方面。

对内，公共关系的主要职能是传播公关意识，传播公共关系的思想和技巧，进行知识更新，不仅要对每个员工进行教育引导，也要说服组织领导接受公共关系思想。

对外，组织公共关系主要是对公众进行教育引导。人们常说"公众永远是对的"，这是从服务的角度将"正确"让给对方，但客观地讲，公众不可能永远正确，而是需要加以引导。

另外，随着科技的突飞猛进、产品的极大丰富，需要公共关系来培育市场。公众不可能了解那么多的新产品，需要不断对其进行商品知识、消费知识、安全保险等方面的教育和引导，获得公众对组织的认同。

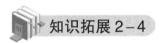 知识拓展 2-4

公 关 营 销

公关营销是以公关工具为主要工具的营销，是以公关为工具、为导向的传播。公关营销利用强大的传播覆盖力，可以大幅度地提升企业的认知度、美誉度与和谐度，这是形成企业品牌忠诚度的基础，更是营造企业品牌的基本操作工具之一。公关营销并非没有弱势，与广告传播相比，公关营销与公众沟通显得有些浅显，信息暴露的广度、深度可能不如广告、营业推广活动等沟通方式。公关营销应该作为对品牌的长期投资，通过赞助公关+促销运作，既让消费者对产品品牌产生正面的联想，又能取得短期的促销效应，实现投入的高回报率。

（六）科学预警，危机管理

危机管理是社会组织为了应对突发的危机事件，抗拒突发的灾难事故，尽量使损害降至最低点而事先建立的防范、处理体系和对应的措施。危机是组织生存发展的大敌，处理不好往往给组织造成重大损失，甚至断送组织的生命，因而组织将危机处理作为公共关系的主要职能和工作重点之一。

企业在生产经营中面临着多种危机，无论哪种危机发生，都有可能给企业带来致命的打击。当企业面临纠纷、投诉、突发事件时，企业的公共关系便处于危机状态中。公共关系的重要职能就是将企业所面临的危机圆满解决，化险为夷。

对于企业来说，危机管理不仅仅局限于突发性事件的处理，而是更应该注重危机的预警和防范，危机管理的过程就是消除企业危机因素的系列活动的过程。公共关系预警管理是对企业内、外部公共关系状态进行检测、识别、诊断和评价，对所存在的公共关系危机进行预警和预控，维护企业良好形象和信誉，保障企业的生产经营活动处于一种安全可靠的状态。

关于公共关系危机管理的相关知识，将在项目六中详细介绍。

二、公共关系的基本原则

公共关系的基本原则是指组织开展公共关系活动中必须遵循的准则。组织所面对的公众是极其复杂的，不同的组织具有不同的公众，同一组织需要面对不同类型的公众，同一类公众有可能面临不同问题。因此，处理组织与公众之间的关系，没有普遍适用的模式，只有普遍适用，且必须遵照执行的原则。

（一）真实性原则

真实性原则，是指组织的公共关系活动，必须建立在组织的良好行为和掌握事实的基础之上，向公众如实传递组织的有关信息，同时向组织决策者如实传递公众信息。公关部门的大部分工作是信息传递工作，信息传递的首要原则是真实可信、报喜也报忧。要以事实为依据，如实向公众传递组织的信息；特别是当组织出现问题时，决不掩盖和隐瞒。

首先，信息的传递要建立在真实性的基础上。任何虚假信息的出现，都会使组织受到怀疑，公共关系工作就很难取得预期的效果，甚至会一败涂地。其次，当组织出现问题时，决不能掩盖和隐瞒事实。任何组织，特别是企业组织，在经营过程中都可能出现问题、产生过失。在这种情况下，掩盖和隐瞒都不能解决问题，反而会导致组织更大的损害。其实，发现问题，勇敢地承认，及时采取相应措施，不仅能得到公众的谅解，还更有利于组织形象的建设。

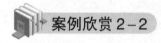 **案例欣赏 2-2**

苹果会重蹈三星覆辙吗？诚实是最好的危机公关

在 iPhone 8 系列手机开售的两周时间里，已经连续发生了多起电池肿胀导致屏幕开裂的事件。在这之前，公众对手机电池问题的神经已被三星 Galaxy Note 7 事件闹得异常敏感，甚至有人担心苹果会否重蹈三星的覆辙。就目前来看，三星用户和苹果用户群体忠诚度等各方面都不相同，且 iPhone 8 的电池问题表现与 Galaxy Note 7 也不同，前者只是肿胀并未燃损，也没有被各大航空公司禁止带上飞机和托运。

苹果公司最新表态称：他们正在调查相关电池肿胀的情况。真正决定苹果会否重蹈三星覆辙的关键点或许正在这里——苹果下一步针对 iPhone 8 采取和实施的措施。三星此前吃到的教训无疑给苹果留下了宝贵经验：诚实是最好的危机公关。

在 Galaxy Note 7 事件发酵的整个过程中，三星有很多次机会正视问题，但他们都敷衍而过。第一次在 2016 年 8 月份，Note 7 全球开售，当月即发生首起电池燃损案。当时三星官方调查结果认为是用户使用非原装充电线，也就是认为是用户操作不当。第二次再传燃损事件，三星才承认是电池不良问题导致，但三星认为中国区采用不同电池供应商，电池是安全的，因此中国区国行版仍如期发行。2016 年 9 月 2 日，三星全球召回 Galaxy Note 7，但中国除外。第三次号称"不会有问题的"国行版 Galaxy Note 7 还是发生了燃损问题，但三星态度强硬，并联合电池供应商 ATL 发布声明认为燃烧是外部加热导致，并扬言要起诉用户造谣。此举将品牌与消费者的关系推至更加紧张的地步。第四次，三星再发声明，称中国泰尔实验室以及 Exponent 实验室对回收的部分问题产品进行监测。结果推定系外部热冲击导致的手机燃损。但此期间，全球市场上还不断冒出新的 Galaxy Note 燃损案例。

直到 2016 年 10 月 11 日，三星宣布停产 Galaxy Note 7，才召回在中国大陆地区销售的全部国行版 Galaxy Note 7。而直到 2017 年 1 月公布的调查结果，三星才承认国行版电池存在制造不严谨的问题，海外发售版本的电池存在设计问题。

笔者认为，当出现产品安全隐患，企业首先应该做的是全面检查，了解出现问题的原因——到底是概率事件，还是确实存在问题。譬如，有专家认为，电池肿胀是有一定比例会出现的正常现象，造成电池肿胀的原因非常多，有运送过程中的撞击、手机摔了等。如果是概率内的正常现象，应该及时给用户更换新的手机，并让消费者相信产品仍然是安全的。而如果检查后发现产品确实存在问题，就不能心存侥幸，诚恳道歉、即时召回是最好的方法。

三星在调查过程中不断否认产品本身有问题，最终的调查却证实产品电池确实都存在问题。不诚实带来的后果是沉重的，2016 年 10 月 10 日当天，三星股价暴跌 8%，创 2008 年金融危机以来最大单日跌幅，市值瞬间蒸发 170 亿元。根据迪信通当时数据显示，三星 2016 年 9 月的销量和份额分别同比下降 41% 和 40%。三星品牌因此而遭受的价值损失更是无从计算。

苹果方面称，他们现正在调查相关电池肿胀的情况。希望苹果能够从三星的教训中学习经验，说了"调查问题"，就真的去调查问题，而不是仅仅为了口头安抚消费者，敷衍了事。

资料来源：http://www.360doc.com/content/17/1011/20/47182540_694143012.shtml.

（二）平等互惠原则

平等互惠原则，是指公共关系应以公众利益为导向，使组织与公众的利益要求都得到满足，以谋求组织与公众的共同发展。

公共关系是为组织利益服务的，但公共关系并非仅考虑组织利益，组织与公众联系的过程，就是双方利益相互满足的过程。社会组织只有找准公众利益的基准点、保证公众利益的实现，才能获得自身的盈利与发展。平等互惠原则把公众利益作为首要因素来考虑，把能否充分满足公众利益作为衡量公关活动效果的重要尺度，把组织与公众的"双赢"作为目标。

公共关系 理论与实务

案例欣赏 2-3

互惠互利，看浙江两家纸厂如何通过三废交易实现双赢

2015 年 1 月 7 日上午 9 点，浙江金昌纸业有限公司研发中心的技术人员郑雪君准时出发，先到 5 个分厂废水排出口，再到污水处理站进出口，取样、化验，把数据登记在检测报告上。这样每个环节的环保监控、检测，郑雪君每天都做。

"我们对检测的要求比环保部门定的标准还高。"该公司生产技术部部长周桂生说。金昌生产过程中产生的废水都成了可回收利用之"源"。处理好的污水除了一部分供给 1 号机、6 号机用于冲洗机器，其他都免费供给"邻居"天天虹造纸厂。公司"每天供给他们 2 000 吨"。

除了污水，处理好的污泥也免费送给了天天虹造纸厂。周桂生介绍，分厂的污水到了污水处理站要加药、过滤，再把沉淀的污泥通过压滤机，压成一块块，变干后，天天虹就可以拉去造纸。"我们用的都是进口的浆料，处理出来的污泥含有滑石粉，可以造纸。"周桂生说。天天虹生产的是卡纸等低端产品，对水和浆料要求较低，金昌处理过的水和污泥符合天天虹标准，而天天虹也帮金昌免去了处理污泥的烦恼。"以前光处理污泥，一天要花 300 元左右的费用。"周桂生坦言。金昌一直在不断改进技术，减少吨纸水耗，降低成本。如今，和天天虹的"合作"也给金昌带来了动力，"省了后续费用，互惠互利"。

资料来源：http://news.qz828.com/system/2015/01/08/010946654.shtml.

（三）整体一致原则

整体一致原则，是指社会组织在开展公共关系活动时，要站在社会的高度，对由活动可能产生的对社会经济效益、社会生态效益及社会文明建设等几方面的影响综合起来统一考虑，使诸方面均符合公众的长期利益和根本利益。整体一致原则也可以理解为社会责任原则。

一般来说，企业社会责任是指企业在创造利润、对股东承担法律责任的同时，还要承担对员工、消费者、社区和环境的责任。2010 年 11 月 1 日国际标准化组织正式发布了《社会责任指南》标准（ISO 26000），其鼓励组织关注和履行组织管理、人权、劳工、环境、公平经营、消费者权益保护、公众参与和发展等方面的社会责任，以确保其获得竞争优势、提高声誉、吸引和留住工人、吸引客户和消费者、吸引投资。

54

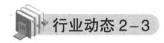 **行业动态2-3**

2016年中国食品企业社会责任金鼎奖

1. 内蒙古伊利实业集团股份有限公司

获奖理由：伊利始终关心祖国下一代的身心健康，致力于实现"健康中国"的宏伟目标。2008年率先提出"健康中国"的核心理念，构建以消费者为中心的企业社会责任体系，持续升级全球质量管理体系，带动500万奶农走上脱贫致富路。发起"伊利方舟"公益项目，4年间走过全国25个省、市、区，使20余万孩子、老师和家长受益。

2. 中国贵州茅台酒厂（集团）有限责任公司

获奖理由：茅台用实实在在的投入树立了负责任、有担当、受人尊敬的企业形象，成为中国企业履行社会责任的典范。近10年，公益事业投入累计达22亿元，连续10年累计捐赠5亿元用于赤水河流域生态环境保护，连续5年累计捐赠1亿元助推国学发展，连续5年每年捐款1亿元资助10万多名贫困大学生完成学业。

3. 内蒙古蒙牛乳业（集团）股份有限公司

获奖理由：蒙牛以百亿级的投入推动整个中国乳业生态圈可持续发展，提升中国奶业整体竞争力。整合全球优势资源，专注于研发生产适合国人的乳制品，为消费者不断创新，连续8年位列世界乳业20强，3年行程50万公里，免费培训牧场主1 800多人，2 500次技术帮扶，帮助200多家牧场实现了348项实用技术创新。

4. 九三粮油工业集团有限公司

获奖理由：传承"艰苦奋斗、勇于开拓、顾全大局、无私奉献"的北大荒精神，九三粮油集团坚持为国人提供绿色、健康的非转基因大豆产品，坚守国有企业道德底线，做良心企业，持续为消费者生产更多的安全、放心食品。

5. 黑龙江飞鹤乳业有限公司

获奖理由：飞鹤54年来一直专注于研制真正适合中国婴幼儿体质的优质奶粉，坚持做最值得信赖和尊重的婴幼儿营养专家，坚守为中国婴幼儿提供更好的奶粉的承诺，持续为民族的未来注入更多营养和力量。飞鹤2015年、2016年连续两年蝉联世界食品品质评鉴大会金奖，成为首家获得该奖项的中国婴幼儿奶粉品牌。

6. 安徽金种子酒业股份有限公司

获奖理由：金种子"按照做药的标准生产白酒"，着力打造"绿色、科技、智能、低碳、环保"的现代创新型白酒企业。近10年，金种子累计捐款捐物超过3亿元，公益慈善活动已经形成了规范化的运作机制，并逐步发展成为独具特色的企业慈善文化，其中"爱心助学"行动已连续举行10届，资助和慰问44万多名师生。

资料来源：http://www.cnfood.cn/n/2016/1129/97532.html。

（四）全员公关原则

全员公关原则简称为"全员PR"的原则，即通过对全体员工的公共关系教育与培训，增强全体员工的公共关系意识，提高全体员工的公共关系的自觉性，形成浓厚的公共关系氛围与公共关系文化。

组织的公关工作不仅仅是公关专业人员的职责，而是组织内所有成员共同的责任。组织形象的建立、公共关系目标的达成，仅凭几个公关人员的努力、几次公关专题活动是远远不够的，需要组织内上至最高领导，下到普通员工共同努力。因为组织每一成员都处在对外公共关系的第一线，其一言一行都代表组织形象。如电话接线员甜美的声音、礼貌的语言，可以给公众留下美好的印象，同样，门卫衣衫不整、粗鲁无礼也会破坏组织的形象。因此，公共关系部门首先要培养全体员工的公关意识，使其在对外公关第一线发挥良好的作用。

 **案例欣赏 2-4**

柯达的建议制度

1889 年的一天，柯达的创始人乔治·伊斯曼收到一个普通工人的一份建议书，建议生产部门将玻璃窗擦干净。伊斯曼立即召开表彰大会，发给这名工人奖金。许多人为此大惑不解：这样一条建议也值得表彰吗？但在伊斯曼的眼中，这正是可贵之处，员工的积极性比任何东西都值钱。他要让这种精神发扬光大，于是，"柯达建议制度"就这样应运而生了。

在柯达公司的走廊里，每个员工都能随手取到建议表，每个建议书都能送到专职的"建议秘书"手中。专职秘书负责将建议送到有关部门审议，做出评鉴。建议者可以随时打电话询问建议的下落。公司里设有专门委员会，负责建议的审核、批准以及发奖。

一百多年过去了，柯达公司员工提出的建议接近 200 万个，其中被公司采纳的超过 60 万个。目前柯达公司因提出建议而支出的奖金，每年在 150 万美元以上。"柯达建议制度"在降低成本核算、提高产品质量、改进制造方法和保障生产安全等方面起了很大的作用。1983 年、1984 年两年，该公司因采纳合理建议而节约资金 1 850 万美元，公司拿出 370 万美元奖励建议者。

资料来源：http://bbs.tianya.cn/post-415-16744-1.shtml.

同步训练

一、关键知识点

公共关系的基本职能；公共关系的基本原则。

二、抛砖引玉

网上一则广告：你想一炮而红么？我们不玩恶意炒作，只做品牌的快速传播；我们不仅仅可以迅速提升你的知名度，更重要的是让你拥有良好的口碑，给你带来长久的商业利益。立刻电话咨询……

请问，你是怎么看待广告中提到的恶意炒作？它违背了公共关系的哪个基本原则？

三、案例讨论

如家酒店女生遇袭事件，你怎么看？

（一）案例介绍

2016 年 4 月 5 日，一个名叫"弯弯2016"（以下简称弯弯）的微博用户连发数篇微博，上传视频并配以长文叙述了自己在酒店遇袭事件的经过。

4 月 3 日，弯弯入住朝阳区和颐酒店，在走廊内被陌生男子强行拖拽，整个过程持续五六分钟，在监控摄像头范围内，并没有酒店工作人员赶来，后有好心房客帮忙才得以获救。事情发生超过一天多，酒店方并没有人对她表示过关心。此事经微博大 V 转载之后，迅速在网络上扩散，如今微博话题#和颐酒店女生遇袭#阅读量超过 27 亿，有 280 多万条的评论。

4 月 8 日，涉案嫌疑人被警方抓捕并依法刑事拘留，原来他误认弯弯是"同行"，影响了自己的违法行为，所以进行拖拽驱赶。事件已经告一段落，但整个事件中，和颐酒店的总公司如家酒店集团，因不作为和不当危机公关也备受质疑。

资料来源：https://wenku.baidu.com/view/072b7cfdbed5b9f3f80f1c2b.html.

（二）案例思考

1. 和颐酒店女生遇袭事件，你怎么看？

2. 你是如何理解"全员公关"这一公共关系的基本原则？

项目三

公共关系的工作程序

新世纪公关传播有限公司近期承接了一项新业务——某新能源汽车有限公司委托的山东市场品牌推进策划项目。作为公关助理的王龙，有幸参与到该项工作中，并在公关经理指导下承担了一些具体的、基础性的工作。作为一个公关新人，如果能够从项目开始就参与其中，并历经一个完整的项目过程，那么他不仅可以对公共关系的工作程序建立一个直观认知，而且业务能力也可以得到很大提升，因此王龙十分珍惜这次锻炼机会。

公共关系"四步工作法"是公共关系得以进行的四个过程，具体为：

（1）公共关系调查：通过环境分析、舆论分析或形象分析，确定公关的对象和问题；

（2）公共关系策划：根据公关问题确定公关目标，制定公关计划和设计公关方案；

（3）公共关系实施：根据公关的目标、计划和方案实施各种传播沟通活动；

（4）公共关系评估：根据调查、反馈的信息评估公关活动的效果，寻找新的问题，确立新的公关目标，调整原有的公关计划。

公关人员必须熟知公共关系的工作程序和要求，才能有条不紊的开展工作。

根据以上分析，我们将本项目分解为四个典型的学习任务。

任务一 公共关系调查

一、公共关系调查的内容

二、公共关系调查的程序与方法

三、公共关系调查问卷与调查报告

任务二 公共关系策划

一、公关关系策划的程序

二、公关关系策划书

任务一　公共关系调查

知识目标

　　了解公共关系调查的含义与内容；正确理解和掌握公共关系调查的程序及方法；明确公共关系调查的注意事项及调查报告的写作要求。

能力目标

　　能够根据社会组织及公关事件的具体情况选择合适的调查形式和方法；能够在公关经理的指导下设计调查问卷、实施公共关系调查、进行调查资料的整理分析、起草公共关系调查报告。

　　公共关系调查（简称公关调查）是通过运用定性和定量的研究方法，准确地了解公众对组织的意见、态度和反映，发现影响公众舆论的因素，并从中分析和确定社会环境状况、组织的公共关系状态及其存在的问题，为组织制定切实可行的公关方案提供客观的依据。

　　公共关系调查是全部公共关系工作的起始点，它为公共关系目标的确立和公共关系计划的制定提供了基本依据，也为公共关系方案的实施提供了根本保证。

一、公共关系调查的内容

　　公共关系调查的内容主要包括组织形象调查、公众意向调查、传播媒介状况调查、公共关系活动条件的调查。

（一）组织形象调查

　　组织形象是组织内外公众对组织的整体印象和评价，也是组织的表现和特征在公众心目中的反映。组织形象调查包括期望形象调查、实际形象调查和形象差距分析三个基本环节。

1. 期望形象调查

期望形象调查是指一个组织全体员工期望建立的组织形象，它是组织公关工作的目标。期望形象的确立应建立在对期望形象调查的基础上，调查应考虑以下几个方面：领导层的公关目标和要求；员工的要求和评价；组织实际状况和基本条件，包括经营方针、管理政策、生产状况、财务状况、市场营销状况、人事组织状况等。

2. 实际形象调查

实际形象调查是指运用各种调查方法了解组织在公众心目中的实际形象，以及组织的知名度和美誉度。其中，知名度表示公众对组织了解和知晓的程度；美誉度表示社会公众对组织的信任及赞许的程度。

知名度=(知晓人数/调查人数)×100%

美誉度=(赞美人数/知晓人数)×100%

知名度和美誉度反映了公众对组织的态度和总体评价，利用知名度和美誉度两个指标，通过组织形象地位分析图，可以确定组织在公众心目中的总体形象，如图3-1所示。

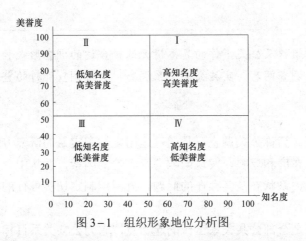

图3-1 组织形象地位分析图

图中横轴表示知名度，纵轴表示美誉度。整个图划分为四个象限：象限Ⅰ表示高知名度、高美誉度；象限Ⅱ表示低知名度、高美誉度；象限Ⅲ表示低知名度、低美誉度；象限Ⅳ表示高知名度、低美誉度。根据分析结果，公关部门可以初步了解到组织存在的问题，找到公共关系工作的方向。

3. 形象差距分析

形象差距分析是将组织的实际形象与组织的期望形象相比较，找出二者之间的差距，以便采取针对性的措施，加以弥补。弥补或缩小这种差距是下一步形象设计和形象建构要做的工作。形象差距分析可运用形象要素差距图，如图3-2所示。

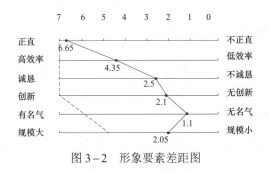

图3-2　形象要素差距图

形象要素差距图采用语义级差分析法，将有关组织形象的各要素逐一列出，请调查对象给出评价，然后根据调查结果计算公众对每一个要素评价的平均值，将各个平均值分别标定在数值标尺的相对位置上，连接各点，即为组织的形象曲线图。图中的实线部分是组织的实际形象，虚线部分是组织的自我期望形象。两条曲线之间的差距就是组织的形象差距。

（二）公众意向调查

公众意向调查，是对公众进行的单一指标的调查。包括五个方面。

第一；对组织产品的评价，如公众对产品的质量、外形及价值的评价等。

第二，对组织服务质量的评价，如公众对组织服务项目、服务方式、服务满意度评价等。

第三，对组织管理水平的评价，如公众对组织经营创新和管理效率的评价等。

第四，对组织人员素质的评价，如公众对组织相关人员职业素质、业务能力的评价等。

第五，对组织外向活动的评价，如公众对组织外向宣传活动、社会公益活动的评价等。

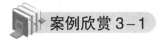案例欣赏3-1

公共关系调查帮助企业找到新的利润增长点

美国一家著名的化妆品生产企业，原是靠生产销售剃须刀片起家的，公司的改行，得益于一次民意测验。为了了解本公司在公众中的形象，了解人们对公司产品的意见，他们进行了一次大规模的民意调查，他们无意中获得了一条珍贵的信息：最受消费者欢迎的并不是公司生产的刀片和裁剪刀，而是美容用品。这项发现，使得该公司放手生产各种男女化妆品，新产品的销售额竟占到公司销售总额的35%。

资料来源：孙宝水.公共关系基础［M］.北京：高等教育出版社，2005.

（三）传播媒介状况调查

公共关系是组织与相关公众之间的信息双向交流，它需要有效地利用传播媒介来进行，因此必须以对传播媒介的准确把握为基础。传播媒介状况调查的主要范围有两方面。

1. 大众传播媒介情况调查

大众传播媒介是公共关系信息传播的支柱性媒介，具有跨越空间大、影响范围广、传播效率高的特点。大众传播媒介调查的主要内容有三部分。

（1）大众传播媒介的分布情况。如地域分布、行业分布、类型分布、数量分布情况等。

（2）大众传播媒介的功能作用情况。如涉及大众传播媒介功能作用的范围、传播内容、传播效果、传播者的威信等方面情况。

（3）大众传播媒介所需信息的情况。如一定时间内大众传播媒介的报道中心、新栏目的开辟、编辑和记者需要的内容等方面的情况。

2. 专题活动媒介情况调查

专题活动是现代公共关系工作中一种具有特殊作用的信息传播媒介，掌握有关专题活动媒介的情况可以决定组织是否参加某种专题活动，或参考某种专题活动自办有关专题活动。专题活动媒介情况调查的主要内容有两部分。

（1）专题活动筹办情况。如某次专题活动是由何种组织机构主办的，将在何时何地举办，拟办活动的主题、内容、规格、参加活动的人数、估计影响等。

（2）专题活动效果评价情况。如本次专题活动的经验教训与利弊得失、经济效益与社会效益、主办单位的自我评价、参与活动者的印象、权威人士的看法、新闻媒介报道等。

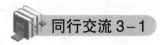 同行交流 3-1

《互联网新闻信息服务管理规定》对公关行业产生的影响

2017年6月1日，国家网信办发布的《互联网新闻信息服务管理规定》开始实施，此次新规管理范围扩大到了网站、论坛、微博、博客、公众账号、即时通信工具、网络直播应用程序、等，备受社会各界的广泛关注。这一规定的实施对公关行业来说，确实会起到一个正本清源的作用。从公关角度来说，像删稿、与媒体合作处理负面影响早已在管制之内，而新规加强了这一部分的监管，对整个公关传播趋势是利好的。

例如，第十五条："互联网新闻信息服务提供者转载新闻信息，应当转载中央新闻单位或省、自治区、直辖市直属新闻单位等国家规定范围内的单位发布的新闻信息，注明新闻信息来源、原作者、原标题、编辑真实姓名等，不得歪曲、篡改标题原意和新闻信息内容，并保证新闻信息来源可追溯。"第十三条第 3 款："互联网新闻信息服务提供者及其从业人员不得通过采编、发布、转载、删除新闻信息，干预新闻信息呈现或搜索结果等手段谋取不正当利益。"第二十条第.2 款："国家和地方互联网信息办公室应当向社会公开举报受理方式，收到举报后，应当依法予以处置。互联网新闻信息服务提供者应当予以配合。"

资料来源：http://www.sohu.com/a/145383586_118881.

（四）公共关系活动条件的调查

1. 主观条件调查

主观条件调查是指在开展公关活动时，组织自身能够提供人力、财力等条件。如为了达到公关活动的目的，此次公关活动应安排多少公关人员，公关人员来自何处，组织自身挑选还是从公关公司聘请，公关人员的专长、能力如何等，这些属于人力方面的条件。再如开展公关活动，需要投入多少资金才能达到目的，通过公关活动又能带来多大的经济效益或社会效益，资金的使用是否合理等情况就是财力方面的条件。

2. 客观条件调查

（1）社会政治环境。要时刻关注国家有关政策法规的变化及对组织的影响。

（2）经济环境。经济环境主要是指市场环境。在进行这方面调查时，必须侧重调查本组织目标市场、目标公众、竞争地位等情况的变化。

（3）文化环境。传统文化心理、区域性文化、社会风尚等时刻影响着公众行为。开展文化环境的调查有助于公关活动更有针对性。

二、公共关系调查的程序与方法

（一）公共关系调查的程序

一般来说，公共关系调查的程序可分为六个步骤：确立调查任务、制定调查方案、实施调查、进行调查资料的整理与分析、形成调查结果、进行总结评估。

1. 确立调查任务

确立调查任务即确定公共关系调查的主要内容和目标。在公共关系调查实施前，公共关系调查者要根据社会组织所面临的公关问题，根据社会组织对公关信息的实际需求，确立具体、实在的公共关系调查目标，使公共关系调查真正做到有的放矢。

2. 制定调查方案

一个完整的调查方案应该包括八部分。

（1）调查的目的和意义。明确调查的目的就是搞清调查要解决什么问题，然后才能考虑怎样去解决问题。明确调查目的后，进一步确定调查内容、范围和方法。调查内容、范围和方法都是根据目的而来的。

（2）调查的范围和目标公众。调查方案要明确调查是在某个社区，还是全市、全省或全国等何等空间范围上进行。比如，对产品销售仅限市区的某小型食品厂进行调查，调查范围就是本市区。再如，为了调查某市各公共关系公司的经营情况，要对全市公共关系公司进行全面调查，那么，该市的所有公共关系公司都被列为目标公众。

（3）准备采取的方式和方法。调查方案要明确采取何种方式方法进行资料的收集。调查方式包括全面调查、典型调查和抽样调查；调查方法包括访谈、座谈、问卷、观察等。

（4）调查对象的选择。不同的调查方式有不同的调查对象，比如，采取全面调查方式，那么调查范围内的所有单位都是调查对象；如果采取典型调查方式，则只有选出的有代表性单位才是调查对象；如果采取抽样调查方式，则由抽样决定的样本单位作为调查对象。

（5）确定调查内容。即确定所要调查的主要内容，并制定各项调查的提纲和问卷。

（6）确定时间进度和人员安排。详细计划各环节具体的时间、进度，制定出工作流程图，及各环节投入的工作人员数量。选择调查人员，并进行提前培训。

（7）需要的经费以及其他物品的计划。

（8）选择调查人员，并提前进行培训。

3. 实施调查

在调查实施阶段，调查人员按照方案要求完成收集各类资料的任务。收集资料是公共关系调查过程中的核心阶段。本阶段的主要工作是实施现场调查，并注意取得支持配合。

（1）实施现场调查。收集资料阶段是公共关系调查的实施阶段。应该按照公共关系调查方案的要求，深入接触目标公众，采取各种调查方法收集相关资料。调查过程中必须注意恰当合理地应用调查的策略技巧和技术手段，因为这将直接影响收集资料的数量和质量。

（2）取得支持配合。调查人员必须注重处理好各种关系，争取相关人员的支持与配合。首先要处理好与被调查者的关系，争取得到被调查者的真诚支持与通力合作；其次是处理好与被调查者相关的组织或人员的关系，争取得到这些组织或人员的支持和帮助。

4. 进行调查资料的整理与分析

整理分析阶段是运用科学的方法，对搜集到的各种调查资料进行归类、总结和分析的过程。本阶段的主要任务是整理调查资料和分析调查资料。

（1）整理调查资料。对原始调查资料整理的大致步骤是：第一是核实审查资料的合格性，辨别资料的真伪和可靠程度；第二是核实材料的准确性；第三是核实材料的完整性，查漏补缺。对于开放性问卷答案、访谈记录等，要进行分类编排与统计。

（2）分析调查资料。分析调查资料是指调查人员运用一定的科学方法，对调查资料的内容进行深入加工的过程。在此基础之上，发现存在的问题，提出解决对策，形成调查结果。

5. 形成调查结果

书面形式的调查结果，即公共关系调查报告。调查报告反映了公关调查的主要信息或初步认识成果，可用以指导公关活动，并为组织领导决策提供参考。

6. 进行总结评估

总结评估的主要目的是积累成功经验，吸取失败教训，为以后的调查活动提供参考与借鉴。总结评估阶段是公共关系调查的最后阶段，也是公共关系调查的一个必不可少的重要步骤。通过总结评估，至少可以取得以下三种收获：一是了解本项调查的完成情况；二是了解本项调查所取得的成果；三是了解本项调查的经验教训。

（二）公共关系调查的方法

常见的公关调查方法有：问卷调查法、新闻调查法、重点访谈法、观察法、试验法、网上调研法等。这里我们重点介绍问卷调查法、重点访谈法、新闻调查法、网上调研法四种。

1. 问卷调查法

问卷调查法是指通过组织设计的问卷，由被调查对象填写问卷，然后由组织进行统计分析，从而获得公众意见和态度的调查方法。问卷调查法是社会调查中最常用的资料收集方法，常用于较大规模的抽样调查。公共关系人员运用这一方法，对公众态度、社会生活进行准确、具体的测量，并运用社会统计方法进行量化描述。

2. 重点访谈法

重点访谈法是寻求若干对公众意见和态度有巨大影响的意见领袖进行访谈调查，以了解他们的意见和态度，并进一步分析他们的意见和态度形成原因及改变的可能的调查方法。重点访谈法的有效实施必须注意两点。

（1）意见领袖的辨认和对意见领袖态度改变可能性的了解。组织必须在平时逐步建立同各类公众中的意见领袖的沟通网络，以便在需要时可以迅速方便地了解他们的意见和态度。

（2）了解意见领袖本人和他所在的群体的背景资料。通过这些可以分析他们的意见和态度形成的原因，确定最适当地改变他们意见和态度的调查方法。

3. 新闻调查法

新闻调查法是通过新闻媒介上出现的新闻报道，间接了解公众的意见和态度，并由此研究影响公众意见和态度的方法。新闻调查法的有效实施包括三点。

（1）公关人员通过对新闻媒介出现的内容进行追踪调查，对各种类型的报道和评论作系统分析，由此在一定程度上了解公众的态度和意见。

（2）公关人员应研究记者、编辑的态度和意见形成的原因，以及怎样才能改变他们的态度和意见。

（3）公关人员应研究如何有效地通过新闻记者、编辑去影响公众态度和意见。最后，把以上几个方面的结论用于指导实际公关活动。

4. 网上调研法

网上调研法是利用互联网作为调查媒体，在自己的网站上发布问卷，或用电子邮件邀请人们回答问题，创建网上小组，提供定期反馈或进行现场讨论，用来收集原始数据。网上调研法的有效实施包括两点。

（1）公关人员应研究如何控制网上样本。因为看不到被调查者，就很难了解他们的真实身份。因此，公关人员可以借助官方社会化自媒体平台，为客户公司建立顾客社交网络，借此吸引顾客参与调研，获得顾客对各种问题的看法。

（2）公关人员不仅要倾听公众的态度和意见，更需要迅速对公众的不满做出应答。综合公众的态度和意见用于指导实际公关活动。

三、公共关系调查问卷与调查报告

（一）公共关系调查问卷

调查问卷也叫调查表，它是一种以书面形式了解被调查对象的反应和看法，并以此获得资料和信息的载体。问卷调查是目前调查业中所广泛采用的调查方式。

1. 调查问卷的设计原则

问卷调查严格遵循概率与统计原理，因而调查方式具有较强的科学性，同时也便于操作。这一方式对调查结果的影响，除了样本选择、调查员素质、统计手段等因素外，问卷设计水平是其中的一个前提性条件。问卷设计应遵循以下原则。

（1）逻辑性原则。问卷的设计要有整体感，这种整体感即是问题与问题之间要具有逻辑性，独立的问题本身也不能出现逻辑上的谬误。问题设置紧密相关，因而能够获得比较完整的信息。调查对象也会感到问题集中、提问有章法。

（2）适合身份原则。调查问卷中避免大量使用技术性较强的、模糊的术语及行话，以便被调查对象都能读懂题目，问卷中题目的语言风格与用语应该与调查对象的身份相符合。因此在题目编拟之前，研究者要考查调查对象群体的情况。如果对象身份多样，则在语言上尽量大众化；如果调查对象是专家、学者，用语应该科学并可适当运用专业语言。

（3）相关原则。调查问卷中除了少数几个提供背景的题目外，其余问卷题目必须紧密与调查主题相关。

（4）方便原则。调查问卷中题目应该尽量方便调查对象回答，不必浪费过多笔墨，也不要让调查对象觉得无从下手，花费很多时间思考。成功的问卷设计还要考虑到调查结果的方便得出和调查结果的说服力。这就需要考虑到问卷在调查后的整理与分析工作，能够通过数据清楚明了地说明所要调查的问题。

（6）非导向性原则。调查问卷中的问题要设置在中性位置、不参与提示或主观臆断，完全将被访问者的独立性与客观性摆在问卷操作的限制条件的位置上。问卷中所提出的问题应该避免隐含某种假设或期望的结果，避免题目中体现出某种思维定式的导向，如果设置具有了诱导和提示性，就会在不自觉中掩盖了事物的真实性。

2. 调查问卷的构成

调查问卷一般由标题、说明信、指导语、调查内容四部分构成。

（1）标题是指问卷的总题目，它反映了本次调查的基本目的。如彩电消费需求调查表、家庭背景资料调查表等。

（2）说明信一般指在问卷的卷面上给被调查者的短信。它用来交代调查者的身份、调查目的、意义、内容、要求及通信地址，以消除被调查者的顾虑，争取他们的积极支持与配合。说明信的语言应简明、谦虚、诚恳。说明信一般放在问卷的开头。

（3）指导语是用来指导被调查者填写问卷的说明。需要说明的事项一般有：对选择答案时所用符号的规定、选择答案的个数及其他要求。

（4）调查内容是问卷中的问题和答案部分，是问卷的主体，包括：问题设计和答案设计。问卷设计的注意事项有以下几点。

第一，申明调查的目的，保证被调查者行使不记名填写的权利。

第二，尽可能使用通俗易懂的句子和整齐的排版，设计出一目了然和美观大方的问卷。

第三，问卷不应超过25个问题。冗长的问卷容易使被调查者厌烦，影响答卷的质量。

第四，在问卷底部留出空间，用以被调查者填写补充说明。

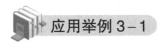 应用举例 3-1

××品牌新能源汽车消费情况调查问卷

亲爱的顾客：

您好！感谢您对本公司的关注和支持。这份问卷是希望能够在进一步了解您的需求后，给您提供更优质的服务。敬请您填写以下问题，填写时在您所选定的序号前画"√"。第17题烦请您简洁地写上几句，您的回答对我们很有价值。您的资料我们会给予保密，敬请放心。

××新能源汽车有限公司

××××年××月

一、您的基本情况

（1）您是：

A. 本地人 　　　　　　B. 外地人

（2）性别：

A. 男 　　　　　　　　B. 女

（3）年龄：

A. 26 岁以下 　　　B. 26～35 岁 　　　C. 36～49 岁 　　　D. 50 岁以上

（4）你的驾龄：

A. 2 年以下 　　　　B. 2～3 年 　　　　C. 3 年以上

（5）家庭月收入：

A. 4 000 元以下（不含 4 000 元） 　　　　B. 4 000～6 000 元（不含 6 000 元）

C. 6 000～8 000 元（不含 8 000 元） 　　　D. 8 000～10 000 元（不含 10 000 元）

E. 10 000～12 000 元（不含 12 000 元） 　　F. 12 000 以上

（6）家庭结构：

A. 与父母同住 　　　B. 单身 　　　　　C. 夫妻 　　　　　D. 与子女同住

E. 其他

（7）您的职业：

A. 企业 　　　　　　B. 公务员 　　　　C. 事业单位 　　　D. 教师

E. 干部退休 　　　　F. 自由职业者

二、您对××品牌新能源汽车的态度

（8）近期您是否有购买新能源汽车的打算：

A. 有 　　　　　　　B. 没有

（9）您购买新能源汽车最关注的因素：

A. 经济性好、性价比合理 　　　　　　B. 售后服务好、维修成本低

C. 品牌知名度高 　　　　　　　　　　D. 能体现身份地位

（10）您能够接受的新能源汽车价格区间：

A. 10 万元以下（不含 10 万元） 　　　B. 10 万～20 万元（不含 20 万元）

C. 20 万～30 万元（不含 30 万元） 　　D. 30 万～40 万元（不含 40 万元）

E. 40 万～50 万元（不含 50 万元） 　　F. 50 万元以上

（11）您最愿意接受的支付方式：

A. 一次付清 　　　　B. 分期付款 　　　C. 银行贷款

（12）您喜欢哪一类的促销活动：

A. 优惠券购车抵现金 　　　　　　　　B. 优惠展销、免费试驾三天

C. 6 折维修卡、专家免费检测

（13）您通过什么途径获知该品牌的新能源汽车：

A. 报纸、杂志 　　　　　　　　　　　B. 电视、广播

C. 广告 　　　　　　　　　　　　　　D. 亲友介绍

E. 实地展销厅　　　　　　　　　　F. 网上查询

（14）请您对该品牌汽车销售人员进行评价：

A. 很好　　　　　　B. 较好　　　　　　C. 一般　　　　　　D. 较差

E. 很不好

（15）您试驾后的感受：

A. 很好　　　　　　B. 较好　　　　　　C. 一般　　　　　　D. 不好

E. 很不好

（16）您对该品牌新能源汽车哪方面顾虑最大：

A. 售后服务　　　　B. 电池续航力　　　C. 充电便捷性　　　D. 维修成本

（17）您认为应怎样解决这一（些）问题？请您提出宝贵意见！

（二）公共关系调查报告

1. 调查报告的类型

（1）综合型公共关系调查报告。主要是用于整体调查和全面调查，对报告的层次性和系统性要求比较高，要展示调查内容的全貌。譬如，要进行企业发展战略的策划，就需要进行全面的调查并形成一个综合型的调查报告。其内容包括：企业知名度、美誉度的调查分析，企业内部基本实态调查分析，产品、广告宣传、营销方式等的系列调查分析，竞争对手分析，本行业发展趋势分析等。形成这种综合型调查报告才能满足它的实际需要。

（2）专题型公共关系调查报告。是围绕某一个具体的公共关系问题进行调查之后所写的报告，它涉及的问题较为单一、针对性强，可以分为叙述型调查报告和分析型调查报告。

2. 调查报告撰写的原则

（1）确保调查报告内容的客观性和真实性。调查报告必须以调查所获得的信息资料为依据，包括以信息资料为依据确定主题，以信息资料为依据概括情况，以信息资料为依据提炼观点，以信息资料为依据说明问题等。

（2）确保调查报告体例的系统性和完整性。系统性是指调查报告的体例安排和内容表述应该具有严谨的逻辑性；完整性是指报告的结构应该包括标题、目录、概要、正文、结论、建议和附件等几个部分。

（3）确保调查报告表述的准确性和通俗性。调查报告的语言表达主要要求做到准确、通俗。准确是指行文要把握好分寸，恰如其分地反映事实；通俗是指简短中肯，用字避免晦涩，技术性名词要少用，用语朴实、易懂，不需要修饰和美化。

3. 调查报告的结构

（1）标题。包括调研题目、报告日期、委托方、调查方，一般应放在扉页上。关于标题，一般是通过标题把被调查单位、调查内容明确而具体地表示出来。

（2）目录。为了方便阅读，应当使用目录或索引形式列出报告所分的主要章节和附录，并注明标题、有关章节号码及页码，一般来说，目录的篇幅不宜超过一页。

（3）概要。阐述调查的基本情况。一是简要说明调查目的，即调查项目的由来和委托调查的原因；二是简要介绍调查对象和调查内容，包括调查时间、地点、对象、范围、调查要点及所要解决的问题；三是简要介绍调查方法，并说明选用该方法的原因。

（4）正文。正文是调查报告的主要部分，正文部分必须准确阐明全部有关论据，包括从问题的提出到结论的引出，及论证的全部过程、分析研究的主要方法。还应当有可供活动决策者进行独立思考的全部调查结果和必要的信息，以及对这些情况和内容的分析、评论。

（5）结论和建议。结论和建议是撰写综合分析报告的主要目的。这部分是对正文部分主要内容的总结，要提出有效的措施和解决某一具体问题可供选择的方案与建议。结论和建议与正文部分的论述要紧密对应，不要提出无证据的结论，也不要进行没有结论性意见的论证。

（6）附件。附件是指调查报告正文包含不了或没有提及、但与正文有关、必须附加说明的部分。它是对正文报告的补充或更详尽说明，包括数据汇总表及原始资料、背景材料和必要的工作技术报告。例如，为调查选定样本的有关细节资料及调查期间所使用的文件副本等。

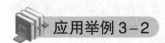 应用举例 3-2

××市新能源汽车消费情况调查报告

2017 年我国新能源汽车产销量分别达到 79.4 万辆和 77.7 万辆，连续三年位居世界第一，累计保有量达到 180 万辆，占全球市场保有量的 50%以上，呈现几何级爆发式增长态势。我国政府在"十三五"规划中明确提出要大力支持新能源汽车产业发展，并且制定了一系列产业政策。在能源和环保的压力下，新能源汽车无疑将成为未来汽车的发展方向。而××新能源汽车有限公司目前正是朝着新能源方向迈出巨大的步伐，这无疑与国家的政策不谋而合，可见未来其巨大的市场前景。

一、调查对象及目的

本调查采用问卷调查和访谈的方式，以富华新能源汽车展厅试驾区内部分公众为样本，对××市新能源汽车消费者的构成、消费者购买汽车时的关注因素等情况进行随机抽样调查，发放问卷 400 份，回收有效问卷 368 份。本次调查不仅对汽车产业的发展具有重要意义，还为企业进入本地市场提供了相关有价值的信息，促进企业洞察公众需求，对提高企业知名度、美誉度起到积极作用。根据整理资料分析如下。

二、调查结果与分析

1. 消费者构成分析

（1）有车用户家庭月收入分析。目前，××市有车用户家庭月收入在 6 000～8 000 元间的最多，与该市平均月收入相比，有车用户普遍属于收入较高人群。65.39%的有车用户月收入在 8 000 元以下，属于高收入人群中的中低收入档次。因此，目前该市用户的需求一般是每辆 15 万～25 万元的经济车型。有车用户家庭月收入如表 3-1 所示。

表 3-1　有车用户家庭月收入

家庭收入	比重/%	累积/%
4 000 元以下（不含 4 000 元）	18.48	18.48
4 000～6 000 元（不含 6 000 元）	19.21	37.69
6 000～8 000 元（不含 8 000 元）	27.70	65.39
8 000～10 000 元（不含 10 000 元）	15.05	80.44
10 000～12 000 元（不含 12 000 元）	10.87	91. 31
12 000 元以上	8.69	100.00

（2）有车用户家庭结构分析。与子女同住的家庭，占有车家庭的比重最大，为 36.96%。家庭收入较高、支付能力较强、文化层次高、观念前卫，是有车族中最为重要的家庭结构模式。单身族占 17.39%，这部分人个人收入高，且时尚前卫，易于接受新鲜理念，在有车用户中占据一定的比重。另外，已婚用户比重达到了 81.5%，而未婚用户仅为 18.5%。有车用户家庭结构如表 3-2 所示。

表 3-2　有车用户家庭结构

家庭结构	比重/%	累积/%
与父母同住	8.70	8.70
单身	17.39	26.09
夫妻	34.78	60.87
与子女同住	36.96	97.83
其他	2.17	100.00

（3）有车用户职业分析。调查结果显示，有 29%的消费者在企业工作，事业单位和公务员占比接近，分别是 18%、20%，另外还有教师、自由职业者等。目前企业工作人员仍是最主要的汽车使用者。自由者由于工作性质以及高收入，也在有车族中占据较高比重。有车用户职业分析如图 3-3 所示。

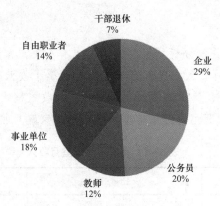

图3-3 有车用户职业分析

2. 消费者购买新能源汽车时关注的主要因素

（1）影响消费者选购新能源汽车的因素（见图3-4）。消费者在挑选新能源汽车时最关注的因素首先还是汽车的价格和性能，所占比例达到49%，因此，性价比越高的汽车，越能受到消费者青睐。其次在消费者对汽车的关注因素中排在前列的还有品牌、售后服务等几项，占比分别达到了26%、21%、4%，因此，汽车自身的品质与经销商所提供的售后服务保证是同等重要的。

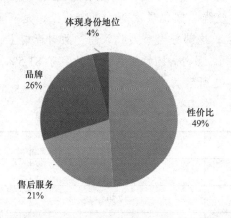

图3-4 影响消费者选购新能源汽车的因素

（2）消费者对商家活动的选择（见图3-5）。最受消费者欢迎的商家活动是免费试驾，占比66.8%，其次是优惠券抵现金和6折维修卡活动，分别占比24.2%、9%。由此可知，消费观念同以往有所差别，消费者更注重实际体验，商家应该加强操控的玩乐性与舒适度。

（3）消费者获取信息的渠道（见图3-6）。上网查询和广告等也是消费者获取信息的主要途径。由此可见，在多样化的传媒形式影响下，无论是企业公关形象塑造还是产品的营销都需要在网络传媒上下功夫。

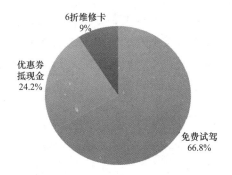

图3-5　消费者对商家活动的选择

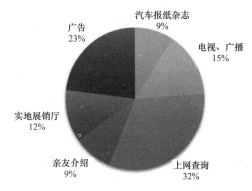

图3-6　消费者获取信息的渠道

（4）消费者支付方式的偏好（见图3-7）。目前，消费者在支付方式的选择上大多还是选择一次付清，也有38%的消费者选择分期付款，这个数值比去年提高了11%，同时调查显示现在有车一族年轻化的趋势越来越明显，今后的营销策略可以倾向于40岁以下的消费者。由于消费人群年轻化，因此支付方式也要随需而变，如开通支付宝收款方式，开通蚂蚁花呗分期付款权限等。

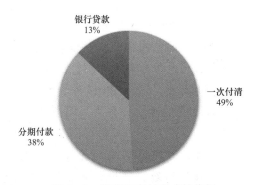

图3-7　消费者支付方式的偏好

三、建议与对策

通过本次调查发现该市用户的需求一般是每辆15万～25万元的经济车型，因此新能源汽车定价不宜过高；其次已婚家庭需求量大，自由工作者、企业从业人员的财务较自由，建议广告的投放、公关宣传的对象以这部分人群为主；同时新能源汽车的性价比是公众最在意的，因此在保证提供质量上乘、售后到位的同时，要把性价比考虑在内。通过调查还发现，人们更乐于体验式购车，因此企业要培训专业的试驾人员，使顾客可以在体验过程中得到更专业的解答，由于消费人群年轻化，因此企业需要开通多种付款渠道，方便顾客下单。

 同步训练

一、关键知识点

公共关系调查的内容、程序与方法；公共关系调查问卷与调查报告。

二、抛砖引玉

如果把公共关系活动视为一个"车轮"，公共关系调查分析便是这个车轮的"轴"。对此你是怎样理解的？

三、案例讨论

北汽新能源百亿豪赌换电模式，新能源汽车销量列国内首位

（一）案例介绍

为响应国家节能减排的号召，北汽集团在 2009 年正式成立中国第一家纯电动车生产企业。北汽新能源汽车股份有限公司总经理郑刚介绍，2016 年北汽新能源保持高速增长势头，整车销售达 52 187 辆，同比增长 159%。2017 年，北汽新能源计划销售 17 万辆新能源汽车，为实现这一目标，北汽新能源在公共关系调查、策划、实施等多方面做足了准备。

北汽集团公关经理介绍，为推进纯电动车的普及与发展，北汽新能源在着力解决纯电动出行最核心的"充电难"问题，通过"充电"和"换电"两种形式，提供了一整套绿色出行方案：北汽新能源与国家电网达成战略合作，在充电、销售、服务、租赁等产业链进行全方位的深度合作，通过自建、合作共建两种模式，营造建设新能源汽车全新生态环境。

北汽新能源目前已在全国建成近 3 万个充电桩，解决电动车用户最大的充电痛点，

提供经济、便捷、安全的充电服务。在换电方面，2016年10月底，北汽新能源联手中石化、奥动新能源和上海电巴等机构交付了全球最大的换电站集群，整个换电过程只需要3 min，解决了全球公认的换电核心技术难题。

北汽新能源还通过与特来电合作开发特来电 App，以及自主创建的"充电吧"App来帮助用户解决充电难题。"充电吧"App分布在全国341个公共充电站点，为用户提供充电设施查询导航、车辆充电状态查询、充电状态提醒等功能。北汽集团为新能源汽车打造移动智能终端，根据用户需求并利用人工智能这一技术，完成新能源汽车的场景定制，使用户在驾驶汽车时有更好的体验。

此外，自2017年元旦起，北汽新能源公关部了解到新能源汽车行业迎来了新的补贴标准，由财政部、科技部、工信部和发改委发布的《关于调整新能源汽车推广应用财政补贴政策的通知》（下称《通知》）正式实施，新能源汽车的补贴退坡已成事实。根据《通知》显示，2017年新能源购车政府补贴将在2016年基础上退坡20%，地方补贴不超过单车补贴50%。然而，如何能够做到在补贴大幅退坡后产品不涨价，这不仅需要企业不断利用创新的技术应用，提高产品竞争力的同时降低成本，还要依靠强大的竞争力获得销量的大幅提升，而北汽新能源公关部谋划了各种深入人心的策划活动，提高了北汽新能源汽车的销量。

北汽集团公关经理表示："北汽特世电新能源汽车的设计生产并不是我们凭空设想的，是深入了解各方面信息后深思熟虑的决策。"

资料来源：http://www.cbcu.com.cn/shushuo/ddc/2017110619304.html.

（二）案例思考

1. 北汽集团公关部经理所指的"各方面信息"是指哪些方面？
2. 信息对企业的生存发展有何重大意义？

四、技能训练

（一）训练内容

公共关系调查

（二）训练要求

从以下5个项目中任选一项或自拟题目，设计调查问卷、开展相关调查，并完成调查报告。调查问卷设计可参考网站模板。回收有效问卷不少于××份。调查报告不少于2 000字，并用PPT展示。

（三）调查项目

1. 大学生兼职意向和兼职类型倾向调查。

2. 大学生消费偏好调查。

3. 大学生旅游各项消费支出调查。

4. 大学生关于美团消费情况调查。

5. 大学生网购情况调查。

任务二　公共关系策划

知识目标

了解公共关系策划的含义；掌握公共关系策划的程序；明确公共关系策划书的格式要求。

能力目标

能够在公关经理的指导下参与公共关系策划活动，起草公共关系活动策划书或承担其中的某项具体工作。

公共关系策划是组织为实现形象战略目标而进行的谋划、构思和设计公共关系活动方案的过程。公共关系策划是在公关调查基础上进行的。组织在公关调查过程中充分收集各种公关信息，并在分析组织现状和实际可能的基础上进行公共关系策划。这也是公共关系工作中极其重要的一个环节。

一、公共关系策划的程序

公共关系策划的程序包括：确定目标、分析公众、设计主题、选择活动方式、选择时机、编制预算、形成方案七个步骤。

（一）确定目标

确定目标即确定本次公关活动要达到或实现的目标。一般来说，所要解决的问题就是公关活动的具体目标，它服从于树立企业形象这一总体目标。在活动策划时，目标应明确、具体，具有可行性和可操作性。

不同的公关活动目标也不同，要根据具体情况而定。常见的公关目标有：提高组织知名度和美誉度；使组织与公众保持沟通，并完善其渠道；依据社会环境的变化趋势，调整组织行动；妥善处理公关活动中的纠纷，化险为夷；帮助组织提高产品及服务的市场占有率等。

（二）分析公众

分析公众即分析并确定公共关系的目标公众。公共关系活动是以不同的方式对不同的公众展开的，不同的公众群体有着不同的要求。因此，只有确定了目标公众，才能设计最有效的公共关系活动方案。应选择那些与组织的信念和发展利益相同、相近，或利益关系特别重要的公众作为目标公众，因为他们对组织的支持和信赖程度直接关系到组织的生存和发展，因而应考虑他们的权利和要求，并进行必要的公众分析研究。

对目标公众的分析应包括以下几方面内容：目标公众分属于哪些不同的社会组织和社会群体？他们当中谁是意见领袖？目标公众的共同利益要求及特殊利益要求是什么？目标公众习惯接触的媒体，喜欢的电视频道及网站是什么？目标公众对本组织的看法如何？他们对本组织感兴趣的原因是什么？目标公众与本组织目前关系如何？对这些问题分析得越透彻，公共关系目标就越有针对性，策划就越有可行性。

（三）设计主题

公关活动的主题是对公关内容的高度概括，对整个公关活动起着指导作用。主题设计是否精彩恰当，对公关活动的成效影响很大。公关活动主题的表现形式是多种多样的。它可以是一个口号，也可以是一句陈述或表白。公关活动的主题看上去非常简单，但设计起来并非容易。设计出一个好的活动主题，一般要考虑三个因素：一是活动目标。即活动的主题必须与活动目标相一致，并能充分表现目标。二是信息特性。即活动主题的信息要独特新颖，个鲜明性，简明扼要，易于记忆。三是公众心理。即活动主题要适应公众心理的需要，主题要形象，词句能打动人心，具有强烈的感召力。

例如，日本精工计时公司为使精工表走向世界，利用 1964 年在东京举办奥运会的机会，进行了以"让世界的人都了解：精工计时是世界第一流技术与产品"为目标的公关活动，活动的主题是："世界的计时——精工表"。

（四）选择活动方式

公关活动方式的选择是公共关系策划的主要内容。通过什么方式开展公关活动关系到公关工作的成效。常见的公共关系活动方式有十种。

1. 宣传性公关

宣传性公关是以运用各种传播媒介向外传播为主，目的是迅速地将组织的有关信息传播出去，形成有利的社会舆论，创造必要的声势或气氛。具体形式有：发新闻稿、各种视听资料等。其特点是主导性强、时效性强、传播面广、推广组织形象的效果快。

例如，上海一家化妆品集团成立之初，起初考虑采用开业典礼的形式塑造形象，后来经过精心策划，改为在上海展览中心喷泉广场举办大型涉外集体婚礼。这一活动引起市民和新闻界的关注，各新闻媒介从多种角度进行报道，将此事广泛宣传，提高了该组织的知名度。

2. 交际性公关

交际性公关是以人际交往为主，目的是通过人和人的直接接触，深化交往层次，巩固传播效果，为组织广结良缘，创造亲密气氛。其方式主要是社团交际和个人交际，如工作餐会、宴会、座谈会、招待会、谈判、慰问、接待参观、电话沟通等，即通过语言、文字等人与人之间的直接对话实现传播与沟通。其特点是：直接、灵活、亲密、富有人情味。

3. 服务性公关

服务性公关是以各种优质服务为媒介，以行动去赢得公众的了解、信任和好评，使组织与公众之间的关系构成一座看得见、摸得着的巩固桥梁。其形式有：各种消费教育、消费培训指导、售后服务、免费保修等服务措施等。其最大特点是实在、商业痕迹不浓。

4. 社会性公关

社会性公关是以各种社会性、文化性、公益性、赞助性活动为主，目的是树立组织的形象，提高组织社会知名度和美誉度。其形式有：赞助文化、教育、体育、卫生等事业，支持社会福利事业、慈善事业，参与国家和社区重大活动等。其特点是公益性、文化性强，影响力大。

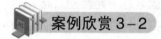 案例欣赏 3-2

广药白云山携手京东开展家庭过期药品上门回收活动

为了倡导垃圾分类、旧药回收的绿色理念，更为了适应互联网时代的新趋势和人们新的生活习惯，在去年实施旧药网上回收的基础上，广药白云山再次升级回收模式。本次活动特别携手京东，在全国十个重点城市（北京、上海、广州、深圳、杭州、济南、郑州、成都、沈阳、长沙）开展过期药免费上门回收活动。

消费者只要登录京东官网或手机 App，搜索"过期药"三个字，就可以进入过期药回收页面，再按照提示登记相关回收信息。京东快递小哥会根据物流信息上门回收过期药，并赠送"满59减20"的代金券，供消费者在京东大药房（限京东自营药品）购买药品使用。广药白云山将对本次活动中收集到的所有过期药品进行专业化销毁。也就是说，消费者足不出户，轻点手机屏幕就可以完成家庭过期药品更换。除了上门回收外，广药白云山今年依旧在线下 200 多个城市以及广药白云山天猫旗舰店同步开展换药，活动期内广药集团生产和非广药集团生产的药品（针剂类与液体类除外）均可免费回收。

广药白云山可以说是推广垃圾分类的先行者，早在 2004 年，广药白云山开始启动过期药的回收和处理，并于 2005 年在全国首创了"家庭过期药品回收机制"，此后每年均投入数千万元进行回收活动，如今广药白云山的过期药回收活动已经从最初的线下发展到线上线下多种渠道，换药的方式也越来越方便。经过十多年的不断探索发展，广药白云山的过期药品回收活动已经惠及 6 亿多人次，回收过期药品 1 500 多吨，2014 年还获得了吉尼斯世界纪录。

广药白云山家庭过期药品回收活动经过 13 年的发展，已经从最初单个企业发起到全集团共同参与，从广州本地扩展到全国 200 多个城市，永不过期合作药店从起初的 5 家增加至 6 000 多家，涵盖药店和社区医疗机构，从"到店"回收升级到面向定点社区的孤寡老人上门回收，从城市到农村，从线下升级到网上和移动端，家庭过期药品回收机制的每一次升级都带来了便民、利民、惠民的新变化，向广大民众科普了垃圾分类的健康理念。

广药白云山连续坚持 13 年的家庭过期药品回收公益活动，扩大了组织的影响力，提高了组织的知名度和美誉度。

资料来源：http://news.sina.com.cn/o/2017-08-15/doc-ifyixcaw4949328.shtml.

5. 征询性公关

以收集信息、舆论调查、民意测验、参与决策为主，目的是通过分析、研究信息，为经营管理决策提供参考，为公众服务。其形式有：开办各种咨询业务、合理化建议制度、开展社会调查、设立热线电话、分析新闻舆论、进行有奖测验、聘请兼职信息员、举办信息交流等。其特点在于通过日积月累的努力，逐步形成良好的信息网络。

6. 建设性公关

采用高姿态的传播方式，以求迅速在公众心目中形成对组织良好的印象。建设性公关的主要目的是给公众留下良好的"第一印象"。但要把这个印象保持下去，根本还在于提高组织的内在工作质量。因此，这种自我介绍式的建设性公共关系一般适用于组织初创或某项产品问世初期。其形式有：开业庆典、落成典礼等。其特点主要是声势大、见效快，但成本很高。

例如，海华电子企业 2011 年 3 月 9 日召开新产品发布会，近百名来自政府部门、国内同行、重要客户和权威媒体的嘉宾出席了发布会。发布会上，公司自主研发的 CH 系列电子海图产品亮相，受到与会者高度好评，新产品也相继投放市场。

7. 进攻型公关

以积极主动的方式改造环境，创造有利于组织的新局面。进攻型公关以抓住有利时机，主动采取对策为主，目的是迅速走出困境，创造新的公共关系局面。具体形式如：开拓新市场、倡导和组织同业联合会、率先推出某种新的服务项目等。其特点是以攻为主、主动出击，在公共关系活动中处于主动地位。

8. 维系型公关

持续采用低姿态的传播方式，以求在公众心目中潜移默化地树立起组织的良好形象。具体形式如：保持一定的曝光率、逢年过节的专访慰问等。其特点是经常持久、成本低，一般适用组织顺利、稳定发展时期。

例如，1986 年的圣诞节，北京长城饭店公共关系部邀请了一批孩子来饭店装饰圣诞树，除供应他们一天的吃喝外，临走时还特地送给每人一份小礼物。这些孩子分别来自各国的驻华使馆，他们的父母都是使馆的官员。长城饭店是五星级豪华饭店，顾客主要是各国的来华人士，邀请这些孩子来饭店，表面上是为孩子们举行了一次符合西方习惯的传统活动，但"醉翁之意"是希望通过孩子来维系长城饭店与各使馆的关系。

9. 防守型公关

防守型公关的目的是防患于未然，尽量把问题解决在萌芽状态中。具体形式如：及时向组织提供外部信息、提出改进建议、针对时局采取自我保护措施等。其特点是以防守为主、防中有攻、在组织实力还不够强大时可较多地采用。

10. 矫正型公关

当出现危机事件影响到组织声誉时，通过针对性地纠偏措施，尽快平息风波，以挽回或减少组织在公众心目中产生的不良影响。矫正型公关的工作重点不能放在应付公众的抱怨和指责上，而应该设法查明原因、澄清事实、知错就改、恢复信任。具体形式如：向公众解释说明、以实际行动致歉、帮助公众解决由组织造成的问题等。其特点是迅速果断、收效显著，但人财物花费较大，一般适用于组织形象受到严重损害时期。

 案例欣赏 3-3

35 次紧急电话

一名美国女记者在世界著名的日本奥达克余百货公司买了一台未开启包装的电唱机准备送给住在东京的婆婆，结果当她到婆婆家试用时，发现电唱机少了重要的零件，心中非常恼火，当晚写成一篇"笑脸背后的真面目"的新闻稿。

第二天正当她动身出门准备找公司交涉时，奥达克余百货公司的副总经理和一名职员找上门来当场道歉，承认失误，并亲手将一台完好的电唱机，外加一张著名唱片，一盒蛋糕奉上。女记者了解到为了寻找她，公司打了 35 次紧急电话，包括打国际长途到她所在的美国公司及她父母家了解她在东京的住处。女记者非常感动，立即重写一篇"35 次紧急电话"新闻稿。

奥达克余百货公司在服务失误发生时采取了有效的公共关系策略，很好地矫正了失误以及造成的不良影响，重新挽回形象。

资料来源：曼珠莎华的博客 http://blog.sina.com.cn/s/blog_687b89070101celj.html.

（五）选择时机

我国自古以来，就有"机不可失，时不再来"的名句，"机"的含义很广，从普遍的意义上来看，凡牵涉事情成败的关键因素，都可以称作"机"。对公共关系策划来说，更加需要刻意捕捉"天时""地利"，充分选择时间和空间。

1. 组织的内部时机

组织的内部时机如组织创办或开业之际；组织更名或与其他组织合并之际；组织推出新的服务项目或新的产品之际；组织快速发展但声誉尚未树起之际；组织获得新的荣誉之际；组织出现局部失误或遭受某方面误解之际；组织遇到突发事件或危机事件之际。

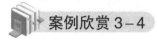 **案例欣赏 3-4**

利用小事引发热点

2016 年 2 月 15 日晚，吉利员工小顾将"一份要活出动静的请假条"晒到微博和微信上，内容为元宵节要带爷爷回到 25 岁，其主管不仅批准，而且喊出了"年轻就该活出动静"的口号。该请假条晒出后为当地媒体所报道，继而引发全国媒体关注扩散，瞬间火遍全国。

而此时的吉利汽车，正好在为旗下首款跨界 SUV 进行预热造势，小顾请假事件的偶然火爆，无疑为企业的造势传播送来了一股东风。造势先借势，吉利汽车迅速反应，果断接盘。2 月 17 日上午，吉利总裁办更是宣布全公司可根据工作安排，元宵节放假一天，鼓励员工去"活出动静"。整个微博微信疯狂转发为吉利点赞。

吉利公司利用员工请假一事，迅速反应，对员工人文和情感关怀，结合自己的产品主题"活出动静"，将社会热点转移到企业身上，并使企业获得极大声誉。

此举受到媒体及受众的广泛赞誉，助推事件升温，导引舆论关注点聚焦吉利自身。旋即吉利高层宣布将小顾请假条里"活出动静"的态度，赠予吉利即将发布的首款跨界SUV——帝豪 GS，由此完成对新车概念导入的华丽转身。

资料来源：http://www.yxtvg.com/toutiao/5482791/20170619A01NJN00.html.

2. 组织的外部时机

组织的外部时机如重大的社会活动和社会事件出现；企业或社会突发性灾害爆发；国家与地方政府新政策出台及新领导人上台；公众观念和需求发生转变；国际国内政治经济大环境、大气候转变。

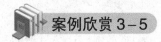 案例欣赏 3-5

新春撞上冬奥，伊利这次玩了把大的！

2018 年 2 月 9 日，平昌冬奥会正式拉开序幕，冬奥会正好"撞上了"中国的农历新年，赛事也将贯穿整个春节，这么有趣的碰撞也使 2018 年的春节增加上了一份体育主题。在平昌冬奥会期间，伊利依托这份冬奥资源，进行借势宣传。伊利这次的新春活动，便堪称是一次教科书式的示范，通过三个层面展现了新时代下体育公关的关键词。

第一个关键词是"互动性"。体育公关若想对垂直领域外的受众产生影响，进一步提升全民的认知，从而建立起品牌内核，就必须从更为场景化、更具参与度的线下活动入手。而伊利此次活动便在现场设置了多个冬奥项目体验区域，消费者可以亲自上阵，感受冬奥会中的比赛项目。这种方式强调参与感，能够实现和更多用户的关联，从而使得品牌的触角扩展到除了体育爱好者以外的更广泛的群体。

第二个关键词是"体育明星"。伊利邀请了中国首位世界滑雪冠军郭丹丹来到活动现场，她不仅在台上和观众互动，还亲自教授大家滑雪技巧，吸引了不少好奇群众的围观。这种体育明星助阵的方式也是品牌采用创新策划中的重要环节。这些体育+娱乐的联手公关，在人群覆盖与情感共鸣上能达到很好的效果，更是商家打造大事件、创造购买力的强大武器。

第三个关键词是"新兴科技"。活动现场，伊利搬来了滑雪模拟机，让消费者可以在商场内部体验一把室外滑雪的感受。这种创新性互动方式能够为用户带来浸入式体验，打造更好的场景公关，追求用户共鸣。而未来，随着各种新兴科技手段的发展，高科技的应用和新场景的开辟也将成为品牌商吸引用户的噱头。

资料来源：https://zhuanlan.zhihu.com/p/33704538.

（六）编制预算

公关活动的经费预算，应根据组织的类型和规模、公共系活动的目标和要求而定。组织公关活动所需要的经费开支主要包括以下几项。

（1）劳务报酬。包括公共关系人员及相关人员的业务报酬。

（2）行政管理费。如房租、水电费、电话费、办公费等。

（3）传播媒介费。包括开支在报纸、杂志、广播、电视、网络等上面的费用。

（4）器材费。包括制作各项印刷品、纪念品、摄影器材、录像设备、展览设备等费用。

（5）实际活动费。如举办记者招待会，召开座谈会，举办大型活动，组织展览和参观费及其他应酬费、赞助费及人员活动费。

（6）其他应急或机动费用。

（七）形成方案

形成公共关系策划方案，并对方案进行可行性论证。论证内容包括以下几项。

（1）对目标进行分析。即分析目标是否明确以及实现的程度如何。

（2）对限制因素进行分析。即方案在哪些条件下可以实施，在哪些条件下不可以施行。

（3）对潜在问题进行分析。即分析方案实施时可能发生的潜在问题及应急预案。

（4）对预期结果进行综合效益评价。判断该计划实施后的综合效益。

（5）方案进行过论证后，形成论证报告。

二、公共关系策划书

将公共关系策划方案用书面形式表现出来，就是公共关系策划书。公共关系策划书是公共关系策划成果的体现，是公共关系活动实施的行动依据和指南，其基本格式如下。

（1）封面。封面需要注意的是，策划书名称要完整，比如表明什么企业，哪项公共关系活动、实施日期、策划者的姓名、所在单位和职务、完成策划书的日期等。

（2）目录。要做到让读者通过看完目录后，便知道整个方案的概貌。

（3）内容提要。以简洁的文字作为引导或提纲。

（4）正文。正文即对前述七个要素的表述和演绎。其主要内容有：活动背景分析、活动主题、活动宗旨与目标、基本活动程序、传播与沟通方案、经费预算、效果预测。

（5）附件。重要的附件通常有：活动筹备工作日程推进表、有关人员职责分配表、经费开支明细预算表、活动所需物品一览表、场地使用安排表、相关资料、注意事项等。

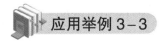 应用举例3-3

公关活动策划书（样例）

"绿色出行，共享低碳"××新能源汽车公司公关活动策划书
目录

正文部分

一、公关活动目的

随着全球性不可再生资源的日益匮乏，在能源与环保的压力下，新能源汽车的发展对于中国抑或是全球汽车行业来说，已经是一个确定的战略性目标。××新能源汽车公司决定在世界环境日（6月5日）来临之际，开展"绿色出行，共享低碳"的新能源汽车展会活动。希望通过一系列活动的开展，使公司品牌形象牢固树立在目标受众心目中，从而带动公司旗下的新能源汽车在山东潍坊地区得以发展。

二、公关活动主题

"绿色出行，共享低碳"××新能源汽车展会

三、公关活动对象

政府部门：潍坊市人民政府

媒体：大众日报、齐鲁晚报、山东人民广播电台、山东电视台等

大众：关注新能源汽车的目标公众

四、公关活动时间和地点

2017年6月5日　富华会展中心

五、展会大型活动

1. 2017节能与新能源汽车论坛

由××新世纪公关传播有限责任公司邀请国家级讲师，举办新能源汽车论坛。

地点：潍坊富华会展中心一楼报告厅　时间：2017年6月5日15:00—16:00

2. 骑游活动（大型骑游宣传队－宣传健康环保）

由××新世纪公关传播有限责任公司组织人员在市区主要街道宣传本次展会；由××新能源汽车公司组织员工每月进行一次骑游活动，共六次。

3. 厂商联谊酒会暨答谢酒会

由××新世纪公关传播有限责任公司组织企业和领导在会展中心举办答谢酒会，酒会之中有歌舞表演和领导讲话。

地点：富华会展中心2楼多功能厅　时间：2017年6月5日18:00

六、媒体宣传

本次活动邀请省内知名的报社记者，如大众日报、齐鲁晚报等，同时邀请一些电视台，如山东人民广播电台、山东电视台等，对本次活动进行全程报道。每次活动之后在各个网站发布。利用广告的力量来扩大企业的影响力。

七、费用预算（略）

八、效果评估

通过公司开展的"绿色出行，共享低碳"新能源汽车展会活动，预期达到宣传企业品牌及提高××新能源汽车在潍坊市的知名度和美誉度，在公司总销售额的基础上提高40%。

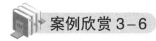 **案例欣赏 3-6**

"常德核心 财富至尊"新闻发布会策划方案

一、企划背景

1. 自从内部认购至今已将近一年，工程进度慢，严重影响投资者信心。甚至有投资者认为是项目缺乏资金。

2. 周边同类项目纷纷上马，且开盘时间相近，分流了客户群。

3. 商业合作单位已不是当初的平和堂，铜锣湾的进驻势必影响投资者对项目的印象。

二、企划目的

1. 赢得政府在政策导向、宣传等多方面的支持，且扩大在市民中的影响力，从而为项目奠定广泛的市场基础。

2. 通过媒体的宣传，扩大项目影响力，增强投资者信心。

3. 宣传开发商雄厚的公司实力，树立良好的项目形象，重点把握现有内部认购客户，重新树立他们对项目的信心，并通过人际传播带动新的客户群。

4. 为后续新颖、独特、隆重的SP开盘活动充分造势，营造超越其他任何房地产项目的宏大气势。

三、活动组织

主办：常德平和房地产开发有限公司

协办：销售公司、创野地产顾问、合作礼仪公司

四、活动安排

1. 筹备阶段

时间：12月1—9日

地点：常德项目组办公室

目的：筹备活动所需物品

工作内容及分工：略

2. 执行阶段（新闻发布会当天）

时间：12月10日10:00—11:30

地点：华天大酒店多功能会议厅

内容：通过新闻发布会向外界宣告：香港财富集团的加盟；铜锣湾百货精品店入驻常德；项目正式更名，以及项目的全新定位；宣布开发商在工程进度、开业时间等方面的承诺；在政府的大力支持下，项目终于克服了工程中的重重问题，即将于 12 月 25 日闪亮登场。

工作内容及分工：略

仪式流程：略

3. 宣传阶段

时间：12 月 10 日以后

地点：常德项目组办公室

目的：通过新闻媒体炒作吸引潜在目标客户以及商家的注意

工作内容及分工：略

五、活动预算

1. 媒体支出：本次活动媒体支出列入原有的营销推广计划中，不再另行追加。

2. 人员工资支出：3 200 元

3. 物料支出：18 550 元

4. 公关费用支出：28 100 元

活动总预算支出共计：49 850 元

资料来源：http://www.doc88.com/p–1093022981253.html.

 同步训练

一、关键知识点

公共关系策划的程序；公共关系策划书的基本格式。

二、抛砖引玉

网上流行的一句话："把一把梳子卖出去叫推销，把一千把梳子卖出去叫营销，把梳子卖给和尚的思维和办法叫策划。"

结合上面这段话，请你谈谈公共关系策划的实质是什么。

三、案例讨论

案例一 富士康愤然而起

(一)案例介绍

在 2006 年的危机公关事件中,最具爆炸性的代表事件莫过于富士康事件。《第一财经日报》报道台湾富士康科技集团在广东的工厂存在工作条件恶劣、工人工作超时、工资低廉等现象,富士康危机开始爆发。

面对媒体的负面报道,富士康愤然而起,不是采取沟通协商的方式进行危机处理,而是展开了反击——不仅对记者提起上诉,而且还提出"史上最牛"的天价索赔。这等于给原先的负面报道的延续提供了新的素材,无数原先作壁上观的媒体的兴奋点一下子被提到了高点——铺天盖地而来的新闻追踪使"富士康血汗工厂"的报道一下子名扬全国,许多原先并不关注、抑或说关注度并不高的公众现在都将目光投向了富士康。

资料来源: http://www.docin.com/p-5479218.html.

(二)案例思考

请分析: 富士康的公关活动属于哪种类型?

案例二 一个失败的公共关系策划

(一)案例介绍

如今,关注社会责任已经成为许多企业自觉的意识。但是如何做一个漂亮的公关,引发公众的关心,增加品牌的知名度和美誉度,却并不容易。最近发生的链家地产失联儿童守护站案例,就是一个典型失败的策划,不仅没有树立美誉度,反而影响了品牌声誉。

原来,链家地产近日宣称,从 5 月 25 日起,链家地产全国 6 000 家门店将成为中国"失联儿童守护站",请家长告诉孩子,只要与家人走失,就去链家地产,那里的员工会保护好孩子,帮助孩子回家。链家地产这一声明一发布,马上在社交平台上获得了众多好评,朋友圈也纷纷接力转发。但是好景不长,这一声明很快被多个警官质疑,称链家地产这一公益活动只是营销,不是真正的公益,并告知大家:儿童走失后,家属应向民警、派出所求助或拨打 110,链家地产并无合法的救助资质。

资料来源: http://www.docin.com/p-1612348021.html.

（二）案例思考

试分析：链家地产的公共关系策划，到底失败在哪里呢？

任务三　公共关系实施

知识目标

了解公共关系实施的含义与原则；明确公共关系的实施要求；掌握公共关系的实施程序。

能力目标

能够根据社会组织及公关事件的具体情况分析判断、恰当的实施时机；能够在公关经理的指导下实施公共关系活动或承担其中的某项具体工作。

公共关系实施（简称公关实施）是将公关策划变为实际行动的过程，也是对自己计划的检验和修正的过程。公共关系实施的过程，也是公关人员灵活运用各种公关活动方式，实现公关目标的过程。公共关系策划是公共关系工作过程的先导，而公共关系实施则是整个公共关系活动的中心和关键环节。只有把优秀的公关策划方案付诸实施，才能为组织塑造良好的社会形象，影响公众舆论，优化组织环境。因此，公共关系实施对整个公共关系工作都具有十分重要的意义。

一、公共关系实施的原则与要求

（一）公共关系实施的原则

1. 目标导向原则

目标导向原则是指在公关实施过程中，保证公共关系实施活动不偏离公共关系计划目标的实施原则。

2. 控制进度原则

控制进度原则即必须按照公关方案中的时间进度要求完成各项工作，随时检查各项工作内容的完成进度。

3. 整体协调原则

整体协调原则即在公关实施过程中，要使各项工作内容之间达到和谐、合理、配合、互补和统一的状态。

4. 反馈调整原则

反馈调整原则即通过监督机制及时发现公共关系实施中的方法偏差甚至错误，并及时进行调整与纠正。

（二）公共关系实施的要求

一项公关方案在实施时能否真正达到预期效果，还要把握以下几点。

1. 有效排除沟通中的障碍

公关方案的实施目的在于实现组织和公众之间的双向沟通。但在沟通过程中有不少障碍因素如语言障碍、习俗障碍、观念障碍、心理障碍、组织障碍等都会影响信息传播的真实性，使组织无法顺利实现与公众对象的沟通。因此，在公关方案实施过程中，必须采取有效的措施把这些障碍因素予以排除。

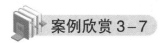 案例欣赏 3-7

礼品赠送风波

国内一家专门接待外国游客的旅行社，有一次准备在接待来华的意大利游客时送每人一件小礼品。于是，该旅行社订购制作了一批真丝手帕，每个手帕上绣着梅兰竹菊等花草图案，十分美观大方。手帕装在特制的纸盒内，料想一定会受到客人的喜欢。旅游接待人员带着盒装的真丝手帕，到机场迎接来自意大利的游客，欢迎致辞热情、得体，接待人员在车上代表旅行社将两盒包装甚好的手帕作为礼品赠送给了每位游客。没想到车上一片哗然，议论纷纷，游客显出很不高兴的样子。特别是一位夫人，大声叫喊，表现得极为气愤，还有些伤感。接待人员心慌了，好心好意送人家礼物，不但得不到感谢，还出现这般景象。原来手帕在意大利人眼中是擦泪水用的，是离别、分别时才送的礼物。并且，菊花在意大利文化中是悼念逝者的礼物。

资料来源：http://blog.sina.com.cn/s/blog_7b94af8b0101g0dl.html.

2. 正确选择方案实施时机

公关方案实施时机的选择对实施效果影响也很大。正确选择时机是提高公关方案成功率的必要条件。不同的公关方案，时机的选择不相同。公关时机的选择一方面要服从组织整体公关策划，另一方面要使公众的心理期望提到满足。

（1）把握最佳时机。从公众与组织的关系角度来讲，公关活动实施的最佳时机，应是当潜在公众即将向知晓公众转化之前。

例如，1986年5月8日是美国可口可乐公司的100周年纪念日。为了利用这一难得的机会，再一次向全世界展示可口可乐这一世界品牌的气势和雄厚实力，公司举办了一次盛大而壮观的庆祝活动。1 400名工作人员从世界各地飞回总部参加了这次活动，公司用可口可乐免费招待夹道欢迎的30万群众。亚特兰大市长安德鲁·扬与可口可乐总裁亲自引导游行队伍，演唱振奋人心的可口可乐传统颂歌。活动获得了从市长到市民的大力支持，取得了巨大成功。

再如本书案例"法国白兰地巧入美国市场"也是公关人员善于利用最佳时机，开展公关活动的一个典型的公关杰作。

（2）避开不利时机。在实施公关方案时，正确选择时机还应注意避开不利时机。一是避开重大节日。凡是同重大节日没有任何联系的活动都应避开，以免被节日活动冲淡。二是避开国内外重大事件。凡是需要广为宣传的公关活动都应避开国内外重大事件，以免被重大事件所冲淡。三是重大公关活动不要同时开展两项以上，以免分散人们的注意力，削弱或抵消应有的效果。

（3）可以利用的时机。一是要利用重大节日。凡是同重大节日有直接或者间接联系的公关活动方案，则可考虑利用节日烘托气氛，扩大公关活动影响。二是要利用国内外重大事件。凡是需要为大众所知，又希望减少震动的活动则可选择重大事件发生之时。三是要尽量选择那些能够引起目标公众关注，又具有新闻"苗头"的时机。

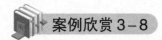 **案例欣赏 3-8**

致敬英雄　自豪向前——纪念抗战胜利70周年

2015年9月，"致敬英雄　自豪向前——纪念抗战胜利70周年探访之旅"活动上海站启动。19日早上，由领头的1台东风猛士带领东风风神AX7车队组成的东风风神"致敬英雄　自豪向前"探访车队，浩浩荡荡地抵达了上海东风实业，在此举行了简单而隆重的发车仪式，车队在上海开启了大型探访革命战地的巡游活动。

作为身负民族与社会责任的中央直属企业——东风风神站在抗战胜利70周年的时点，以央企国家队身份和军工血统为依托，同步开展了"致敬英雄　自豪向前——纪念抗战胜利70周年探访之旅"活动，吹响了"向英雄致敬"的号角，该活动自5月启动，横跨万里，穿越70年的历史时空，向英雄致敬的同时展现出了中国汽车品牌的自信自强、中国产品的质量魅力，所到之处均受好评。

"致敬英雄　自豪向前——纪念抗战胜利70周年探访之旅"活动，正是作为东风汽车核心事业单元的东风风神，以中国汽车品牌的责任与担当，向战略高地发起的又一次冲锋。这场历时5个月、穿越中国15个省和两个直辖市的活动，以实际行动缅怀先烈，与社会各界共同纪念中国人民抗日战争暨世界反法西斯战争胜利 70 周年，向英雄致敬，向自信自强的中国致敬！活动有效提升了东风风神品牌认知度与好感度，推动了其"品牌向上"战略目标阶段性的落实。

资料来源：http://www.autoreport.cn/dealer/20150922/0906556070.html.

3. 科学控制目标导向和活动进度

目标导向和活动的控制是相互联系的，只有把握好目标导向才能控制活动进度。在公关方案实施过程中，必须保证活动不能偏离公关方案目标，实施人员可利用目标对整个实施活动进行引导、制约和促进，以把握实施活动进程和方向。同时，在公关方案实施过程中，由于分工不同，实施人员各负其责开展工作，往往会出现多方面工作不同步的现象。为此，在公关活动进程中，应经常检查各方面工作的进度，及时发现超前或滞后的情况，搞好协调，使各方工作同步进行或平衡发展。

例如，美国一家牛奶公司意欲将该公司消毒牛奶打入日本市场，但在整个过程中遇到来自日本消费者、消费者联盟、销售商、牛奶场主、卫生部门和农林部门不同程度的阻碍。公司第一步行动是与日本卫生部门联系，使之批准销售该产品；第二步是说服大销售商来经销消毒牛奶；第三步与牛奶场联系；第四步对消费者进行指导消费教育。每一步均在前一个行动取得成功的基础之上，迈向新的目标。

4. 及时调整方案及行动

由于公关方案实施的环境及目标公众的情况是复杂多变的，因而，在实施过程中，必须不断与公共关系目标进行对照，如有偏差，应及时对方案、行动或目标做出相应调整。要依靠各种形式的信息反馈渠道，把方案实施的各种信息及时、准确地搜集汇总上来，研究分析并作为调整行动的根据。

二、公共关系实施的程序

公共关系实施的过程，可以细化为以下六个步骤。

（一）分解活动项目

一个公共关系目标的实现，往往要开展多个具体活动。我们把一个具体活动叫作一个活动项目，这是一级活动项目。一级活动项目又可分解为若干个二级活动项目，二级活动项目同样可分解为若干个三级活动项目，直到不能分解为止。我们把不能再分解的最后一级活动项目作为公共关系工作具体内容。

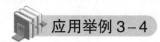

应用举例 3-4

×××奖学金计划 10 周年庆祝活动项目分级图示

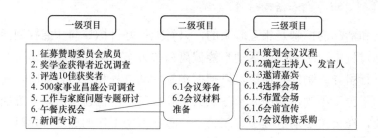

（二）明确实施方法

通过对活动项目的分解，设计出若干工作内容。在公共关系工作内容设计完成后，就要对每项工作内容提出实施工作要求，并根据这一要求设计具体工作方法。

我们仍以×××奖学金计划 10 周年庆祝活动为例，针对"6.1.1 策划会议议程"这一工作内容，提出实施工作的要求为"简朴、隆重、气氛热烈"，确定实施工作方法为类似"庆祝生日"的庆典活动。会议筹备组按照以上要求和方法策划出具体方案后报庆祝活动领导小组审议。

（三）制订实施流程

制订公共关系活动实施流程即在完成公共关系活动实施工作内容、工作方法的设计后，对实施时机、工作进度和各项工作之间的配合关系进行策划和设计。包括：细化公共关系活动实施时机、编制公共关系活动实施进度、制订公共关系活动实施流程。

（四）分配预算经费

将公共关系策划的总体预算经费合理分配到各项公共关系工作内容中去，以保证各项工作开支需要。在分配预算经费时也要留下 5%～10%的经费备用。

（五）组建实施机构

在公共关系活动实施之前，首先组建一个专门负责此次公共关系活动实施的工作机构（小组），主要是确定该项目的总负责人及其助手、各专案负责人，明确其职权及工作分工。

（六）培训实施人员

在实施公共关系活动时，需要对参与人员进行培训，让每一个工作人员都能明确本次活动的意义、作用和要求，明确每个人负担的工作、承担的责任等。

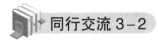

同行交流 3-2

公关策划活动实施八大要点

一、目标一定要量化

公关活动特别是大型公关活动往往耗费很多人力、物力、财力资源。一个新产品在中心城市的上市传播费用，一般都在百万元以上。为什么要进行这样大的公关投入？为了企业的传播需要，为了建立品牌的知名度、认知度、美誉度，为了更多的目标消费者去购买他的产品，这就是新产品上市公关活动的目标。

没有目标而耗费巨资做活动是不可取的，目标不明确是不值得的。笔者遇到一些保健品企业，看到同行做节日公关活动，他也要做，而且要求活动规模更大、规格更高、发稿更多，但说不清楚为什么要做，要传播什么样的卖点、概念，没有设立目标。

有的企业做公关活动，设定了不少目标，如提高知名度、美誉度，促进销售等，但是没有量化（提高知名度、美誉度的百分比，促进销售的货币额度），方向模糊，错把目的当目标。目标一定要量化，它不是希冀式的观测，而是指日可待。只有量化目标，公关活动策划与实施才能够明确方向，才会少走弯路。

二、集中传播一个卖点

公关活动是展示企业品牌形象的平台，不是一般的促销活动，要确定活动卖点（主题），并以卖点作为策划的依据和主线。很多公关活动，花了不少钱都不知是什么活动，留不下很深的印象。只有提炼一个鲜明的卖点，创造公关活动的"眼"并传播，才能把有关资源整合起来，从而完成活动目标。这里的卖点是公关活动环节设计中最精彩、最具传神的地方，活动事隔多年，情节大多被人淡忘，但仍能让人记起的一个情节。

公关活动策划需要创造这样一个非常精彩的高潮，要把这个高潮环节设计得更有唯一性、相关性、易于传播性。当然，集中传播一个卖点，并不是只传播一条信息，而是把活动目标和目标公众两项因素结合起来，重点突出一个卖点，提高活动的有效性。

三、公关活动本身就是一个媒体

随着公关新工具、新技术的不断涌现，同新闻媒体、广告媒体一样，公关媒体也在发生着革命，网络等新兴媒体被应用于公关活动。殊不知，公关活动本身就是一个传播媒体，它具备大众媒体的很多特点，其作用和大众传媒相比，只是公关活动实施前不发生传播作用，一旦活动开展起来，它就能产生良好的传播效应。

公关活动因其组织利益与公众利益并重的特点，具有广泛的社会传播性，本身就能吸引公众与媒体的参与，以活动为平台通过公众和大众传媒传播。在策划与实施公关活动时，配备好的相应的会刊、通信录、内刊、宣传资料等，实现传播资源整合，能提升公关活动的价值与效果。

四、没有调查就没有发言权

国内不少公关公司做公关活动，因缺乏公众研究意识或公众研究水平有限、代理费少、时间紧等原因，省略公众调查这一重要工作环节已是司空见惯的事情。想一个好的点子，找一个适当的日子就可以搞公关活动，这是某些所谓"大师"的通病。但"没有调查就没有发言权"，"知彼知己，百战不殆"。

只有摸清自己的优劣势，洞悉公众心理与需求，掌握竞争对手的市场动态，进行综合分析与预测，才能扬长避短，调整自身公关策略，赢得公关活动的成功。公关实践表明，公关活动的可行性、经费预算、公众分布、场地交通情况、相关政策法规等都应进行详细调查，然后进行比较，形成分析报告，最后做出客观决策。

五、策划要周全，操作要严密

公关活动策划有哪些技巧呢？重点只有一点：周全。这是因为公关活动成功的机会只有一次。公关活动不是拍电影、电视，不能重来，每一次都是现场直播，一旦出现失误无法弥补，绝不能掉以轻心。

六、化危机为机遇

大型公关活动有一定的不可确定性，为了杜绝意外事件发生，公关人员在策划与实施的过程中要抱有强烈的危机意识，充分预测到有可能发生的各种风险，并制定出相应的对策。只有排除了所有风险，制订出的策划方案才有实现的保障。发生紧急事件时，要随机应变，不要手忙脚乱，不要抱怨，应保持头脑清醒，要冷静，迅速查明原因并确认事实的真相。

已造成负面影响的，一种方法是及时向公众谢罪，防止再发生，不同媒体建立对立关系，避免负面报道，策略性处理媒介与公众关系，否则修复较难；另一种方法是，化危机为机遇，借助突发事件扩大传播范围，借助舆论传播诚意，争取公众的支持，反被动为主动。

七、全方位评估

在对公关活动进行评估时，往往是只评估实施效果，评估不够全面。除实施效果外如能再评估活动目标是否正确、卖点是否鲜明、经费投入是否合理、投入与产出是否成正比、公众资料搜集是否全面、媒体组合是否科学、公众与媒体关系是否更加巩固、社会资源是否增加、各方满意度是否量化等，则公关活动的整体效果才能体现出来。这种全方位评估有利于活动绩效考核、责任到人，更能增加经验，为下一次公关活动的策划与实施打好基础。

八、用公关手段解决公关问题

社会上对公关活动的认识不同时期存在不同误区，加之部分媒体的错误引导，更加深了这种错误认知的蔓延。近年来，对公关的认识又有了新的误区，把公关活动等同于促销活动。实际上两者的目的、重心、手段都不同。

公关活动的目标是提高美誉度，提升亲和力；促销活动的目标是提高销售额、市场占有率。公关活动的重心是公众、媒体、政府，促销活动的重心是消费者。企业同时需要营销、公关两种职能，两种职能不能通用。

公关是社会行为，营销是经济行为；公关活动关注公众，促销活动关注消费者；公关与市场区别较大，营销的手段不适用于解决公关问题。公关活动的公众非常多，消费者只是公众的一种。不同的公众，使用的公关手段也不一样。所以，要走出"公关活动就是促销"的误区，用公关手段解决公关问题。

公关活动策划与实施需要经验的积累，公关活动要重策划，更要重实施。公关活动策划与实施，还有很多技巧可以利用，只要不断总结经验并应用于实践中去，一定能策划与实施出更多、更有影响力、更成功的公关活动。

资料来源：https://zhuanlan.zhihu.com/p/22232232.

 同步训练

一、关键知识点

公共关系实施的原则和要求；公共关系实施的程序。

二、抛砖引玉

虫子公共关系室在咨询、培训中发现，公关经验不丰富的公关人一般没有公关时机的概念，也不会问及公关时机的问题。但是，他们犯的错误大部分是公关时机选择错误，公关技能不熟练引起麻烦则处在第二位。经验丰富的公关人虽不太会犯公关时机选择的错误，但如果犯，那就是大错误，后果严重。

对于公关时机的把握，请谈一下你个人的理解和看法。

三、案例讨论

从《战狼2》看公关实战的36计

（一）案例介绍

2017年7月27日上映的《战狼2》累计票房56.79亿元。创下中国电影票房纪录。这是吴京执导的动作军事电影，由吴京、弗兰克·格里罗、吴刚、张翰、卢靖姗、丁海峰等主演。电影讲述了脱下军装的冷锋被卷入了一场非洲国家的叛乱，本来能够安全撤离的他无法忘记军人的职责，重回战场展开救援的故事。

高票房的背后，离不开吴京及其团队出色的公关策划及实施。公共策划及实施是如何助推《战狼2》成为院线战车，票房收割机的呢？

1. 巧妙定位：从功夫界的万年老二，变身直男悍警第一

首先《战狼》是吴京自编自导自演的，之前已经推出过一部，而且反响很好，这是它的群众基础。定位之父特劳特曾说，要想定位成功，最快的方法就是成为第一。吴京在给众多功夫明星跑龙套之后，看到了军警硬汉这个空白领域，将自己的定位从功夫小子开始向"军警硬汉"的形象转变，终于找准符合他霸道直男的定位，成为"军警硬汉"第一。

2. 抓住时机，巧蹭热点：以《人民的名义》蹭流量

"达康书记"和"东来局长"在继《人民的名义》大火之后，把荧幕首秀献给了吴京。在这个娱乐没有圈的年代里，认真演戏、认真拍摄影视作品的人越来越少，而且动辄艺人片酬几千万、上亿甚至几亿，连带社会风气也严重受到影响，但是吴京拍摄《战狼2》时反其道而行之，演员只选对的，不选贵的，而影片呈现给观众的效果确实不错，也再次印证了他之前说的话，确实是只选对的，不选贵的。除了人物热度，《战狼2》的上映日期，也是典型的抱时间的大腿。建军节、大阅兵、暑期档、国产保护月，《战狼2》占据了所有的好时机。

3. 打造金句，点燃观众爱国情绪

吴京以激烈的打斗为主，台词不多句句金。例如，"犯我中华者，虽远必诛。伤我国人者，皆为我敌。"又如，"中国护照不能带你去很多地方，但它能从任何地方把你接回家。"《战狼2》点燃了大家潜藏心底的爱国之火，尤其在当前国际形势如此严峻复杂的情况下，无疑替观众找到了一个可以宣泄情绪的着落点。

资料来源：http://www.sohu.com/a/163440213_99928873.

（二）案例思考

试分析：本案例的公共策划及实施给我们带来哪些启示？

任务四　公共关系评估

知识目标

了解公共关系评估的含义、作用及方法；掌握公共关系评估的内容与流程；掌握评估报告的撰写要求。

能够在公关经理的指导下对公共关系活动进行初步评估并起草评估报告。

公共关系评估（简称公关评估），即对公共关系活动的效果进行评估，是整个企业公共关系活动流程的最后一个阶段，同调查研究阶段首尾相连，使企业公共关系活动呈现出一个有始有终的完整过程。

一、公共关系评估的作用及方法

公共关系评估的目的，是在肯定成绩的同时发现新的问题，以便不断调整组织的公关目标、公关政策和公关行为，使组织的公共关系工作成为有计划的、持续的过程。

（一）公共关系评估的作用

公共关系评估是"四步工作法"的最后一步，对公共关系活动起着总结、衡量和评估的重要作用。公共关系评估的作用主要表现在四方面。

（1）公共关系评估是改进公共关系工作的重要环节。

（2）公共关系评估是开展后续公共关系工作的必要前提。

（3）公共关系评估是鼓舞士气、激励内部公众的重要形式。

（4）公关系评估结果是调整组织的公关目标、公关政策和公关行为的依据。

（二）公共关系评估的方法

在实施公共关系评估时，要根据所确定的评估对象、目标等选定与之相适应的评估方法。

（1）自我评估法。是指社会组织对自己所开展的公共关系活动效果进行评估。具体可以通过方案与实绩的对比进行评估，也可以通过了解公共关系活动对象来评估，还可以通过搜集对比各种统计数字进行评估。自我评估要客观、公正、实事求是，尽量消除主观色彩。

（2）专家评估法。是指聘请具有较高公共关系理论水平和丰富公共关系经验的专家对本组织的公共关系活动进行评估。聘请有关方面的专家采取咨询、座谈、评估等方法，为组织的公共关系活动客观地找出存在的问题和差距，然后组织将专家的意见进行综合整理，从中得出比较科学、有针对性的评估意见。总的来说，专家评估法具有使用简单、直观性强的特点，但其理论性和系统性尚有欠缺，有时难以保证评价结果的客观性和准确性。

（3）公众评估法。是指通过公众意见调查来间接推断公共关系活动的效果。如借助民意测验的形式可以了解公众的态度是否发生变化，了解组织在公众心目中的形象，了解组织公共关系活动中存在的问题和公众的意愿，从而为下一步改善公共关系奠定基础。此外，可通过公众代表座谈会、深度访问等形式来确认公共关系活动影响特定公众方面所取得的效果。公众评估法有利于从多方面检验组织开展公共关系活动的效果，但一般耗费相对较大。

（4）舆论调查法。主要包括两种。

活动效果调查。即在一次公共关系活动的前后，分别进行一次舆论调查，比较前后调查的结果，从而分析公共关系活动的效果。

公众态度调查。即在一系列公共关系活动之后，对主要公众对象进行调查，了解他们对组织的评价和态度的变化，分析公共关系活动的效果。

二、公共关系评估的内容及流程

（一）公共关系评估的内容

公共关系评估的内容较多，主要有以下三个方面。

（1）公关目标评估。公关活动的原定目标是活动效果评估的标准。将公关活动方案中所设计的主要目标与通过公关活动所达到的实际目标进行比较，分析目标实现的程度。

（2）公关效果评估。分析评价公关活动所选择的模式、传播媒介是否符合目标公众的需求。通过公关调查，对掌握的资料进行评估，分析其相符程度和对实现目标的作用，作为制定新的公关计划和活动的依据。还需对原计划预算控制进行评估，对资源投入与目标实现的价值比和效益比进行分析，使组织的人力、财力、物力和时间的投入得以充分利用，发挥较多的效益。

（3）公众态度评估。在进行评估时，要对开展公关活动前后公众对组织的认识、了解和理解程度进行比较分析，还应评估公众对组织观点、态度的改变程度。公众态度的评估，对公关活动持续有效的开展有着重要的指导意义。

（二）公共关系评估的流程

（1）重温公共关系目标。公共关系目标是评估公共关系效果的标尺。根据这把尺子，来检查公共关系目标是否实现。

（2）收集和分析资料。收集各项资料，如知名度、美誉度、态度和行为资料等，然后进行分析比较，看哪些达到了原来的目标，哪些还没有达到，哪些甚至超过了预期的效果，分析原因何在。

（3）向决策部门报告分析结果。公关人员必须如实地将分析结果以正式报告的形式报告决策部门或企业的最高决策层。

（4）把分析结果用于决策。分析的结果，一方面用于其他公关项目，另一方面用于企业总目标、总任务的调整。

三、公共关系评估报告

将公共关系评估的过程和结果以书面的形式完整地表述，便形成了公共关系评估报告。

（一）评估报告的内容

常规的评估内容包括五方面。

（1）对活动策划和准备阶段的评价。例如，项目是否确有必要，依据是否科学，活动策划是否富有创意，准备工作是否充分，参加这一活动的人员是否完全理解这项活动的意义，是否投入了足够的力量等。

（2）对活动实施阶段各项工作的评价。例如，整个活动的实施是否到位，有哪些不足之处，为什么会出现这种情况等。

（3）对活动结果的评价。例如，活动目标是否实现，活动的实施是否导致了舆论和行为模式的改变，是否达到了策划者所考虑的其他目标等。

（4）对活动经费使用情况评价。例如，经费使用是否合理，活动费用是否超出预算等。

（5）其他特定内容。例如，对品牌、无形资产、人员素质等静态项目的评估，对广告效果、销售额等动态项目的评估。总之，目标越具体，对它的结果进行测评就越容易。

（二）评估报告的格式

"文无定法"，公共关系评估报告书没有固定的结构格式。按照评估的目的与要求，公共关系评估报告的结构可以采用不同的格式，灵活安排，结构服从于内容表达的需要即可。

公共关系评估报告书的基本格式包括七个部分。

（1）封面。封面的主要内容包括评估书或项目的题目、评估时间、评估人以及保密程度、报告书编号。题目要反映出评估的范围和对象，排版应醒目、美观。

（2）评估成员。反映哪些人参加了评估工作，负责人是谁。

（3）目录。用来方便阅读报告书的人。

（4）前言。反映评估任务或工作的来源、根据，评估的方法、过程以及其他特别需要说明的问题。也有的评估报告书把评估的方法、过程等写进正文部分。

（5）正文。正文是评估报告书最主要的部分，也是评估报告书的主体。它包括评估的原则、方法、范围、分析、结论、存在的问题、建议等。

（6）附件。附件内容是对正文内容的详细说明和补充，是正文的证明材料。

（7）后记。主要说明一些相关的问题。比如报告书传播的范围，致谢参加人员及相关单位等。

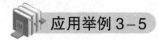**应用举例 3-5**

××公司芯片事件公关活动评估报告

一、事件背景

××公司是计算机芯片生产厂家，在全球同行业中首屈一指。该公司的业务大多数是围绕微处理器开展的，业绩相当不错，效益很好，公司销售额连年增长。然而在该公司将最新一代的微处理器投入全面生产的时候，麻烦出现了。该公司被告之：××型号芯片在数学运算能力上存在问题，在计算一些复杂的数学问题时，机器出现了除法错误。

二、公关调查

（一）内部调查

芯片问题是由于一个微小的设计错误引起的，在 90 亿次除法运算中会出现一次错误。

（二）外部调查

外界对××公司出现的这一错误极为关注：

1. 在国际互联网上人们展开了 CPU 中故障问题的评论；

2.《××周报》的头版头条详细而且准确地刊登了因特网上的有关内容；

3. 媒体记者制作了一个令人不愉快的电视片断，决定在次日播出；

4. 每一家报纸都在报道这件事，如《××型号芯片出现故障，计算准确性无以保证》《××公司芯片事件——买还是不买》，等等。

三、待解决的问题

由于芯片问题的出现，用户开始要求更换芯片，而某大型 IT 公司以××公司的芯片为主体而生产的 PC 机（个人电脑）也遭到了市场的冷落。

（一）外部待解决的问题

1. 应顾客的要求，对符合退换要求的应立即予以退换，不符合退换要求的予以说明。

2. 与用户共同查看研究分析的结果，并把白皮书报告送交他们审阅，使用户放心使用。

3. 对外界打来电话询问该事件的人予以解释，尽量满足其要求。

（二）内部待解决的问题

1. 公司雇员都是近 10 年间进入××公司的，这些年公司业务蒸蒸日上。现在，他们的预期成了泡影，雇员心神不宁，甚至感到恐惧。

2. 公司每天都要处理 30 人以上的投诉，投诉者挤满了房间。

四、策划与决策

面对如此巨大的内外压力，公司改变了以前的战略思想，经过策划做出了最新决策。

1. 为所有要求更换部件的用户更换了部件。

2. 对公司的这一决定进行宣传，并对公司形象作一番全新的装扮。

3. 提高员工的工作士气。

4. 公司临时抽调大批员工进行投诉接待和善后处理，为几十万顾客更换了芯片。

5. 把生产线上的旧材料全部拆卸抛弃，加速新老设备更替进程。

五、公共关系战略与活动计划

（一）内部公共关系

公司有难，雇员有责。为挽救公司的损失，尽快扭转被动的局面，公司采取各种措施提高员工的士气，并在此基础上加深了老板与员工之间的友谊。

（二）外部公共关系

由于芯片事件，公司的美誉度受到了极大的破坏，在人们的心中造成极坏的影响。为此，公司采取了一系列措施以重新塑造公司的形象，挽回公司的信誉。

1. 召开新闻发布会。会上就该公司的改革策略做了宣布，并告诉社会公众，公司已研制出可以克服该缺点的芯片，现在正批量生产以加速更新的进程。

2. 更新标识形象。公司的形象在这一风波后受到影响，为此，公司在对外宣传上的口号做了一定的修改，使其更适合××公司的发展。

3. 向此次芯片风波涉及的社会各界公众做出道歉，对由于使用该芯片造成不良后果的人表示愿意赔偿其一定的损失。

六、效果与评价

公司的这一策略收到了良好的社会效果，达到了预期的目的。

（一）新闻报道

1. 就在前不久还在批评××公司的《××周报》，现在也对××公司的这一做法表示赞同。

2. 各大媒体都对××公司的这一做法作了全面而细致的报道，并对其做法大为赞扬。

3. 新闻媒介大肆宣传××公司的做法。

（二）公众反映

××公司的这一做得到了社会公众的一致认同，对其做法表示满意。

1. 有的人打电话向其表示祝贺，有的人发来了祝贺信，还有的人专程送来了饮料和盒饭。

2. 公众对××公司的偏见消失了，由以前对该公司芯片的冷漠变成了争相购买。

（三）员工反映

雇员的态度变了，由以前的沮丧、恐惧变成了高兴。公司形势的转变使得雇员又恢复了原来的自信，他们满怀信心地投入到工作中去。经过数月的奋战，××公司耗费巨额资金终于解决了芯片风波。××公司从此走上了全新的发展之路。

资料来源：http://wengui.110.com/wengui_2459.html.

同步训练

一、关键知识点

公共关系评估的方法、内容与流程；公共关系评估报告。

二、抛砖引玉

有人说："假设公关策划、实施都非常成功，那么公关评估这个步骤就可以省略。"对于这句话，你是怎样理解的？

三、案例讨论

醋 海 风 波

（一）案例介绍

1993 年 12 月 5 日，四川成都三圣调味品厂在发行量逾百万份的《成都晚报》和《四川日报》上刊登广告，声言"明天吃醋不要钱"，凭 12 月 7—9 日的报纸可在成都红旗商场等五个地点领取一瓶该厂生产的陈醋。12 月 7 日这天，大批消费者早早来到指定的商场门前，前来领醋。一时间领醋成了抢醋，各商场难以招架，被迫挂出免战牌，无数消费者大有被戏弄之感。他们质问商场，质问厂家，一场官司不可避免地打到了工商局。

其实，这个让成都人感觉陌生的厂家地处偏僻乡村，只是一家 20 多人、固定资产 50 万元、流动资金不足 7 万元的小企业。它们于 1993 年 6 月研制成功新产品——"陈醋王"。平心而论，"陈醋王"的确质量很好，据检测它不含任何防腐剂，无杂质、无化学成分，是全国首家无污染的食用醋。然而，市场无情。自 8 月份该产品投放市场以来，销售量并不乐观。于是，厂家不惜血本，策划了一场"明天吃醋不要钱"的公关促销活动，以达到出奇制胜的目的。然而，从厂家到媒体都忽略了一个基本事实：厂家有这个实力吗？

厂家的失误。事后看来，这次公关活动的策划和实施是非常缺乏理智的。一个只准备了 12 000 瓶醋的小企业，竟敢对百万读者口出狂言："明天吃醋不要钱！"。厂长事后说："我们没有想到领醋的人会这么多，更没想到会有抢醋的现象。"

媒体的失误。12 月 5 日的报纸称"明天吃醋不要钱！"，有消费者 6 日就去领醋，而赠送活动却从 7 日才开始。报称"赠完为止"，又言一张报纸一瓶醋，语言不详，使人误解。不指明赠送数量，更有欺诈消费者之嫌。

实施过程中的失误。整个公关促销活动在具体的实施中也有问题。厂家事前并未通知有关商场，商场对这次促销活动一无所知。厂家自己也只聘用了十几名学生现场促销，以如此人数应付如此规模的赠送活动，自然是杯水车薪。由于三圣调味品厂的公关促销活动从策划、筹备到实施的急功近利，使自己在"错误的时间、错误的地点，打了一场错误的仗"。

1994年1月17日，成都市工商行政管理局做出处理决定，肇事厂家擅用商家名义，不兑现广告许诺，造成不良后果。但因能及时登报道歉，决定从轻处理，罚款3万元。

资料来源： http://www.docin.com/p−1586491834.html.

（二）案例思考

1. 试分析：三圣调味品厂的公关促销活动失败的原因。
2. 如果你是本次公关活动负责人，你将如何评估该项工作？

项目四

公共关系协调

项目 背景

  某流通事业股份有限公司为某省一家大型连锁零售企业，公司经营业态涉及百货公司、大卖场、综合超市、折扣店等，拥有直营连锁门店 900 多家，网络覆盖省内 50 多个市县，形成了市区 10 分钟商圈、农村乡镇网络全覆盖。

  公司长期面临着员工关系、股东关系、顾客关系、媒体关系等各种复杂的公共关系，工作烦琐、复杂且非核心业务。因此，公司决定将公共关系协调工作交由新世纪公关传播有限公司承担，并建立长期的合作关系。实习期间，公关助理王龙直接或间接地参与了该公司的部分公共关系协调工作，对公共关系协调的原则、方法和技巧等有了深入的理解和把握。

任务 分解

  组织公共关系涉及的范围非常广泛，但归纳起来可以分为两大类：一类是组织内部公共关系，如员工关系、股东关系等；另一类是组织外部公共关系，如顾客关系、媒体关系、政府关系、社区关系等。在公共关系学中，"公共关系协调"一词有两种含义：一方面，它是指社会组织与内外部公众之间和谐一致的状态；另一方面，是指社会组织为了促使与内外部公众的相互适应、相互合作所做出的调整、平衡的行为。

  公关人员必须充分把握公共关系协调的原则、方法和技巧，才能更好地为客户服务。根据以上分析，我们将本项目分解为两个典型的学习任务。

任务一　内部公共关系协调

一、员工关系协调

二、股东关系协调

任务二　外部公共关系协调

一、顾客关系协调

二、媒体关系协调

任务一　内部公共关系协调

知识目标

掌握员工关系、股东关系协调的基本原理、基本要求和方法。

能力目标

初步具备内部公共关系协调的基本能力，能够协助公关经理处理一般的内部公共关系事务。

内部公共关系是指组织内部各方关系的总称，主要包括员工关系和股东关系。内部公共关系协调的主要目标，就是通过创造团结和谐的组织条件和内部气氛，促进组织内部各方的互相协作，为组织发展创造一个良好的内部环境。组织内部的公共关系状态，直接关系到组织的生机和活力，进而影响着外部公共关系的构建和组织目标的实现。因此，"内求团结"是组织公共关系协调的首要条件。

一、员工关系协调

员工关系是企业组织与自己员工之间的关系，它是企业最主要的内部公共关系。员工是企业组织直接面对而又最接近的公众，是企业赖以存活的细胞，员工与企业的目标和利益关系最为密切。员工关系包括组织内部的上下级关系，各个职能部门、科室、班组之间的关系，内部员工相互之间的关系。通过协调员工关系，培养员工的认同感和归属感，不断增强组织的向心力和凝聚力，是内部公共关系的主要目标。

员工关系协调的意义在于：员工是企业生存和发展的第一位的资源，应当作为内部公众协调沟通的首要对象；建立积极正向的员工关系，可以吸引且留住优秀员工，增加员工对企业的忠诚度；员工是组织的主体，是组织形象的设计师和塑造者，只有充分调动广大员工的积极性、主动性和创造性，获得员工的真诚理解和精诚合作，才能为树立和维护组织的良好形象奠定基础。美国著名公共关系专家亨得利·拉尔特曾经明确指出：公共关系90%靠自己做，10%才靠宣传。

（一）员工关系协调的基本理论

员工关系的具体对象是人，员工关系处理涉及人的需要、动机、态度等复杂的心理倾向和行为模式。处理员工关系的基本原则应该是承认和尊重员工的个人价值，最大限度地满足其正当的生理和心理需要，通过各种手段，发挥其积极性和创造性。这就要求公共关系人员对有关管理理论有一定了解，并恰当地加以运用。

1. 需要层次理论

需要层次理论由美国心理学家亚伯拉罕·马斯洛提出。他假设每个人都有五个层次需要，当一种需要得到满足后，另一种更高层次的需要就会占据主导地位。根据马斯洛的观点，如果希望激励某人，就必须了解此人目前所处的需要层次。

（1）生理需要。即衣、食、住、行等方面的需要。

（2）安全需要。保护自己免受身体和情感伤害的需要。

（3）感情需要。包括友谊、爱情、归属及接纳方面的需要。

（4）尊重需要。包括自尊、自主、成就感、社会地位、认可和关注因素等需要。

（5）自我实现需要。包括成长、发展、发挥自身潜能、实现理想的需要，这是一种追求个人能力极限的内驱力。例如，英国学者尼格尔·尼克尔逊曾对英国管理学会的 2 300 名会员进行了一次调查，被调查者平均每人每 3 年换 1 次工作，他们另谋职业的动机往往不是金钱和其他物质利益，而是谋求更有挑战性、更受重用和更能发挥创造性的机会。

2. 激励—保健理论

激励—保健理论由美国心理学家弗雷德里克·赫茨伯格提出。他认为工作条件、工资、同事关系、个人生活、地位、保障等为保健因素，这些因素只能安抚员工而不能激励员工。真正能够激励员工的激励因素是成就、承认、工作本身、责任、晋升、成长等。

例如，日本著名人际关系学家山田阪二郎 1998 年对日本 7 000 多名高成就的管理人员和技术人员进行调查时发现，单纯依靠自身的高素质而缺乏外界给予激励的人员，成功的仅占 4.35%，自身具有高素质而又及时地得到社会组织给予的重视和激励的人，成功的占 84.77%。

再如日本松下公司的创始人松下幸之助经过常年观察、研究后发现，按时计酬的员工仅能发挥工作效能的 20%～30%，而如果受到充分激励则可发挥至 80%～90%。松下先生探索出了用"拍肩膀"来激励员工的方法，取得了良好的效果。

3. 公平理论

公平理论由斯达西·亚当斯提出。这一理论认为，员工首先思考自己的收入和付出的比率，然后将自己的收入和付出与相关他人的收入和付出进行比较，如果员工感觉到自己的比率与他人相同，则为公平状态；如果感觉到二者的比率不同，则会产生不公平感。这种不公平感出现后，员工就会试图去纠正它。

4. 期望理论

期望理论由 V. 弗鲁姆提出。期望理论认为，当人们预期某一行为能给个人带来既定结果，且这种结果对个体具有吸引力时，才会采取这一特定行为。它的主要内容是：一个人从事工作的动机强度取决于他认为自己能够实现理想的工作绩效的信念程度，如果这一目标得以实现，他是否会获得组织给予的充分奖励，如果组织给予奖励，这种奖励能否满足他的个人目标。

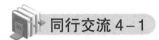 同行交流 4—1

不同类型员工的激励技巧

在现实中，企业内的员工类型可以分为指挥型、关系型、智力型和工兵型。针对不同类型的员工，领导者应该分析其类型特点，采取不同的激励技巧，才能取得良好的激励效果。

1. 指挥型员工的激励技巧

指挥型的员工喜欢命令别人去做事情，面对这一层次的员工，领导者在选取激励方式和方法的时候应该注意以下几点：

（1）支持他们的目标，赞扬他们的效率；

（2）领导者要在能力上胜过他们，使他们服气；

（3）帮助他们通融人际关系；

（4）让他们在工作中弥补自己的不足，而不要指责他们；

（5）避免让效率低和优柔寡断的人与他们合作；

（6）容忍他们不请自来的帮忙；

（7）巧妙地安排他们的工作，使他们觉得是自己安排了自己的工作；

（8）别试图告诉他们怎么做；

（9）当他们抱怨别人不能干的时候，问他们的想法。

2. 关系型员工的激励技巧

关系型的员工关注的对象不是目标，而是人的因素，他们的工作目标就是打通人际关系线。对于这种类型的员工，领导者应该考虑采取类似下列的激励技巧：

（1）对他们的私人生活表示兴趣，与他们谈话时要注意沟通技巧，使他们感到受尊重；

（2）由于他们比较缺乏责任心，应承诺为他们负一定责任；

（3）给他们安全感；

（4）给他们机会充分地和他人分享感受；

（5）别让他们感觉受到了拒绝，他们会因此而不安；

（6）把关系视为团体的利益来建设，将受到他们的欢迎；

（7）安排工作时，强调工作的重要性，指明不完成工作对他人的影响，他们会因此为了关系而努力地拼搏。

3. 智力型员工的激励技巧

智力型的员工擅长思考，分析能力一般很强，常常有自己的想法。这类员工喜欢事实，喜欢用数字说话。领导者在激励这部分员工的时候，应该注意到：

（1）肯定他们的思考能力，对他们的分析表示兴趣；提醒他们完成工作目标，别过高追求完美；

（2）避免直接批评他们，而是给他们一个思路，让他们觉得是自己发现了错误；

（3）不要用突袭的方法打扰他们，他们不喜欢惊奇；

（4）诚意比运用沟通技巧更重要，他们能够立即分析出别人诚意的水平；

（5）必须懂得和他们一样多的事实和数据；

（6）别指望说服他们，除非他们的想法与你一样；

（7）赞美他们的一些发现，因为这是他们努力思考得到的结论，并不希望别人泼冷水。

4. 工兵型员工的激励技巧

工兵型的员工主要特征是喜欢埋头苦干。这类员工做事谨慎细致，处理程序性的工作表现得尤为出色。对于这样的员工，领导者要采用的激励技巧有以下几点：

（1）支持他们的工作，因为他们谨慎小心，一定不会出大错；

（2）给他们相当的报酬，奖励他们的勤勉，保持管理的规范性；

（3）多给他们出主意、想办法。

资料来源：http://www.360doc.com/content/11/1003/21/6017453_153190553.shtml.

（二）员工关系协调的基本要求

员工关系协调就是企业和员工的沟通管理，这种沟通更多采用柔性的、激励性的、非强制的手段，从而提高员工满意度，支持组织其他管理目标的实现。员工关系协调主要职责是协调员工与管理者、员工与员工之间的关系，引导建立积极向上的工作环境。

1. 公平公正

公平公正，满足员工的基本要求。公平是每个诚实员工都希望企业具备的基本特点之一。公平可以使员工踏实工作，相信付出多少就会有多少公平回报，相信自身价值在企业能有公正评价，相信所有员工都能站在同一起跑线上。因此，必须从以下三个方面做到公平：报酬系统的公平、绩效考核的公平、选拔机会的公平。

2. 积极沟通

积极沟通，创造和谐、舒心的民主氛围。对企业而言，应当拥有一个开放的沟通系统，以增强员工的参与意识，促进上下级之间的意见交流，促进工作任务的有效传达。沟通的形式很多，包括：职工代表大会、每周例会、厂务公开活动等。

3. 关爱尊重

关爱尊重，让员工享受春天般的温暖。人是社会性动物，需要群体的温暖。企业关爱员工，员工就会关爱企业。企业关爱员工，就应该把员工的利益放在首位。关爱和尊重员工更要重视员工的身心健康，注意缓解员工的工作压力，最大限度地满足员工的各种兴趣需求，建立独特的企业文化，增强组织的内聚力。

例如，2017 年 7 月，阿里巴巴出台了一项名为"康乃馨"的关爱父母计划，公司掏出 1 亿元造福 6 万员工的父母。每个在职的阿里员工，除了自己每年一次的公费体检外，还享有 2 名公费体检的名额用于本人父母或者配偶父母体检。更贴心的是，员工的父母们都不用自己动手预约，只要通过阿里自建的体检系统，员工就可以帮父母预约好医院、项目、时间。另外，阿里巴巴的"五年陈"的阿里人计划、iHome 计划、iHope 彩虹计划、iHelp 蒲公英计划、阿里巴巴教育基金等一系列员工关爱措施，极大地增强了组织的向心力。马云自信地说"别人开 4 倍工资也挖不走我的员工！"

4. 成长提升

成长提升，帮助员工设计和规划职业生涯。现代社会，知识更新速度快，只有不断学习才能跟上时代的潮流。许多员工已开始关心自己在组织是否有接受培训、不断学习新知识的机会，甚至把此作为选择工作的一个重要条件。因此，组织必须重视员工的培训，给员工提供具有挑战性的工作，为员工的成长发展创造条件和机会，帮助员工设计和规划职业生涯，实现其理想与追求。

如阿里巴巴的培训体系。在阿里巴巴集团，人被视为最宝贵的财富。如何将每一位阿里人的个人能力与成长融为持续的组织创新实践、集体文化传承，是对阿里巴巴集团建立学习型组织的最基础要求。因此，与 15 年阿里成长历程伴生的，是一个坚持"知行合一"的学习体系。阿里巴巴集团学习体系分为四个部分：新人系、专业系、管理系以及在线学习平台。新人培训——"百年阿里"面向全集团所有新进员工；专业培训——运营大学、产品大学、技术大学及罗汉堂；管理者学习——行动学习"管理三板斧""侠客行"及"湖畔学院"；阿里学习平台——为全体阿里人提供内部学习和交流平台。

（三）良好员工关系的建立

员工关系管理，正被越来越多的企业所关注，越来越多的企业更加注重和谐。建立健全、良好员工关系的手段表现在以下几方面。

1. 建立有效的信息渠道

及时准确的信息是企业决策的基础。很多管理者进行决策时所依赖的信息准确度低，不能对员工关系现状和未来的发展趋势做出准确判断，为此企业必须建立有效的信息渠道。

2. 鼓励员工参与管理

无论是国有企业还是民营企业，无论是大企业还是小企业，无论是上市公司还是非上市公司，都必须重视员工对管理的参与。员工参与管理的过程一方面是员工代表表达意见的过程，同时也是员工理解接受管理方案的过程，参与不是指一切由员工说了算，不是员工的盲目抵制，是公司兼顾各方利益共同决策的过程。

3. 优化人力资源管理机制

人力资源管理机制是企业员工关系的最直接的表现，这些具体制度反映了企业的人才观，即对于人才，企业支持什么？反对什么？首先，这种观念应该是清晰、明确并且强有力的；其次，人力资源管理机制必须能把员工个人利益统一到企业整体利益中去。

4. 慎重对待企业裁员

当经济不景气时，裁员或者变相裁员成为很多企业的应对之策。然而，许多企业在发展好的时候提倡要员工与企业要同舟共济，一旦遇到风浪就把员工往水里推，这样的裁员只会让员工彻底看清企业的无情。正确的做法应该是把人员冗余和企业发展相结合，变废为宝。

5. 建立员工援助计划

在员工最需要帮助的时候，企业伸出援手，会让所有的员工感觉到温暖。在建立员工援助计划的过程中，要坚持以下几点：一是建立援助基金；二是明确援助计划的组织保障；三是确立援助标准，即什么事项、什么人有资格享受什么水平的援助；四是确保援助计划实施过程的公开透明。

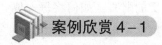 案例欣赏 4-1

精神上重视你，物质上不亏待你——顺丰的管理模式

前两天，一条"顺丰快递员被打"的消息赫然出现在新浪微博头条，有网友爆料，这位快递小哥因不小心把一辆正在倒车的车刮了，司机下车口出脏话，并多次出手掌掴该快递员。该消息一出，便引起了广泛关注，网友对该车主更是一片声讨。

但与此消息一同登上微博热搜的还有"顺丰集团"，此事件发生之后，顺丰迅速发布声明称，将派高层跟进处理相关事宜并表明态度为集团员工讨回公道。该声明引起网友的一片叫好，更有甚者表示自己也好想成为顺丰的员工。

一、有个能扛事儿的好老板是怎样一种体验？他戳中了无数职场人的心！

顺丰小哥刮到小轿车，被司机掌掴 6 次。这条疯传的新闻因为顺丰总裁的一句话又燃了！"如果这事我不追究到底，我不再配做顺丰总裁！"出自霸道总裁的这句话激起了无数共鸣，那是一种自己人受委屈了，背后的大哥站出来说"不用怕，交给我"的安全感！这也恰好是顺丰总裁的做法，且不说他是否借风点火，但有一个愿意为员工扛事的老板，当真是种福分！

快递小哥被打的本质原因不是交通事故，而是"行业歧视"或者说"阶级歧视"。快递员通常被认为是底层职业。从入行标准上来说，确实底层，高中学历就可以，但从收入来说并不是，月薪一两万也是大有人在。有些人拿着比他们低的工资，却还对他们指手画脚，难道不是任何一个人依靠汗水挣钱都理应被尊重吗？

其实在职场，员工对尊重的诉求也早已是重中之重。智联招聘 2015 中国年度最佳雇主总报告显示，"对员工的尊重"超越了"完善的福利待遇"。在经济不断发展的今天，

我们的基本需要已相对满足，而自我实现和成就需要又只属于较少的一部分人，因此对尊重的需要就显得尤为突出。无关男女，无关年纪，对员工的尊重都是关注度最高的一项，成为最重要的最佳雇主特征。

这年头，有个会问你有没有对象还替你张罗介绍的老板，有个关心你几点下班周末过得如何的领导，都是一种福气。

资料来源：http://blog.sina.com.cn/s/blog_14fc8490b0102w3ik.html.

二、顺丰员工这么拼命，只因公司做到了这 3 点

顺丰快递小哥的拼命在行业内是出了名的，遇到车祸，爬起来看看没事，就会继续送快递。是什么原因让他们如此拼？有人说顺丰的管理模式就是"**精神上重视你，物质上不亏待你**"，从之前王卫为顺丰小哥"找场子"的故事不难看出这一点。

随着网购平台的快速发展，快递行业也是如日中天。而在快递行业里的领头者"顺丰"就更是将快递服务做到了极致。大家都知道，顺丰的快递员是真的很拼，送快递的时候在路上出了车祸，爬起来一看没事，还是要继续送快递。

你可能很好奇，一个跑腿送快递的，怎么这么拼命？就单单为了钱？那很多高薪资的工作也没看到别人那么拼命啊？其实，顺丰小哥之所以这么拼，是因为企业会"管理"，顺丰的员工管理模式，可以简单总结为：精神上重视你，物质上不亏待你。

员工拼命不单是为了钱，内在驱动是魔力

顺丰对员工的激励和关怀让数万名快递员甘愿为之拼命打天下。其激励制度真正做到了"精神上重视，物质上不亏待"。通过信念的共振，从内部驱动员工。

这种共振体现在早期顺丰传递的情怀，即"人无我有，人有我优"，从刚开始的"EMS做不到的，我们能做到，EMS能做到的，我们能做得比他更好"，到后来的"让那些跟不上的老员工通过开黑客这种创业、创新来帮助员工寻找个人定位"，在此种精神共振的基础上，每个人都不仅是为了五斗米而工作，而是为了自身的信仰和梦想工作。

精神上重视每个员工，包括其价值观、成就导向和职业发展。同时也需在经济收入中体现待遇的优厚。这样就形成了一种良性循环，就像自我决定理论所揭示的，如果过于强化外部的因素，收入也好，社会地位也好，这是不持久的。

可是多数管理者、实践者或创业者都不太有耐心花精力在这些所谓枯燥的理论上，他们更看重的是一些可以立竿见影的技能、工具和方法，比如奖金和物质。殊不知在激励的手段中，金钱所占的比例越大，它的效果就越差，我们来看一看那些伟大的企业标杆，他们的成功之处更多的是在于信念的共振，而不仅仅是在经济上给予员工多少实惠。

顺丰在薪酬激励上是怎么做的？

快递员的全面薪酬体系，包括直接薪酬和福利两方面。其中，直接薪酬又包括工资和奖金，福利又包括经济性福利和非经济性福利。在全面薪酬体系设计中顺丰的直接薪酬体系保证了内部公平性和外部竞争性。

在直接薪酬设计过程中贯彻多劳多得的原则，实行绩效工资，设置合理绩效考核指标，如业务量、客户满意度、快件投递准确率等。考虑到快递员工作性质的特殊性，提

高浮动工资的比例保证快递员的工作效率。同时设置季度奖金、年终奖等，对优秀员工给予精神上的表扬和物质奖励，留住优秀员工。

管理者应该如何反思？

管理者们应该好好想想：当我们要求员工忠诚的时候，我们爱护他了吗？当我们要求员工要爱岗敬业的时候，我们关心他了吗？当我们要求员工奉献高绩效的时候，我们培养他了吗？当员工犯错了的时候，我们有没有想过他是因为什么犯错，是能力不足还是态度问题？这就是人性和情怀，顺丰在这一点上做了非常好的诠释。

总之，当管理者都能够思考怎样做能让员工体会到公司的老板和高管在精神上重视你在物质上不亏待你的时候，员工还有什么理由不好好干，不去拼命打天下呢？

所以顺丰的这个案例，启示我们所有的企业家、高管、创业者要去思考：我们的员工为什么跟着我们干？为什么会在这个公司里面做？我们要回答一个信念的问题，信念的问题解决了，然后才是薪酬机制的问题。做到在精神上重视每个员工，包括他的价值观、成就导向、职业发展，同时又能够在经济的收入分配上体现出来，不让他们吃亏。

资料来源：http://www.sohu.com/a/222989433_177747.

职业圈 4-1

员工关系专员、员工关系总监职位描述

（一）员工关系专员职位描述（某公司招聘信息）

1. 岗位职责

（1）协助员工关系主管进行日常的员工关系管理工作，对相关文件进行整理和归档。

（2）协助员工关系主管制定和完善员工关系管理体系。

（3）协助员工关系主管建立企业内部有效沟通渠道。

（4）协助领导处理员工劳资纠纷或投诉事件。

（5）协助领导策划企业文化活动，丰富员工生活，提高员工关系融洽度、满意度，为企业创造高绩效。

2. 任职条件

（1）人力资源、企业管理等相关专业本科以上学历。

（2）具备1年以上员工关系工作经验。

（3）具备员工关系管理的专业知识，熟悉员工入职、离职等手续办理流程。

（4）具备良好的沟通交流能力。

（5）具备良好的统计分析能力。

（6）工作认真、负责，具有高度的工作热情。

资料来源：http://www.haolietou.com/n_15223.

（二）员工关系总监职位描述（某公司招聘信息）

1. 岗位职责

（1）管理和优化集团的员工关系管理体系，建立和谐、愉快、健康的劳资关系。

（2）组织开展员工满意度调查，分析、反馈调查结果。

（3）处理员工冲突，解决员工投诉和劳动纠纷。

（4）组织筹备员工季度和年度大会，组织安排员工文娱活动。

（5）制定员工奖励、激励和惩罚措施，并监督实施。

（6）负责管理入离调转等人事流程。

2. 任职资格

（1）人力资源管理或相关专业本科以上学历。

（2）5年以上员工关系管理的工作经验。

（3）熟悉相关劳动法律法规，具备较强劳动争议处理经验，了解人力资源管理知识，熟悉公司人力资源管理的各项规章制度。

（4）亲和力强，积极主动，有大局观，具有强烈的责任心和事业心，优秀的沟通能力和谈判能力，团队协作能力。

资料来源：https://www.liepin.com/job/1913572533.shtml?d_pageSize=39&d_headId=f56c6e7b2cfd3d6704e4a45884f52116&d_ckId=f56c6e7b2cfd3d6704e4a45884f52116&d_sfrom=search_title&d_curPage=0&d_posi=7.

二、股东关系协调

股东是企业的投资者和企业财产所有者，股东关系就是企业与投资者的关系。股东关系涉及企业的财源问题，甚至关系到企业的命运。所以，它也是企业重要的内部公共关系。股东关系协调的主要对象包括：董事会（局）、广大的股民、金融舆论专家。

对于股份制企业来说，良好的股东关系是企业的生命线，因为这种关系直接涉及企业的"财源"和"权源"。建立良好的股东关系，加强企业与股东之间的沟通，能够争取已有股东和潜在投资者的了解和信任，能够创造良好的投资环境，稳定股东队伍，吸引新的投资。

（一）股东关系的基本要求

1. 必须尊重股东

尊重股东，就要尊重股东的主人翁地位。股东是企业的所有者，其利益与企业利益息息相关。企业应把股东视为自家人，增强其主人意识，做到与企业共荣共享、共进共退、休戚相关。在涉及组织发展、股金运用、红利分配等问题上，使股东享有知晓、参与、决策等各项权利，还要特别注意对股东不能厚此薄彼，要一视同仁、利益同等、信息共享。

2. 必须对股东负责

股东是企业的所有者的"老板"，企业必须树立股东权益高于一切的意识，企业的各项决策和投资效果必须时刻考虑股东的利益需要，企业的各级领导和全体员工都要时刻牢记股东对企业的投资信赖，把企业的各项工作做好，努力实现企业的发展。

3. 必须为股东谋利益

这是保证股东应有权益的最终体现。股东利益包括经济效益和社会效益。一般而言，股东的投资目标是追求高于银行利率的股息，因此，必须切实搞好企业的经营管理，为股东创造经济效益，又要及时、合理地分配和发放股东红利，使股东投资最终受益。随着社会的发展，股东关系将越来越重要，股东关系协调的要求也会越来越高，而企业的政策和行为是否对股东尊重、负责、有利，则是决定企业与股东关系的基础。

4. 要维护股东的正当权益

股东是公司资金的来源，股东对持股企业拥有知情权、优先认股权、股份转让权、投资受益权等。其中：知情权是指股东有权查阅公司章程、股东名册、公司债券存根、股东大会会议记录、董事会会议决议、监事会会议决议、财务会计报告，对公司的经营提出建议或者质询；优先认股权是指经股东同意转让的出资，在同等条件下，其他股东对该出资有优先购买权，公司新增资本时，股东有权优先按照实缴的出资比例认缴出资；股份转让权是指股东持有的股份可以依法转让。股东转让其股份，应当在依法设立的证券交易场所进行，或者按照国务院规定的其他方式进行。

5. 要视股东为企业顾客

股东与企业之间的关系，不单纯是投资分利的关系。股东本身可能是最大的主顾、最知己知彼的顾客群或同舟共济的推销伙伴，企业应激励和吸引他们参与企业生产和销售活动，利用他们的社会关系去发展企业的销售网络。良好的股东关系不仅能保证企业财源稳定，还可能为企业意外地开辟新市场。

（二）股东关系的沟通方法

1. 分发年度总结报告

向股东分发公司的年度总结报告，让股东及时了解企业现状。年度总结报告包括以下内容。

（1）企业状况。包括分发年度（季度）经营报告，寄发组织刊物和产品（服务）资料。年度（季度）经营报告是组织与股东信息的交流的主要手段，许多股东就是根据年度报告（季度）来了解组织的经营状况，判断组织形象和信誉；寄发组织刊物和产品（服务）资料，让股东了解企业产品、企业动态及组织活动，利于沟通联络感情。

（2）其他状况。包括人事安排、工会组织、劳资关系等。给股东更新组织的人事信息表，让股东随时了解组织的人事变动；鼓励股东参与到公司的工会组织中，以便和组织成员良好沟通、了解整个组织状况；财务部门明确股东和企业人员的劳务分配标准，因为股东最关心的问题之一就是自己的利益问题，企业也需要将股东的利益放在首位。

2. 召开股东代表大会

召开股东代表大会，向股东散发企业资料。召开企业股东大会，要采取书面的形式通知企业股东；在选择会议地点时，要考虑到交通问题；在会议期间安排一些其他活动，如举办股东聚餐会，组织股东参观企业等；在举行股东代表大会期间，企业公共关系部门要注意把股东大会进展情况、讨论的内容及形成的各种重大决议，及时传达给企业全体职工。

3. 参与公司经营管理

鼓励股东直接参加本企业各种会议，并且提出建议；公司年会邀请股东参加，同股东亲密交流；组织纪念日或者隆重的礼仪活动，邀请股东一起参加，使股东感受到尊重；节假日举行与股东的联谊会或茶话会，和股东交换意见、交流感情；股东及家人生日，寄去祝贺函；准备公司新产品给股东，既让他们了解产品，又优先体验。

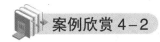 案例欣赏 4-2

聚美股东炮轰陈欧：22 个月不交流市值蒸发 45%

日前，聚美优品股东 Heng Ren Investments 致聚美董事长陈欧、聚美联合创始人戴雨森、红杉资本创始人沈南鹏的一封公开信再次将聚美优品推向风口浪尖。

在公开信中，Heng Ren Investments 炮轰聚美不兑现诺言，暂停有意义的股东交流已有 22 个月，同时指责陈欧提出将聚美以每股 7 美元的价格私有化的提议低估了聚美的价值。在陈欧在位期间的这 18 个月股价灾难中，聚美市值已损失了 3.97 亿美元。聚美目前的市值为 4.79 亿美元，3.97 亿美元的损失相当于市值蒸发 45%。聚美股东认为，如此大的损失是一个相当荒唐的数额。

公开信称，这次灾难得到了中国红杉资本的支持，并且得到了聚美董事会的纵容。这可能是因为独立董事加起来持有的股票数为 0。公开信质疑聚美的投资用途，聚美将 2014 年在美 IPO 筹集的 2.8 亿美元中的部分资金用于投资非核心业务，包括投资 1 430 万美元用于电视剧制作，4 480 万美元用于投资街电。这些被投资目标的资金超过 5 900 万美元，相当于聚美市值的 12% 和账面现金的 18%。

聚美股东在公开信中呼吁，现在对董事会来说是时候结束这场灾难了。"股东们已经被迫盲飞了 9 个月，9 个月内没有任何来自聚美的财务信息。股东们无力地看着自己成千上百万美元的账面现金被投资于电视剧和手机移动充电电源，而我们自从 2016 年 2 月以来就没有从董事长那儿听到过关于每股 7 美元收购要约的任何消息。这个收购要约距离聚美每股 22 美元的 IPO 仅过去了 20 个月。"

资料来源：http://news.zol.com.cn/653/6538232.html.

 职业圈 4-2

投资者关系专员、投资者关系总监职位描述

（一）投资者关系专员职位描述（某公司招聘信息）

1. 工作职责

（1）安排组织各类投资者关系会议，包括投资者见面会、股东年会、业绩发布会议等。

（2）协助上级接待投资者、分析师、媒体等到公司的来访参观和调研活动。

（3）登记和回复投资者电话及网络提问。

（4）维护和定期更新投资者数据库，做好投资者、分析师和媒体的日常关系维护。

（5）公司舆情监控，定期整理公司媒体监测报告。

（6）协助其他证券事务工作。

2. 岗位要求

（1）全日制本科或以上学历，金融、投资、医药等相关专业。

（2）3年以上上市公司或同等相关职位工作经验。

（3）具有较强的沟通能力、协调能力和团队合作精神，工作责任心强。

（4）PPT制作与演示能力较强，表达能力强。

资料来源：https://www.kanzhun.com/duty/52760/.

（二）投资者关系总监职位描述（某公司招聘信息）

1. 职位描述

（1）建立并维护公司与资本市场的沟通联系，跟踪并向管理层反馈投资人对公司的观点与看法。

（2）制定并执行公司的投资者关系计划，培养新的投资者关系，优化公司股东结构，组织并参与和投资者、分析师的日常/大型投资人会议、季度投资者电话会议、路演等。

（3）全面认识理解分析师的看法观点，浏览分析师报告，并指出与事实相符或相反的地方，评估公司现状与分析师预测是否符合。

（4）全面理解公司行业背景、竞争环境、监管合规、财务状况，与投资者进行及时有效沟通。

（5）制作与投资人交流的公司材料，包括路演PPT、日常及大型会议材料、季度投资者电话会议讲稿、Q&A准备材料等。

（6）管理公司网站的投资者关系部分、投资关系新闻稿的发布。

（7）其他公司与资本市场的相关活动。

2. 任职要求

（1）在岗年龄区间：30岁以上。

（2）教育背景：金融、经济、管理相关专业本科及以上学历。

（3）工作经验：3年及以上金融合作方面工作经验，或 PE、VC 客户关系维护和项目执行经验。

（4）职称：具有证券、基金从业资格，心理咨询师资格。

（5）其他要求：熟悉资本市场、产业基金行业和财经媒体；具有较好的公共关系管理能力、谈判和市场开拓能力。

资料来源：https://www.liepin.com/a/10796525.shtml?d_pageSize=39&d_headId=065d4afc0c5ae5670db57b5c4953034c&d_ckId=065d4afc0c5ae5670db57b5c4953034c&d_sfrom=search_title&d_curPage=0&d_posi=11.

 同步训练

一、关键知识点

员工关系协调的基本理论与协调技巧；股东关系协调的基本要求与沟通方法。

二、抛砖引玉

在每个企业中总存在一部分难以管理的员工，俗称"刺头"。"刺头"员工的管理问题是每一个企业都回避不了的。如何处理与"刺头"之间的关系和矛盾，如何应对由"刺头"引发的组织冲突，对于很多管理者来说，实在是一个相当有难度的挑战。

"刺头"员工该如何管理？请网上搜集有关锦囊妙计，并发表你的高见。

三、案例讨论

案例一　离职员工借知乎官微喊话周源：
认真处理员工关系　别闹到法庭见

（一）案例介绍

今日，知乎 Live 官方微博发布一则信息，直接投诉知乎管理人员孟珊，称其在带领知乎市场 Live 微信生态期间，管理野蛮，工作安排不合理，各种党同伐异，站队排外。

投诉信息@了知乎创始人周源，称不要在知乎 E 轮上市前，给知乎带来如此粗暴离职的负面新闻。毕竟，每一个员工都是带着对知乎的向往来的。投诉还建议知乎和周源认真处理员工关系，不要最后闹得法庭见，知乎断了 E 轮融资。

对于离职员工利用知乎 Live 官方微博发布信息直接投诉一事，知乎官方称，该员工未通过试用期考核，公司依法对其解聘。知乎还表示，对于该员工盗用官方账号发布相关信息的行为，公司已保留证据，法务部门会跟进处理。知乎保留对侵害知乎公司利益、抹黑公司形象的行为进行法律诉讼的权利。以下为知乎回应全文。

对于近期知乎前员工盗用公司账号发布相关信息，公司内部正在进行调查和信息核实。

公司对于人员的任用有合法合规的试用期流程，试用期间，员工与企业是互相了解双向选择的过程，该员工未通过试用期考核，公司依法对其解聘。

针对该员工解聘一事，目前我们正在走劳动仲裁流程。在仲裁结果出来之前，为了保证涉事双方隐私和权益，更多细节不方便再多披露。

后续我们会严格遵守法律法规，按正常流程来处理，及时公布相关进度。

对于该员工盗用官方账号发布相关信息的行为，公司已保留证据，法务部门会跟进处理。知乎保留对侵害知乎公司利益、抹黑公司形象的行为进行法律诉讼的权利。

感谢大家对知乎的关心，如果后续案件仲裁有任何进展，我们会及时跟大家沟通。

资料来源： http://www.sohu.com/a/203369125_430392.

（二）案例思考

请你从公共关系的角度，分析知乎在员工关系处理方面存在的问题，并提出处理建议。

案例二　股东纷争，连锁美发店关门引发退卡潮

（一）案例介绍

2016年7月4日，新闻深一度播出了一个题为"股东纷争，连锁美发店关门引发退卡潮"的视频，主要内容摘录如下：这几天绍兴市的朋友圈传闻，已经在绍兴开了十多年的名流美发连锁店集体关门了。办了卡的消费者听到这一消息，担心老板可能卷款潜逃，纷纷上门退卡。在名流美发的大厅里，直到下午四点，依然聚集着大量退卡的消费者。边上坐着维持秩序的民警，场面依旧混乱，不断涌来的顾客将退卡点围得水泄不通。名流美发的法人代表张兰英告诉记者，这些店门关闭的时候，自己就在家中，不存在老板跑路的情况。张兰英说名流美发在诸暨经营已有16个年头，目前已经开设了21家连锁店，各门店的店长和经理都必须投资入股。这一场关门风波源于公司对分红方式进行的调整引起了股东们的不满。

资料来源： http://www.cztv.com/videos/xwsyd/3203658.html.

（二）案例思考

请结合以上事件，谈谈你对股东关系重要性的理解。

任务二　外部公共关系协调

掌握顾客关系、媒体关系、政府关系、社区关系的含义、处理原则及技巧。

初步具备顾客关系、媒体关系、政府关系、社区关系协调的基本能力，能够协助公关经理处理一般的外部公共关系事务。

外部公众关系是指组织与其外部各方面关系的总称，主要包括顾客关系、媒体关系、政府关系、社区关系等。外部公共关系协调的目标，就是通过积极的外部公共关系活动，促进组织与外界的沟通与协调，促进组织与外部公众的密切联系和广泛合作，为组织发展创造一个良好的外部环境。外部公众的理解和支持是现代社会组织正常运转的必要条件，因此"外求发展"是组织公共关系协调的重点。

一、顾客关系协调

顾客关系也称消费者关系，是指各种产品的生产者、供应者与购买者、消费者之间的关系。在买方市场的条件下，顾客关系成为企业的生存关系，是企业外部重要的公共关系。顾客是与组织具有直接利益关系的外部公众，是组织传播沟通的重要目标对象。

（一）顾客关系协调的意义

良好的顾客关系，可以促使顾客形成对组织及其产品的良好印象和评价，提高组织及其产品的知名度和美誉度，增加对市场的影响力和吸引力，实现组织和顾客公众的共同利益。

1. 良好的顾客关系能够为组织带来直接的利益

一个组织的存在价值，很大程度上在于其产品或服务能够得到顾客的接受和欢迎的程度。组织的经济效益需要在市场上实现，而顾客就是市场，有了顾客才有市场。虽然与顾客的沟通并不等同于市场经营中的销售关系、直接的买卖关系，但良好的顾客关系的确有利于企业组织的市场销售关系，能够给企业带来直接的利益。因此，顾客公众是企业市场经营的生命线。

2. 良好的顾客关系可以体现组织正确的经营观念和行为

顾客关系工作要求企业组织将顾客的利益和需求摆在首位，通过满足顾客的需求来换取组织的利益。企业组织的性质决定了它必然要通过经济活动去赢取利润；而公共关系的经营思想认为，利润不应该是企业贪婪的追求，而应该是顾客接受、赞赏和欢迎企业的产品和服务所投的信任票。只有赢得顾客的心、获得顾客的信任与好感的企业，才可能较好地获得自己的利润。因此，企业的一切政策和行为都必须以顾客的利益和需求为导向，而这种经营观念和行为必然表现为企业良好的顾客关系。

3. 良好的顾客关系有助于培育成熟的顾客群体和市场

没有成熟的顾客就没有成熟的市场，没有成熟的市场就没有成熟的企业。成熟的现代顾客，是指那些具有现代合理的消费需求、健康的消费心理、自觉的消费行为、把握一定的商品信息和知识，能够选购自己所需要而且质量好的商品，明确自己作为顾客所享有的权利，并且能够用合法手段有效维护自身权益的现代人。只有这样的顾客日渐增多，市场环境和企业竞争才可能变得更加有序。因此，做好顾客公共关系工作的另一层意义在于：促进成熟的消费心理和消费意识，形成科学的消费行为，帮助顾客认识产品的性能以及使用、维修、保养的基本知识，以提高工作和生活的质量，增加生活的情趣。对顾客进行教育、引导，是企业公共关系活动的重要内容。

（二）顾客关系协调的目标层次

良好的顾客关系能促使顾客形成对企业及其产品与服务的良好印象和评价，增强企业及其产品与服务对市场的影响力和吸引力，从而争取更多的顾客，形成稳定的市场关系。现代企业顾客关系的目标可以划分为以下四个具有发展关系的目标层次。

1. 顾客知情层次

顾客知情是指顾客能够或者已经获得企业为其提供的有关企业本身及其产品与服务的充足信息，从而知晓企业及其产品与服务的各种情况。因此，建立良好顾客关系的第一步就是，借助于各种切实可行的渠道和媒介，将企业及其产品与服务的信息传达给顾客。

2. 顾客接纳层次

顾客接纳是指顾客对企业及其产品与服务在心理上和行动上的接纳。顾客接纳作为建立良好顾客关系的一个重要目标，其具体内容就是要求企业在实现顾客知情目标的基础上，进一步加强与顾客的信息交流和情感沟通，取得顾客对本企业及其产品与服务的接纳。

3. 顾客满意层次

顾客满意是指顾客在接受企业有形产品或无形产品后，感到需求满足的状态。据美国汽车行业的调研表明，顾客满意对企业具有至关重要的作用，一个满意的顾客可能引发 8 笔潜在的生意，其中至少有一笔成交，一个不满意的顾客可能影响 25 个人的购买意愿，甚至产生对企业的不信任心理。顾客满意的基本要求在于，企业必须具有令顾客满意的理念、令顾客满意的行为、令顾客满意的产品、令顾客满意的服务、令顾客满意的传播活动，塑造令顾客满意的整体形象，从而达到较高层次的顾客关系状态水平。

4. 顾客忠诚层次

顾客忠诚，是指顾客在一段较长的时间内，主动放弃多种可供选择的对象，面对某一特定的产品和服务以及提供产品和服务的企业所表现的一种具有较强情感色彩的专一的优先选择行为。一条统计规律表明，一个企业营业额的 80%往往来自于占顾客总量的 20%的那些经常惠顾企业的人，即忠诚顾客。因此，企业必须在令顾客满意的基础上，继续加强与顾客的信息交流和情感沟通，努力塑造值得顾客长期信赖的企业形象，真诚地对待顾客，从而实现赢得顾客忠诚的顾客关系目标。

（三）顾客关系协调的方法

1. 为顾客提供满意的产品

顾客关系的形成是由于顾客对产品的消费欲望和消费行为而产生的，没有适应顾客需要的优质产品就不可能有稳固的顾客关系。因此，为顾客提供满意的产品，是建立良好的顾客关系的物质基础。这就要求企业在技术、产品上不断推陈出新，满足顾客不断变化的需要，以优质的产品来赢得顾客的信任与好感。企业没有顾客满意的产品，无论企业花多大代价去做广告、搞促销，最终都不会赢得顾客。

2. 为顾客提供优质的服务

任何企业在生产和组织商品销售过程中，向顾客提供各种优质服务，都是塑造良好形象的重要途径，也是企业与顾客建立良好关系的重要前提。不同的企业应根据其经营条件，为顾客提供多种多样的服务，如进货服务、安装服务、维修服务、加工服务、包装服务、信用服务、租赁服务、退换服务，推行服务承诺，努力实现服务的系列化、规范化、制度化，以优质服务增强企业对顾客的吸引力。

3. 与顾客保持畅通的信息沟通

在企业与顾客的市场关系之中，存在着大量的信息交流和情感沟通。没有充分的信息传播，没有融洽的感情沟通，市场关系就难以建立，更难以稳定和持久。在争取顾客的注意力、影响顾客的消费选择和消费行为的市场信息传播竞争中，公共关系日益成为企业青睐的传播手段。它运用多元化的传播沟通方法去疏通渠道、理顺关系、清除障碍、联络感情、吸引公众、争取人心，为产品的销售营造一个良好的气氛与和谐的环境。

4. 迅速处理顾客的投诉

企业组织在生产经营过程中，由于各种原因造成失误或与顾客之间发生矛盾，引起顾客投诉在所难免，关键是怎样处理好这些投诉。企业组织应尊重和维护顾客的合法权益，淡化矛盾，妥善处理，让顾客投诉所造成的负面影响降到最低程度。及时处理顾客的投诉，是对顾客合法权益的积极维护。只有切实地处理好顾客的投诉，充分尊重并维护顾客的合法权益，才能真正地建立融洽的顾客关系。根据《顾客权益保护法》规定，顾客享有以下权利：① 安全权；② 知悉真情权；③ 自主选择权；④ 公平交易权；⑤ 求偿权；⑥ 结社权；⑦ 获取有关知识权；⑧ 人格尊严和民族风俗习惯受尊重权；⑨ 监督权。

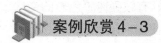

案例欣赏4-3

为顾客提供优质的服务——总结海底捞十大特色服务

    网络上流传了许多关于海底捞的段子，让人感觉其服务好得"令人发指"，海底捞究竟有着怎样神奇的服务呢？不妨让我们一起探秘海底捞，盘点其十大最有特色服务！

    （1）最"常见"。去过海底捞的顾客就会发现，等待区等待就餐的顾客可自取免费水果、饮料和零食；如果是几个朋友一起，服务员会主动送上棋牌等；点餐时，皮筋、手机袋、围裙都已经全部送到手边，饭后还会送上口香糖。这些是每个去海底捞就餐的顾客都会享受到的服务，难能可贵的是海底捞持之以恒几年如一日的高品质服务。

    （2）最"惊喜"。有一次一位顾客在海底捞吃完饭，要赶火车却打不到的士。门口的小弟看到他带着行李箱，问了情况转身就走。结果紧接着海底捞的店长把自己的SUV开出来，将他送到了火车站。

    （3）最"贴心"。"双日木闺女"的网友在博文称，一小时前我发了微博说自己肚子很痛，不确定和昨晚吃的海底捞火锅有没有关系。没过几分钟就收到海底捞在微博上的邀请，询问我的情况。很快店员就联系了我，说如果很难受就先去看病，他们给报销医药费。还问我在什么地址，他们可以过来看看我。天哪，人类已经不能再阻止海底捞了！

    （4）最"诚挚"。一个服务员上错了汤，居然送上了个玉米饼，上面写着3个大字"对不起"表达歉意，令顾客不仅不会指责他服务的小失误，反而感动于他的诚挚。

    （5）最"感动"。海底捞的服务因人而异，许多特别服务感动了很多人。如果顾客中有孕妇，他会为你送上柔软的靠枕；有小孩的时候会送上小礼物。有网友夸道，海底捞居然搬了张婴儿床给儿子睡觉，为顾客解决每一个问题，结果就是创新！

    （6）最"实惠"。有网友称，在海底捞欲将吃剩的西瓜打包，服务员笑言切片的西瓜不能打包，继而端上了整个西瓜。

    （7）最"给力"。5月2日网友的微博："刚刚和朋友在海底捞吵架，一旁的服务员突然给我们递来了花束和贺卡，打开一看，就在刚才纯手写啊！那么长！我超感动啊！海底捞老板太欣慰了吧，哪找来这么多好员工！佩服啊！生意能不好么！"

    （8）最"新奇"。近日网友在微博爆料，"海底捞"还有代练网游服务，并贴出了服务员代练热门游戏《星辰变》的照片。该微博一经发布，短时间内即爆红网络，几小时就有数万条转播评论。海底捞在原有的特色服务基础上又出奇招，网游代练这一新奇的服务将海底捞的传奇地位提高到了前所未有的高度。

（9）最"忽悠"。有段子说，我在海底捞吃饭，忘带钱了。领班说：没关系，下次补。又掏出 50 块钱，这个您拿着打车。兄弟我感动万分，由衷地说：等我有钱买车，一定给海底捞当一个月义务司机。领班马上掏出一张银行卡：拿着现在就去买。又喊过来一群服务员：听大哥口音，不像本地人，估计没北京户口，你们现在就去排队帮大哥摇号。

（10）最"恶搞"。有网友和朋友讨论想要未发布的 iPhone 9，结账的时候经理果然给送了一个，盒子上还有乔布斯的签名。

海底捞流传的段子中，有些是顾客无意为之的真实评价；有些可能是商家看到机会，专业公司介入传播；有些则是网友的恶搞作品。无论怎样，不可否认的是，海底捞特色的服务确实给人留下了深刻的印象，让这家火锅店家喻户晓。从海底捞火锅店的特色服务中，我们又能感悟和吸取些什么？

资料来源：http://www.canyin168.com/glyy/cygl/cyal/201704/68799.html.

职业圈 4-3

消费者服务专员、消费者关系总监职位描述

（一）消费者服务专员职位描述（某公司招聘信息）

1. 岗位职责

（1）通过接听电话或网络工具，解答消费者咨询和疑问。

（2）处理及跟进产品和服务投诉。

（3）设计个性化服务方案，与消费者建立并维护良好的沟通关系。

（4）通过现场沟通、市场调研等形式了解消费者需求。

（5）定期统计分析咨询投诉数据，输出研究报告并给出服务建议。

（6）参与相关项目性工作。

2. 岗位要求

（1）大专及以上学历，专业不限。

（2）性格开朗，乐于与人交流，沟通表达思路清晰。

（3）具有良好的服务意识，热爱服务工作，认可消费者服务的价值。

（4）工作严谨，有耐心，有热情。

（5）好学，有上进心，善于思考和总结。

（6）善于倾听，能快速准确理解消费者的诉求。

（7）有客服相关经验或成绩及在校表现等优秀的应届毕业生优先考虑。

（8）适应轮班工作制。

资料来源：http://www.foodjob.cn/zhiwei/zwny.aspx?id=631749.

（二）消费者关系总监职位描述（某公司招聘信息）

1. 岗位职责

（1）根据公司的发展战略及公司品牌商品，深度分析目标消费者需求与购买行为，制定市场调研方案对市场进行监督调研。

（2）根据公司经营目标与市场发展战略，制定长期、中期及短期顾客关系管理计划，建立、维护和完善顾客关系管理体系。

（3）制定年度消费者活动工作计划，协助上级完成对微博、微信等主流社会化媒体的整体营销活动与推广工作，提升品牌形象与客户满意度。

（4）根据市场分析，负责制定并维护会员管理制度，提高活跃会员、减少沉睡会员，提升用户消费体验，增加有效会员数量及销售额。

（5）负责策划、组织各类会员活动，会员增值服务，提升重复购买率和用户忠诚度。

（6）负责开展客户关爱、互动和客户关系管理（CRM），包括重点客情关系的维护，危急客户关系的处理。

2. 任职要求

（1）本科及以上学历，专业不限，市场营销、品牌管理、广告传播专业优先，如遇特别优秀则学历可放宽至大专。

（2）3～5 年左右工作经验，从事过 CRM 系统的相关管理工作，懂得数据库营销，有会员管理体系经验者或成功案例者优先。

（3）敏锐的市场洞察力和市场活动调研、分析、策划、推广能力。

（4）有较强的品牌战略理念，具备良好的网络营销传播方案策划及撰写、组织能力。

（5）具有较好的亲和力，能够维系良好的客户关系，与相关项目团队保持紧密的联系。

资料来源：https://www.liepin.com/job/193498029.shtml.

二、媒体关系协调

新闻传播媒体是指新闻界，包括报纸、杂志、电台、电视台、互联网站等，这些都是沟通和传播信息的载体或工具。媒体关系是指企业与新闻界及其工作人员（记者、编辑、节目主持人、专栏作家等）的关系。媒体关系是企业外部的十分重要的公共关系。

（一）媒体关系的意义

1. 良好的媒体关系就等于良好的舆论关系

在信息社会，由媒体所左右的社会舆论可以把一个企业捧到天上，也可以让它粉身碎骨；可以使一个企业美名远扬，也可以使其臭名昭著。有人说企业与媒体的关系是舟和水的关系，"水能载舟，亦能覆舟"。

媒体公众是公共关系工作对象中最敏感、最重要的一部分。新闻媒体报道的热点，往往成为公众的舆论话题，直接影响着公众的行为与舆论。建立良好的媒体关系，就是争取传媒对组织的了解、理解和支持，形成对组织生存与发展有利的舆论气氛。

2. 良好的媒体关系是运用大众传播手段的前提

媒体公众是一种特殊的公众，具有双重性。一方面，媒体是组织与公众实现广泛有效沟通的必经渠道，具有工具性；另一方面，媒体又是组织必须特别重视的公众，具有对象性。良好的媒体关系不仅是组织信息传播的主要通道，而且是获得社会舆论支持的重要途径。

与媒体建立广泛良好的关系，是成功利用大众传播媒体的必要前提。因此，现代组织都十分重视媒体关系，保持与媒体的长期联系，及时为媒体提供信息，真诚相待，避免冲突。

（二）媒体关系协调的方法

1. 树立正确的媒体态度

（1）熟悉各类传播媒体。传播媒体的影响力来源于它所吸聚的受众的社会影响力。了解各类媒体的特点，熟悉其风格特色、受众群体、发行量、收视率、影响力和权威性等，有助于正确地选择传播媒体。

（2）与媒体保持经常联系。保持与新闻媒体的日常交往。如重大节日发送贺卡、纪念品，举办联谊活动，主动提供新闻线索，邀请采访等，为组织提供新闻宣传的机会。

（3）对待媒体热情友好。本着热情友好、一视同仁、以诚相待的原则，对记者的采访提供必要的支持和帮助，为媒体客观公正地报道提供条件。

（4）主动向媒体提供信息。主动向媒体提供有新闻价值的信息，如有关新产品、新技术、企业重大举措等，善于通过"制造新闻"获得关注，塑造组织的形象。

例如，当年海尔的张瑞敏当众砸次品冰箱的事件就是很好的新闻事件，至今令人津津乐道。有了好新闻，媒体会主动来为你炒作，既是最好的软广告，又能促进与新闻媒体的关系。

（5）要与重点媒体建立长期的合作关系，建立一个媒体关系安全网。如：行业重点媒体、官方重点媒体、财经类重点媒体等。这是因为：当重大情况发生时，可获得媒体的客观报道，而不是推波助澜；在负面危机爆发时，能在第一时间协助企业进行正面的危机修复；另外，若重点媒体不参加报道，很大程度上也会降低负面的影响。

2. 负面报道后的媒体沟通原则

（1）要快速反应。快速摸清媒体报道的事件情况，积极正面配合媒体查找原因，表达姿态，赢取时间。尤其是遇到有损组织形象的事件，更应积极与媒体配合，力争挽回影响，重塑组织形象。

（2）坚决不能与媒体对抗。即便是媒体的恶意报道，但只要没有黑白颠倒，就不要与媒体对抗。要端正态度，采取良好的沟通方式。

例如，某报社记者根据顾客举报，到一家有质量问题的食品企业进行现场采访，拍摄到了许多违反国家食品安全生产规定的现场画面。企业领导得知后强行索要记者所拍资料，并将记者扣留。在当地公安部门的介入下，被困一个多小时的记者才得以解救。事后，报社以系列报道的形式将企业产品卫生质量问题以及记者的遭遇公诸于众，企业随即陷入舆论焦点和经营危机，被政府相关部门查封。

（3）积极主动地沟通。要与媒体积极主动真诚沟通，把媒体变为组织的合作伙伴。通过事故，让媒体更清楚地认识和全面地了解组织，变事故为故事。

（4）利用专业公关公司。专业公关公司往往更拥有"变事故为故事"的能力和资源。交给专业公关公司来处理，能够最大限度地降低负面报道带来的影响。

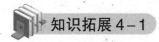

新 闻 营 销

新闻营销指企业在真实、不损害公众利益的前提下，利用具有新闻价值的事件，或者有计划地策划、组织各种形式的活动，借此制造"新闻热点"来吸引媒体和社会公众的注意与兴趣，以达到提高社会知名度、塑造企业良好形象并最终促进产品或服务销售的目的。新闻营销的主要类型有四种。

（1）产品营销：新产品上市新闻、产品测评点评、买家体验新闻、产品联动新闻等。

（2）事件营销：重大企业事件、参与慈善活动、行业特色事件、危机公关事件等。

（3）CEO营销：CEO故事访谈、发表行业性观点、社会热点点评、荣誉及社会责任等。

（4）文化营销：企业价值理念、企业文化观、企业成长历程、品牌故事等。

媒介专员、媒介总监职位描述

（一）媒介专员职位描述（某公司招聘信息）

1. 岗位职责

（1）根据客户需求，制定有效的媒介投放策略与计划。

（2）实施和监督媒体计划，并对其实施效果进行评估。

（3）负责媒体关系的建立、维护和拓展，保证公司品牌推广目标的实现。

（4）了解全国各大网络媒体产品形式，完成媒介策略、媒体资源采购及价格谈判工作。

（5）各类媒体资源的拓展工作，维护良好的媒体合作关系。

2. 任职要求

（1）大专以上学历。

（2）3 年以上媒介工作经验，有媒介相关经验，对媒体资源有较高的敏感度。

（3）熟练运用办公软件。

（4）有较强的沟通能力和谈判能力。

（5）熟悉媒体传播及广告投放流程，对媒体运营数据有较强的分析能力。

（6）工作态度端正，认真、仔细、抗压能力较强。

（7）积极主动、性格开朗、讲求效率、乐于接受挑战。

资料来源：http://www.job592.com/bk/zhiwei/jd1641.html.

（二）媒介总监职位描述（某公司招聘信息）

1. 工作职责

（1）负责整体媒体传播战略的制定与执行，确保达成客户的商业目标。

（2）制定和实施年度媒体拓展计划和媒介执行计划，及媒体关系的维护策略等。

（3）整合公司媒体资源，稳固公司强大的媒体执行力的优势，维护公司专业公关公司的品牌形象。

（4）全面、细致地管理与监督公司媒介部的媒介执行工作，管理、监督项目回款情况。

（5）为新项目提供媒介支持（包括报价、媒介策略），并为项目合理分配媒介经理及其他媒介执行人员。

（6）负责媒介部与公司各部门的工作协调、配合，不断优化本部门的工作流程。

（7）调查及整理、汇总媒体行业数据，提出传播形式创新建议。

（8）建立有深度、长期并稳定的高端媒体关系，提升对媒体的运用效能。

（9）负责所辖员工的日常管理、指导、培训及评估。

2. 岗位要求

（1）大学本科及以上学历；中文、新闻学、传播学、公共关系学、广告学等相关专业。

（2）8 年媒介公关工作经验，3 年同岗位团队管理经验，对媒体特点以及操作流程有清晰认识，有能力管理主要媒体关系。

（3）良好的语言表达与沟通能力，抗压性强，团队合作精神和良好的组织协调能力。

（4）文笔优秀，逻辑性强。

资料来源：http://hr.17pr.com/jobdetail-jobid_560.html.

三、政府关系的协调

（一）政府关系的含义

政府关系是指企业与当地政府及职能部门之间的关系。政府是国家权力的执行机关，它是对社会进行统一管理的权力机构，任何一个企业作为社会的一分子，都必须服从政府对整个社会的统一管理。在企业政府关系中，企业是主体，政府公众则是客体。企业作为行为主体，利用各种信息传播途径和手段与政府进行双向的信息交流，以取得政府的信任、支持和合作，从而为企业建立良好的外部政治环境，促进企业的生存和发展。

政府公众是一个庞大而复杂的体系结构，从公共关系的角度可分为三个层次：一是组织利益所触及的中央政府和各级地方政府；二是政府组织机构的职能部门，企业通过这些部门与政府打交道，接受政府的管理和约束；三是政府组织中的工作人员，即企业需要接触到的各级政府官员、行政部门的助理和秘书，以及职能部门的其他工作人员。

（二）政府关系协调的原则

1. 服从政府管理

为了维护整个国家利益，企业必须自觉服从政府的管理。即使是这则法律、法令、政策、条例等使企业受到经济损失，企业也必须履行。如政府提倡反腐倡廉，如果某些政府官员利用手中的权力进行权钱交易，企业要坚决抵制，还可向主管当局检举，配合政府的工作。

2. 遵守法律法规

企业是法人，它的所有的活动和行为必须在法律法规所允许的范围内进行。企业只有守法经营才能建立一个良好的政治形象，得到政府的认可和消费者的信任。反之，如果一个企业无视国家政策法规，存在污染环境、偷税漏税、违章作业、损害消费者权益等违法行为，就会受到法律的严惩，甚至被取缔。

3. 支持政府工作

企业要大力支持政府工作，积极响应政府号召。如政府号召文明出行、礼让斑马线、援助灾区人民、资助"希望工程"、赞助社会公益事业、维护社会治安活动等，企业应积极参与，为政府分担社会责任，赢得社会好评和政府赞赏。

4. 维护社会利益

企业利益的追求必须与社会利益和国际利益趋于一致性，才能得到政府公众的认可，从而获得政府公众的信任和支持。如果不能很好地做到企业利益与社会利益的一致性，就会失去政府对企业的信任、帮助和支持，政府关系的协调将成为一种不现实的空想。

（三）政府关系协调的方法

正确处理和协调政府关系，争取政府对组织的了解和信任，在人力、物力及政策方面予以倾斜和支持，对于组织的生存和发展是十分重要的。

1. 加强与政府部门的信息沟通

企业要加强与政府部门的信息沟通，了解各级政府的职能，权力及工作程序，与政府部门建立正常的联系方式；密切关注政策法规的变化，并尽可能根据政策法规的变化来调整企业的战略、策略及活动。与政府沟通主要通过正式渠道，如会见、会谈、书面报告、参观访问、工作餐等。当企业的政府关系雇员同政府部门的相关官员已相互熟悉甚至已建立信任关系时，非正式沟通渠道便可开通，如电话、E-mail、社交、娱乐等。

2. 为组织形成有利的政策、法律、管理环境

通过良好的政府关系，能够及时了解到有关政策的变动，能够较为方便地争取到政策性的优惠或支持，使之形成对组织有利的政策、法律、管理环境。一方面，企业要尽量参政议政，使之向有利于自己的方向发展；另一方面，要树立支持政府工作为己任的观念，为政府提供力所能及的资助。越来越多的企业家积极参政议政，如联想集团董事局主席柳传志当选全国工商联副主席，海尔集团首席执行官张瑞敏当选中央候补委员等。如此，更便于和政府人员沟通，更便于及时了解政府对企业的政策和动向，也就更便于建立良好的政府关系，从而能得到政府更多的支持和帮助。

3. 与政府建立良好健康的政企关系

企业要赢得政府的理解与支持，还要主动与政府建立密切的联系。企业可以利用新厂落成、新品发布、周年庆典、新技术问世、新闻发布会等机会，邀请、安排政府主管部门领导及党政要人出席企业的重要活动。良好健康的政企关系，可以让政府及时了解行业企业动态，并对企业产生认同感。政府的认可和支持是具有最高度权威性和最具影响力的认可和支持。

4. 熟悉政府的职能部门的办事程序和方法

了解和熟悉政府的组织机构、职权职能、办事程序等，是企业协调与政府公众关系的前提条件之一。特别是对主管部门的了解和熟悉，能有效地减少"公文旅行"、甚至被"踢皮球"的现象，提高工作效率。

5. 由专人负责与政府的联系

一般情况下，企业的政府关系是由企业领导直接负责的。企业领导与政府部门接触较多，双方之间的沟通会越顺畅，有利于提高沟通与协调的质量。多数跨国公司会专门设置政府事务总监、首席政府关系官等职位。特别是对处于高技术产业（如电子、通信）、支柱性产业（如能源）和国防工业的公司来说，政府关系是至关重要的。

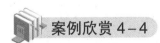 **案例欣赏 4-4**

企业政府关系处理

有家美国公司想把半导体芯片的生产带进中国。由于建设芯片厂投资巨大，该公司希望得到当地政府的资金协助。对于当地政府来说，引进芯片生产的前沿技术、填补国

内空白具有十分重要的意义，当然乐于支持，但资金从哪来呢？该公司于是建议当地政府把自己缴纳的巨额税款的一部分投入该项目，以支持该项目成功并成为又一个纳税大户。政府同意了。该公司在中国市场的巨大成功不仅给当地创造了大量就业机会和巨额税收，还把利润所得全部用于扩大投资，而该芯片厂就是最大的新投资项目。企业把经营利润通过再投资全部返还给投资地，当地政府把该企业缴纳税款的一小部分以投资形式返还给企业的高技术投资项目，这竟是一个互利双赢、企业与政府相互支持、共同促进产业发展的佳例。该公司的大胆设想远远超出了一般意义上的政府关系与合作，使一件看似没有可能的事变成政府关系运作的绝佳案例。

资料来源：http://blog.sina.com.cn/s/blog_6bc4cd7001013dmb.html.

职业圈4-5

政府事务专员、总监职位描述

（一）政府事务专员职位描述（某公司招聘信息）

1. 岗位职责

（1）与省级政府、医保、卫生、物价部门建立和维持良好的关系。

（2）收集并分析地方政府、医保、物价、招标的政策制定和信息。

（3）组织必要的活动，代表公司参与客户的活动与会议。

（4）确保公司产品的价格达到公司的目标。

（5）与商务团队合作随时更新医疗器械价格文件。

（6）协助医疗器械的招标工作。

2. 任职要求

（1）生物医药相关专业，本科及以上学历。

（2）有一定相关的工作经验，优秀的沟通技能。

（3）应届生，有学生会工作经验亦可。

资料来源：http://www.jobui.com/job/142279373/.

（二）政府事务总监职位描述（某公司招聘信息）

1. 岗位职责

（1）理解政府的相关产业政策及运作规律，为公司运营及业务拓展提供支撑。

（2）负责建立、维护公司业务主管部委、局单位（如海淀管委会、经信委、市科委科技部、工信部、发改委等）的政府关系。

（3）及时拓展与建立相关领域政府关系，为公司业务拓展提供政府资源或政策支持。

（4）了解政府行业政策，为公司发展争取相关政策扶持，并负责申报有资金扶持的政府项目，并进行跟踪服务，确保审查通过。

（5）协助国家政策与地方政策对接，负责与国家或者地方相关政府部门的沟通工作。

2. 任职要求

（1）25 岁以上，3 年以上相关工作经验。

（2）具有软件公司相关工作经验以及政府公关经验。

（3）政府部门工作经验者优先，了解政府运作规律，对国家政策具有极高的敏感性。

（4）具备同政府部门进行公关合作的能力，具备极高的谈判能力。

（5）有较强的信息收集和归纳能力，能够通过多种渠道收集有效信息并进行系统整合。

资料来源：http://www.zhaopin.com/zhiwei/zfswzj02/.

四、社区关系的协调

社区是指人们共同生活的一定区域，如村落、城镇、区乡、街道等。社区关系指企业组织与所在地的地方政府、社会团体或单位，以及当地居民之间的睦邻关系。社区是企业的根本所在，是企业生存和发展的土壤，企业只有搞好社区关系，才能立下脚，扎下根。

（一）社区关系的意义

1. 良好的社区关系为组织创造稳固的生存环境

良好的社区关系，会使社会组织和社区之间建立和保持一种亲情和相互理解的关系。建立良好的社区关系，是为了争取社区公众对组织的了解、理解和支持，为组织创造一个稳固的生存环境；同时体现组织对社区的责任和义务，通过社区关系扩大组织的区域性影响。

社区如同组织的土壤，没有良好的社区关系，组织就会失去立足之地。地方性组织的活动会直接受社区公众的制约，如员工家属关系、本地顾客关系、地方政府关系和媒体关系等。跨区域性的组织也不能脱离特定的社区，甚至要善于同各种不同背景的社区公众打交道，以争取社区提供各种地方性的服务和支持，使组织能够在各种完全不同的社区环境下生存和发展。因此，组织需要将社区作为自身发展的一个组成部分，将社区公众视作"准自家人"。

2. 良好的社区关系为组织塑造良好的公众形象

社区公众由于处在同一社区，对组织的某一种评价和看法又极容易相互传播，形成区域性的影响，从而形成组织的某一种公众形象。组织的社区关系好坏，直接影响着组织的社会公众形象。一个组织如果连左邻右舍的关系都处理不好，就很难在社会获得良好的名声。组织要提高自身在社区中的地位，就要树立一个"热心居民"的形象，主动承担必要的社会责任和义务，像爱护自己的家业一样爱护社区，在社区的物质文明和精神文明建设方面发挥中坚作用，为社区造福，为社区公众多做贡献。

（二）社区关系协调的方法

1. 树立居民意识

从社区公众的角度来看，无论组织的性质、规模等方面如何，但有一点是共同的，那就是每个组织都是社区的一员。因此，组织应自觉遵守社区的各种规定，服从社区公约、行为规范，承担为社区应尽的各种义务。

2. 为社区建设尽职尽责

组织在社区除了尽量做一个好"居民"外，还需要为社区建设尽职尽责，充分利用自己的技术、资金、人才、设备等方面的优势，积极支持社区的全面发展和建设，为社区提供服务。

3. 维护社区的生态环境

随着全球对环境危机的日益关切以及政府对环境的重视，生态环境问题已成为当前组织所面临的一项重大问题。组织应当树立公众利益优先的思想，在生产经营过程中应树立环保的新形象。为此，组织应花大力气改革传统的工艺流程，减少各种污染，包括水污染、空气污染、恶臭、噪声等，并积极参加绿化工程，开发绿色（环保）产品，适应绿色消费，通过各种活动来保护环境。

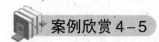 案例欣赏4-5

投资社区建设，培养良好环境

俗话说远亲不如近邻，组织能否"永续经营"，社区工作很重要。1992年，IBM台湾子公司荣获公关基金会评选的年度"最佳社区关系奖"，其得到的评语是：长期而具体地策划社会公益活动，受益阶层广泛，系组织落实本土化之典范。他们的社区关系工作主要有以下几方面。

（1）先进的社区建设理念——取之于社会用之于社会。公司成立专门的公共服务部，每年编制公益预算，专项从事公益活动。

（2）强调社区公益活动的前瞻性与典型性。IBM有计划地选择并组织、策划了一些能引起公众共鸣，且广受社区公众关心的主题活动，并予以长期坚持。

（3）社区公益活动的多维化。如IBM通过与当地社团合作成立"软体工程研究班"，帮助培养中、高级人才；与台湾大学合作引进生产自动化技术；将台湾学子送到IBM本部受训；举办大学院校企业个案研讨比赛等，显示出为社区技术与人才培养无私奉献之心。

（4）社区环境的积极守护者。1990年8月，IBM与其他三家组织伙伴一起认养敦化路和八德路口的敦北地下道，并于 1991 年 10 月获台北市养工处的认养绩效最优单位称号等。

（5）对慈善事业的热心倡导与积极投入。IBM 连续三年举办救助弃婴慈善音乐会；连续五年独家赞助"台北市音乐季"；提供台湾专科、大学及研究院资讯科学相关科系的绩优学生奖学金；赞助社区居民的慈善游园会、慈善义卖晚会、"残障青年科技之旅"等活动。

正是这些科学、有序的社区公益活动，使 IBM 公司在台湾公众心目中树立起了良好的正面形象，赢得了公众的喜爱与支持。

资料来源：http://www.xici.net/d197987169.htm.

 同步训练

一、关键知识点

顾客关系协调的目标层次和协调方法；媒体关系的协调方法；政府关系协调的原则和方法；社区关系协调的方法。

二、抛砖引玉

来自知乎的一个提问，内容如下：大家好！我刚毕业，在公关公司做媒介，感觉迷茫啊，我想知道怎样处理好跟媒体的关系呢？

请你运用所学知识，并借鉴同行经验给出一个建议。

三、案例讨论

康丽食品公司的经营之道

（一）案例介绍

康丽食品公司以经营山核桃为主，大部分生意都来自团购客户。为了与客户保持良好关系，该公司专门组建了一支篮球队，找机会到政府机关与领导、办事员一起进行篮球友谊赛。比赛结束后，有公司员工提议共进晚餐，这样使公司员工和客户方的人员得以更多地交流，有利于加深友谊。这种交流不涉及商业问题，大家感觉都很轻松，双方的关系也因此有了进一步的推进，双方的领导、员工成了朋友。该公司还经常举办文艺演出活动，邀请客户参加，共同排练节目、共同演出。客户都为拥有该公司这样的供应商而感到高兴，主动介绍自己的朋友和该公司做生意。该公司许多新的团购客户就是这些老团购客户介绍过来的，并且有竞争对手想插进来分一杯羹，也遭到客户拒绝。

资料来源：http://www.docin.com/p-1239593101.html.

（二）案例思考

请你结合顾客关系协调的目标层次理论，分析该公司的公共关系处理技巧。

四、技能训练

（一）训练内容

公共关系协调成功案例学习交流

（二）训练要求

网上搜集有关员工关系、股东关系、顾客关系、媒体关系、政府关系、社区关系协调的成功案例，以小组为单位完成，PPT形式展示交流。要求资料丰富、图文并茂，小组作品不得重复。

项目五

公共关系专题活动

项目 背景

　　王龙在协助公关经理进行公关策划时发现，一项公关活动的开展，可以通过不同方式的公共关系专题活动来实现。一个大型的公关活动，往往是各种方式的综合运用。不同方式的公共关系专题活动有不同的特点和组织要求，其作用和影响也是不一样的。公共关系工作人员必须能够根据客户的要求和公关事件的具体情况，为客户量身定做，设计出合理可行的公共关系活动方案并加以落实。

任务 分解

　　公共关系专题活动（简称公关专题活动）又名"公关专门事件"，是社会组织围绕某一明确的目标而开展的活动。公共关系专题活动是一项操作性、应用性和技术性很强的工作，是为提升组织形象，利用特定时机举办的、有特定主题的公共关系活动。

　　公共关系专题活动对于改善组织的公关状态有着极为重要的意义。它往往能够使组织集中地、有重点地树立和完善自身形象，扩大社会影响。成功的公共关系专题活动，往往使组织形象出现意想不到的飞跃，是组织形象塑造的有力武器。

　　公共关系专题活动有多种类型，如新闻发布会、庆典活动、社会公益活动、展览会等。根据以上分析，我们将本项目分划为两个典型的学习任务。

　　任务一　新闻发布与庆典活动

　　一、新闻发布会

　　二、庆典活动

　　任务二　社会公益与展览活动

　　一、社会公益活动

　　二、展览会

任务一　新闻发布与庆典活动

知识目标

掌握新闻发布会的特点、流程与策划要点；掌握庆典活动的主要类型、组织程序与庆典活动策划书的撰写要求。

能力目标

能够协助公关经理筹备新闻发布会及庆典活动；起草活动方案；实施活动计划或承担其中的某项具体工作。

一、新闻发布会

新闻发布会又称记者招待会，是一个社会组织直接向新闻界发布有关组织信息，解释组织重大事件而举办的活动。它可以及时把重要信息传播给社会公众，扩大信息的传播范围，是社会组织与新闻媒介之间联络感情、协调关系的一种重要手段。在商务活动中，某些大公司的重要政策或重点产品上市时，一般会举办新闻发布会。

（一）新闻发布会的特点

1. 隆重正规

新闻发布会形式隆重正规，档次较高，地点也精心安排，一般会邀请记者、新闻界（媒体）负责人、行业部门主管、各协作单位代表及政府官员等参加，对组织的要求较高，特别是新闻发言人，要求思维敏捷、头脑清晰、具有灵活应变能力。因此，与其他专题活动相比，举办新闻发布会的难度较大。

2. 沟通活跃

在新闻发布会上，先发布新闻，后请记者提问回答。因此记者、发言人之间可以进行面对面的交流，记者可以根据自己感兴趣的方面或所看重的角度进行提问，更深入地挖掘消息，加强了组织与新闻记者的双向沟通。

3. 传播迅速

举行新闻发布会后，消息经过报刊、电视、广播、网站等媒体集中发布，可以在短时间内扩散到公众中去。重大事件的发布会经过媒体传播后，往往在较短的时间就能引起成千上万人的关注，影响范围广。

（二）新闻发布会活动策划

1. 新闻发布会活动方案设计

新闻发布会是公共关系工作的有力武器。新闻发布会既有利于引导社会舆论，又有利于在社会公众中树立良好的形象，它不仅能传递信息，还能给媒体人员提供体验和感受的传播活动。要举办好一场新闻发布会，让新闻发布会取得预期的效果，必须要知道新闻发布会的几大步骤，对新闻发布会流程进行良好的管理。

（1）确定新闻发布会的时间、地点与会议主题。新闻发布会应注意避免与重大新闻事件撞车，否则会冲淡企业新闻发布会的传播效果。如奥运会期间，春节期间，发生洪水、地震等重大自然灾害期间，国庆阅兵等重大国事活动期间，一般都不宜举行新闻发布会。会议主题应有较大的新闻价值，能够挖掘新闻点，制造新闻效应，促进自身对外宣传。新闻主题要单一，内容要简明扼要，一个新闻发布会最好不要同时有几个主题。该步骤应在正式新闻发布会前20天完成，并在邀请函发布前预定会场，否则会影响下一步工作。

（2）确定与会人员。包括领导、客户、同行、媒体记者、政府官员等，应事先拟订详细的邀请名单，发送邀请函和请柬，确保重要人员不因自身安排不周而缺席发布会。该步骤一定要计划周密，有专人负责，可适当放大邀请名单，对重要人员进行公关和追踪，并制定备用方案，确保新闻发布会参与人员的数量和质量。

（3）会议议程和会议材料。确定会议议程，将会议议程精确到分钟，并制定意外情况补救措施；确定主持人和发言人，对主持人和礼仪接待人员进行培训和预演；根据主题准备好各种材料，如主持词、发言稿、宣传材料、新闻稿、答记者问的备忘录等；会前一到两个小时，检查一切准备工作是否就绪。

（4）会场布置与接待。会场选择的基本要求是交通方便、设施完善，最好利用大型会务中心、专业新闻中心或大饭店、大宾馆会议室；会场布置要充分考虑每一个细节，如音响设备、背景音乐、台签座次、茶水饮料、安保措施等；会场接待包括会场引导、来宾签到、贵宾接待、会后交流聚餐等。各项费用做好预算，留有余地。

（5）会中控制。主持人应言谈庄重而幽默，能把握会议议题，掌握会议时间，活跃会议气氛；发言人讲话应简明扼要，重点突出，清晰流畅，对记者提问要诚恳而巧妙地回答；发布的信息必须准确无误，与组织的宣传口径保持一致。发现错误应立即更正；对于不便发表和透露的内容，应委婉地做出解释。对于复杂而需要大量解释的问题，可以先简单答出要点，邀请其在会后探讨；对各方记者要一视同仁，不能厚此薄彼；不要随便打断记者的发言和提问，也不能以各种表情、动作表示不满；避免造成对立情绪，在发现对立苗头时，要善于控制和化解；做好会议的记录工作。

（6）会后总结。整理发布会音像资料、收集会议剪报，制作发布会成果资料集；总结新闻发布会活动，撰写发布会总结报告；评测新闻发布会效果，收集反馈信息，总结经验；跟进媒体后续报道，进一步强化和扩大新闻发布会的效果。

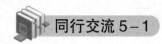

新闻发布会邀请媒体与会场布置

一、邀请媒体的技巧

邀请媒体的技巧很重要，既要吸引记者参加，又不能过多透露将要发布的新闻。一般企业应该邀请与自己联系比较紧密的商业领域记者参加。

邀请的时间一般以提前3~5天为宜，发布会前一天可做适当的提醒。联系比较多的媒体记者可以采取直接电话邀请的方式。相对不是很熟悉的媒体或发布内容比较严肃、庄重时可以采取书面邀请函的方式。

适当地制造悬念可以吸引记者对发布会新闻的兴趣，一种可选的方式是开会前不透露新闻，给记者一个惊喜。"我要在第一时间把这消息报道出来"的想法促使很多媒体都在赶写新闻。如果事先就透露出去，用记者的话说就是"新闻资源已被破坏"，看到别的报纸已经报道出来了，写新闻的热情会大大减弱，甚至不想再发布。无论一个企业与某些报社的记者多么熟悉，在新闻发布会之前，重大的新闻内容都不可以透漏出去。

二、会场布置

背景布置。背景板的内容含主题、会议日期等，确定酒店是否会代为安排。

酒店外围布置。酒店外横幅、竖幅、飘空气球、拱形门等。确定酒店是否允许布置，当地市容主管部门是否有规定限制等。

席位摆放。发布会一般是主席台加下面的课桌式摆放。主席台上的台签摆放原则是"职位高者靠前靠中，自己人靠边靠后"。

发布会其他道具安排。最主要的道具是麦克风和音响设备。一些需要做电脑展示的内容还包括投影仪、笔记本电脑、连接线、上网连接设备、投影幕布等，相关设备在发布会前要反复调试，保证不出故障。

新闻发布会现场的背景布置和外围布置需要提前安排。一般在大堂、电梯口、转弯处有导引指示欢迎牌，一般酒店有这项服务。事先可请好礼仪小姐迎宾。如果是在企业内部安排发布会，也要酌情安排人员做记者引导工作。

资料来源：https://www.douban.com/group/topic/82446497/.

2. 新闻发布会策划要点

对于媒体来说，获得新闻最重要的一个途径就是新闻发布会。由于新闻发布会现场人物、事件都比较集中，时效性又很强，而且参加新闻发布会也免去了预约采访对象、采访时间等困扰，通常情况下记者都不会放过这些机会。所以，企业应该充分利用新闻发布会，宣传自己的品牌和产品。如何策划有亮点的新闻发布会？常见做法如下。

（1）邀请政府领导。新闻发布会是否能得到媒体的关注和重视，政府的支持是关键，拥有政府支持的项目媒体就会加大宣传力度。所以，企业新闻发布会主题最好能和政府部门的政策结合，并且邀请政府相关部门领导参与或出席。这样的发布会制造出的影响力，往往会超出预期的宣传效果。

（2）邀请公众人物。媒体对公众人物从来都不会吝啬篇幅和版面。所以，发布会邀请行业知名人士或公众人物现场助阵，会起到事半功倍的宣传效果。

（3）结合政策热点。每一个行业都拥有丰富的传播亮点可以发掘，在策划新闻发布会时，不妨从行业制高点开始切入，以整个行业未来的发展或者整个行业对社会的意义这些大处着手，结合当前国家政策热点，召开行业高峰论坛，邀请政府相关部门领导和行业内知名人士参加会议，从中挖掘新闻亮点，最终传播企业品牌。

（4）结合公益活动。结合公益活动，关注民生，以促进社会和谐为主题的新闻发布会是公共关系的至高境界。

（5）建立小活动大传播的思维方式。很多企业在策划新闻发布会时，缺乏品牌传播意识，没有把关注重点放在对品牌媒体传播上。新闻发布会的目的不仅仅是造就发布会现场的影响力，更重要的是让媒体进行品牌传播。所以，公关人员一定要有小活动大传播的思维，将新闻发布会的影响范围尽可能地扩大。

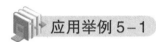 **应用举例 5-1**

新闻发布会流程与主持（示例）

一、新闻发布会流程示例

时间：2015 年×月×日星期二 14:00—17:00

地点：北京市　钓鱼台国宾馆 5 号楼××厅

13:30—14:00 来宾签到

14:00—14:20 领导致辞

14:20—16:20 主题演讲、专题报告

1. ××技术发展

2. ××对××的影响

3. ××数据应用实例等

16:20—16:40 应用系统研讨

14:00—17:00 展示交流（同时）

16:40—17:00 媒体群访（演讲后）

二、新闻发布会主持人串词示例

13:55—14:00 主持人开场白

各位领导、各位嘉宾、各位朋友，女士们、先生们：

下午好！我是主持人×××，首先，请允许我代表会议主办方——中国××院计算技

术研究所,承办方——××有限公司,向参加"××创新应用研讨会"的各位领导和嘉宾,表示热烈的欢迎和诚心的感谢!

今天到会的领导和嘉宾有证监会的领导,国新办的领导以及各界专家、媒体界的朋友,再次向你们的到来表示感谢!

现在,由我代表会议主办方宣布,"××创新应用研讨会"现在开幕!首先,让我们以热烈的掌声,有请中国××院计算技术研究所的副所长,××有限公司董事长××致欢迎辞。

(××董事长致辞)

感谢××董事长的热情洋溢的致辞。让我们对××技术及××系统有限公司有了初步的了解。谢谢×董事长。

下面,让我们以热烈的掌声,欢迎××中国区首席执行官××先生致辞,有请×总。

(×总致辞)

感谢×总精彩的致辞。

14:20—16:20 主题演讲、专题报告

各位领导、各位嘉宾,当今世界经济风云变幻,中国经济发展迅猛,正在经历着深刻的变化,在这种变化之下,××技术应运而生,各国都在致力于××技术的金融投资领域研发,那么,中国金融市场的情况怎么样?未来中国金融市场又将走向哪里?下面,有请申银万国研究所首席经济师××先生,为我们发表题为"中国金融市场发展趋势"的演讲,为我们做详细的阐述,有请×先生!

×先生金融投资发展的演讲,让我们受益匪浅,感谢×先生的精彩演讲。

现在,我们已经了解到了舆情技术的发展历史,那么,大家共同关心的是,这种技术究竟价值在哪里?现在,就由××院××所××先生为我们深刻剖析,掌声有请×先生!

感谢×先生的精彩演讲,×先生的演讲,让我们明白了××技术的价值所在,那么,这种技术,现在有没有成功的案例呢?下面,让我们以热烈的掌声,有请××系统有限公司总经理××先生,为我们展示,××在投资分析上的应用,有请×总!

16:20—16:40 应用系统研讨

感谢×总为我们分享××技术的应用案例,×总是投资领域的专家,趁他现在还在讲台前,与会嘉宾和朋友,谁有疑问,可以现场向他咨询。(向台下询问)

14:00—17:00 展示交流(同时)

谢谢×总的清晰而精彩的解答,今天的会议到此结束,再次感谢各位的莅临!谢谢!

在会场的右侧,有我们××技术的产品展区,大家会后,可以到展区前,亲身体验××公司的××产品。

资料来源:https://max.book118.com/html/2015/0805/22574000.shtm.

二、庆典活动

庆典活动是社会组织为了引起公众的关注,扩大自身的知名度,最终获得更大的经济效益和社会效益,围绕重要节日或自身重大值得纪念的时间而举行的庆祝活动。如奠

基典礼、落成典礼、开业典礼、节庆、周年纪念、签字仪式、颁奖仪式等，一些有里程碑意义的事项也可以举行庆祝仪式，如某企业销售额超亿元等，都可以举行庆典活动。

庆典活动具有三大效应。一是引力效应，组织通过庆典活动吸引公众的注意力。庆典活动可以渲染气氛，强化组织的影响力；成功的庆典活动还可能具有较高的新闻价值，从而进一步提高组织的知名度和美誉度。二是实力效应，通过举办大型庆典，显示组织的实力，增加公众对组织的信任感。三是合力效应，开展大型庆典，能增强组织内部职工、股东的向心力和凝聚力，提高公众对组织的信任感。

（一）庆典活动的主要类型

1. 节庆活动

节庆是利用盛大节日举行的表示庆祝或纪念的活动。不同国家甚至同一国家不同地区，都有自己独特的节日。节日又有官方节日和民间传统节日之分。还有些地方根据自身文化传统、风俗习惯、土特产等，组织举办一些具有地方特色的节庆活动。

节庆日是公共关系部门开展公共关系活动的绝好时机。所以，每年"六一"前后，大小商店都会在儿童商品上绞尽脑汁；中秋节前，则会爆发一轮又一轮的月饼大战；"五一"和"十一"长假前夕，旅游胜地和饭店就会大张旗鼓地宣传和推介其优质的特色服务。

2. 纪念活动

纪念活动是利用社会上或本行业、本组织的具有纪念意义的日期而开展的公关活动。可供组织举办纪念活动的日期和时间有很多，如历史上的重要事件发生纪念日、本行业重大事件纪念日、社会名流和著名人士的诞辰或逝世纪念日等。而本组织的周年纪念日、重大成就的纪念日等，更是举办纪念活动的极好时机。

通过举办这样的活动，可以传播组织的经营理念、经营哲学和价值观念，使社会公众了解、熟悉进而支持本组织。因此，举办纪念活动实际上又是在做一次极好的公关广告。

3. 典礼仪式

典礼仪式包括各种典礼和仪式活动，如开业庆典、周年庆典、节日庆典、竣工典礼、颁奖典礼、签字仪式、捐赠仪式等。

在实际工作中，典礼仪式的形式多样，并无统一模式。有的仪式非常简单，如某个企业办公楼的开工典礼，放一挂鞭炮，企业老总喊一声"开工"，仪式便宣告结束；有的仪式隆重、项目繁多、时间较长，如大型商场的节庆、店庆活动。

（二）庆典活动策划

庆典活动既是社会组织面向社会和公众展现自身的机会，也是对自身的领导和组织能力、社交水平以及文化素养的检验。因此应做到准备充分，接待热情，头脑冷静，指挥有序。

1. 庆典活动方案设计

（1）确定活动主题。精心策划活动主题，并进行适当宣传。可利用新闻热点、潮流时尚等借机造势制造新闻。

（2）确定邀请来宾。精心选择来宾，及时发出邀请。来宾要具有一定的代表性，一般应包括：政府官员、地方名流、媒体记者、社区公众代表、客户代表等。请柬提前 7～10 天发放，以便对方及早安排。重要来宾在发放请柬的同时应电话邀请，庆典前一天电话提醒。

（3）设计典礼程序。庆典活动的程序设计应合理有序。典礼的一般程序为：主持人宣布开典；介绍来宾；重要领导致开幕词；来宾致贺词；致答谢词；安排剪彩；安排参观活动；安排座谈或宴会；邀请重要来宾留言或题字。开幕词、贺词、答谢词等应事先准备好，所有致辞均应言简意赅、热情庄重；致贺词者名单及顺序应事先确定，最好事先告知对方，以便对方有所准备；剪彩人员一般安排组织负责人和来宾中地位、名望较高的人士。

（4）准备会议材料。一是为来宾准备材料袋，将庆典主题、活动安排等相关材料装在材料袋内。二是为记者准备较为详细的资料，以方便记者写作新闻稿件。

（5）安排接待事宜。接待工作安排要充分细致、周到热情。设置接待室，对所有来宾，都应热情接待，耐心服务；对重要来宾，要由组织领导亲自接待；来宾的签到、留言、食宿均应由专人负责。确定专人负责剪彩、鞭炮、锣鼓、礼花、影像、布置环境、道路、场地、照明、音响、纪念品订制与发放等。安排一些必要的助兴节目，如夹道欢迎、仪仗队、小型歌舞表演等喜庆节目。

（6）典礼后的礼节。最后应做好来宾的送别，感谢致意等。这既传播了组织有关信息，让公众了解了自己，又广泛征求了意见和建议。这些意见和建议应尽快综合整理出来，反馈给有关部门和来宾，以达到总结提高、鼓舞士气的目的。

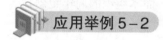 应用举例 5-2

公司挂牌庆典活动流程

一、挂牌时间

二、挂牌地点

三、参加人员

四、仪式方案

现场拴彩带，安装牌匾、挂条幅

五、具体分工

1. 方案策划：负责全过程的组织协调工作。

2. 前期准备：联系落实相关单位领导讲话、时间安排、揭牌场地位置等接洽工作。如需要领导讲话需提前知会。

3. 物品准备：布置横幅、揭牌庆典用红绸、礼仪绶带。

4. 准备音响、相机、摄像机。

5. 资料收集，包括发言人发言稿、音像资料等，并整理成电子版；揭牌仪式结束后，各组负责收回本组负责的用品。

六、宣布仪式开始

介绍到会领导、来宾，表示欢迎！请领导讲话；请领导揭幕；宣布挂牌仪式结束。

2. 庆典活动策划书

庆典活动策划书即庆典活动策划方案，一般包括：标题、活动时间、活动地点、活动目的、活动主题、活动目标、活动项目、实施安排、经费预算等。

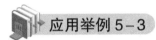 应用举例 5-3

××商场节日促销活动策划书

一、活动时间

待定

二、活动地点

商场内外

三、活动目的

紧紧抓住本月销售高峰的机会，通过一系列系统性的卖场内外布置宣传，给顾客耳目一新的感觉，充分营造良好的购物环境，提升超市对外整体形象；通过一系列企划活动，吸引客流，增加人气，直接提升销售业绩。

四、活动主题

购出重重温暖

五、活动目标

日营业额约为 8 000 元，3 天合计为 24 000 元。

六、卖场摆设

卖场内专设巧克力专卖区，按照捆绑类商品、冲饮类摆置堆头，要求在卖场内醒目，达到能吸引顾客的目的。

七、商场"三优"郑重承诺

1. 优雅的购物环境：布置卖场，营造节日卖场气氛和环境。

2. 优价的商品特卖活动：活动期间，推出一批特卖商品，超低价促销。

3. 优厚的促销内容：推出一批商品捆绑特价。

八、各项目组工作内容

项目一：标价贴标签，负责人：×××。

项目二：布置场景，负责人：×××。

项目三：捆绑，负责人：×××。

九、活动内容

1. 节日礼物大派送，价格由你来猜。

2. 飞镖环游记。

十、经费预算

×××总金额约为×××元

十一、后期准备

1. 策划宣传单、折扣标签、微博发布、卖场布置、游戏资料准备。

2. 各项目组准备卖场商品充足，提前入货。准备捆绑类，堆头，特价标签。

3. 信息录入，预防卖场收银台不支持信息系统。

4. 活动"猜猜商品价格"的定价，由×××系统负责，其他人员协调工作。

总策划：×××　　协调人员：×××

 同步训练

一、关键知识点

新闻发布会的特点及程序；庆典活动的类型及程序。

二、抛砖引玉

网上吐槽的一段话：有些企业似乎有开新闻发布会的"不良嗜好"，很多时候，企业并没有重大的新闻，但为了保持一定的影响力，证明自己的存在，也要时不时地开个新闻发布会。造成的后果是，企业虽然花了不少的精力，但几乎没有收效。

结合上面这段话，谈谈你对新闻发布会的认识。

三、案例讨论

达芬奇"欺诈门"新闻发布会

（一）案例介绍

陷入"欺诈门"的达芬奇公司，在铺天盖地的质疑声中召开了旨在说明情况、撇清自身嫌疑的新闻发布会，然而其总经理潘庄秀华却让这次发布会变成了一场混乱的个人秀……

达芬奇涉嫌欺诈事件曝光后，媒体调查发现，该公司门店内所有家具标识的产地分为几种：一种为意大利或西班牙进口，另一种则注明"美国品牌、全球采购、国内组装"，却没有说明具体产地为哪里。店员声称采用"名贵木材或皮料"制作的家具，其标签仅标明采用了"木材"或"皮"。而据质监部门人士透露，无论是国家标准，还是地方法规，都对家具销售的标识标注做出过详细规定，要求商家必须明示。达芬奇家具的标识常年不清，存在故意蒙骗消费者的可能，涉嫌欺诈。

面对铺天盖地的质疑，潘庄秀华表现出了极度的自信；她对所有的质疑都予以坚决否认，并称"意大利品牌从来没有在中国生产，都是在意大利百分之百生产，达芬奇可以用整个公司团队精神和名誉保证这一点"，还表示会召开新闻发布会解释一切问题。

发布会进行到一半的时候，一位身穿黑格子T恤、戴着墨镜的中年男子打断嘉宾的发言，突然从座位上站起来，大喊"假的，全是假的。我现在很担心家里人的安全！究竟央视说的对还是这些厂商说的对？能不能给一个答案？"这名东北口音男子称其在达芬奇购买一千多万的家具，要求达芬奇现场回应到底有没有质量问题，潘庄秀华未予理会。而该男子见未得到正面回应，在"都是假的，产品是假的，发布会也是假的"的嚷嚷声中，愤怒离场。

现场陷入一片混乱，一批记者跟着男子追出去，试图采访。另一批记者则上前围住主席台，要求回应质疑。此时，潘庄秀华开始情绪激动，一开始只是哽咽，中途还大声冲着记者吼了几句，最后几乎是声泪俱下。她大谈自己创业史的艰难。现场记者表示不愿听这些内容时，潘庄秀华说不希望发言被打断。随后，主持人一句"请给潘太太一点私人空间"时，潘庄秀华带着16名国外家具厂商，在现场记者一片惊呼声中集体离场，没有回答任何问题。

和台上的迷茫加哭泣相比，台下却是一片不解与质疑。"台上怎么了？不是讲事情么？为什么哭成这样？"一位国外记者对此表示很不理解，并表示这是其见过最有趣的发布会。

现场除了记者也有一些消费者。在潘庄秀华泪奔离场之后，两名消费者被媒体围住询问相关情况。"达芬奇说的和做的完全不一样。退货和赔付也有问题。"一位男士表示，"我今天来想听听到底有什么定论，是有问题还是没问题，是赔还是不赔，都没说法。"一片混乱中，达芬奇市场主管王雷出来打圆场："今天没解答的问题等下次吧！"发布会于是草草收场。至此，准备了多天的发布会不到一个小时戛然而止，被形容成"一场闹剧"。

资料来源：http://finance.sina.com.cn/g/20110715/164710156244.shtml.

（二）案例思考

请谈一谈你对达芬奇"欺诈门"新闻发布会的看法，并总结其失败之处。

四、技能训练

（一）训练内容

公共关系活动策划

（二）训练要求

在公共关系调查的基础上，为学校周边某一店铺设计一项庆典活动，活动策划书不少于 3 000 字。策划书要包含以下几方面内容。

（1）活动标题；（2）活动时间；（3）活动地点；（4）活动目的；（5）活动主题；（6）活动目标；（7）活动项目；（8）实施安排（人员、项目、设备等）；（9）活动经费预算。

任务二　社会公益与展览活动

知识目标

了解公益活动的含义与类型，掌握公益活动策划的流程及策划方案的撰写要求；了解参加展会的意义及类型，掌握展会策划的流程及参展计划书的撰写要求。

能力目标

能够协助公关经理筹备公益活动与展览会；起草活动策划方案和参展计划书；实施方案计划或承担其中的某项具体工作。

一、社会公益活动

本书提及的社会公益活动包含了公益捐助与商业赞助两种情况。是指社会组织出人、出物或出钱支持或赞助某项社会公益事业的公共关系活动，是社会组织用来扩大影响，提高知名度和美誉度，树立良好的社会形象的重要手段。

积极参与公益活动，体现了企业关心公益事业、勇于承担社会责任的精神，有利于提高品牌的曝光率和市场占有率，具有巨大的广告效应；有利于建设良性的企业文化，提高员工的荣誉感和归属感；有利于吸引优秀人才。

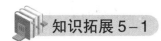 知识拓展 5-1

公益捐赠与商业赞助的区别

一、区别

从动机角度，捐赠与赞助的根本区别在于是否要求回报。相关法规对捐赠有明确的要求：

公益事业捐赠是指自然人、法人或者其他组织自愿无偿向依法成立的公益性社会团体和公益性非营利的事业单位捐赠财产，用于公益事业的捐赠行为。

对外捐赠是指企业自愿无偿将其有权处分的合法财产赠送给合法的受赠人用于与生产经营活动没有直接关系的公益事业的行为。

赞助一般指企业为了获得宣传效果而向某些组织提供资金支持的行为，是一种商业性的公共关系和软性广告投放活动。

二、途径和范围

企业对外捐赠应当遵循《中华人民共和国公益事业捐赠法》以及国家其他有关法律、法规的规定，通过依法成立的公益性社会团体和公益性非营利的事业单位或者县级以上人民政府及其组成部门进行。特殊情况下，也可通过合法的新闻媒体等进行。对企业内部职工、与企业在经营或者财务方面具有控制与被控制关系的单位，企业不得给予捐赠。

企业以营利为目的自办或者与他人共同举办教育、文化、卫生、体育、科学、环境保护等经营实体的，应当作为对外投资管理。

赞助是通过付出金钱、服务、礼物、名誉等，支持受赞助人进行指定活动、表演、学习、研究等项目，以冠名、内容植入等方式宣传企业品牌。对于政府有关部门、机构、团体或者某些个人强令的赞助，企业应当依法拒绝。

（一）公益活动类型

公益活动的内容包括社区服务、环境保护、知识传播、公共福利、帮助他人、社会援助、社会治安、紧急援助、青年服务、慈善、社团活动、专业服务、文化艺术活动、国际合作等。

公益活动形式多样，涉及领域广泛，从对大型体育赛事、文艺活动的赞助，到对奖学金、研究基金等教育科研事业的捐赠；从对老年人、儿童、残疾人等社会福利事业的资助，到公园中的座椅、路灯、阳伞、果皮箱、路标等市政公共设施的赞助，都属于公益活动的范围。

1. 体育赞助

体育活动拥有广泛的观众，往往也是新闻媒体报道的对象，对公众的吸引力比较大。

因此，赞助体育活动，往往是社会组织公益活动的重要选择。常见的有赞助某一项体育运动、赞助某一次体育比赛和赞助体育设施等多种方式。

2. 文化教育赞助

社会组织自觉地赞助文化教育事业，既可以促进文化教育事业的发展，又可以为社会组织树立关心文化教育事业的良好形象。文化赞助的主要方式，一是对文化活动的赞助，如对大型联欢晚会、电视节目和电影等的赞助；二是对文化事业的赞助，如对科学与艺术研究、图书的出版和文化艺术团体等赞助。教育赞助包括捐资建立图书馆与实验室、设立奖学金、资助贫困学生、捐资希望工程、设立教育基金等。

3. 福利慈善与社会责任

赞助社会福利和慈善事业，是指组织通过出资参加社区市政建设，为各种需要社会救助的人提供财物，开展义务服务活动等措施。如为孤寡老人、残疾病人、福利院儿童等提供物质、经费帮助，开展社会服务以及济贫救灾等，是组织履行社会义务、承担社会责任、改善公众关系与政府关系的重要手段。

企业履行社会责任表现在环境保护、安全生产、社会道德以及公共利益等方面。例如，娃哈哈从校办企业起家，几十年来积极承担社会责任，对社会公益事业倾尽全力。在以宗庆后为核心的高层领导的带动下，娃哈哈始终弘扬"产业报国、泽被社会，让爱无所不在"的公益理念，积极投身各类社会公益事业，承担社会责任。先后获得全国对口支援三峡工程移民先进单位，全国东西扶贫协作先进集体，全国抗震救灾先进集体，中华慈善奖，人民社会责任奖，民生行动先锋，十佳中国大陆卓越雇主品牌企业，中国全面小康十大贡献企业，中国"最受尊敬企业"，浙江省慈善奖，胡润企业社会责任 TOP50，国家西部大开发突出贡献集体，春风行动爱心奖，中国扶贫基金会突出贡献奖等荣誉称号。

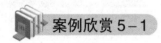 **案例欣赏 5-1**

健力宝，伴随奥运首金一炮而红

从一个小型乡镇企业发展成为饮料巨头，健力宝曾经给一代中国人留下了美好的记忆，伴随着中国代表团在 1984 年洛杉矶奥运会上的 15 枚金牌，健力宝一夜爆红。

一、健力宝的诞生：源自教授欧阳孝研制的新型运动饮料，李经纬敏锐跟进投资

健力宝的创始人为李经纬，在 1984 年创办了健力宝。在健力宝之前，李经纬在一个名不见经传的小酒厂当厂长。一次偶然的机会，李经纬认识了一个叫欧阳孝的教授。当时欧阳孝教授正在研制一种新型运动饮料，急需一个投资者，这时恰好碰到了李经纬。李经纬感觉，这种饮料将有巨大的市场前景，因此决定将酒厂的盈利拿出来作为研发资金。经过上百次试验，一款叫作"健力宝"的运动饮料终于横空出世。

二、李经纬亚足联会议推销健力宝获成功，抢先专供1984年中国奥运代表团

1984年，第23届奥运会即将在美国洛杉矶举行，这也是"健力宝"进军国际市场的绝佳良机。李经纬通过体育界的关系，得到一个可靠消息，那就是中国将派出代表团参加奥运会。如果健力宝能够跟随运动员一起打进奥运会，那无疑将会获得巨大的成功。

1984年4月，亚足联将在广州召开一个会议，李经纬借此机会推销健力宝，取得了一鸣惊人的效果，当年6月，健力宝毫无争议地成为中国奥运代表团的首选饮料。事实上，健力宝在当时除了供给中国奥运代表团以外，在国内市场上几乎没有销量，当健力宝成为中国奥运代表团的专用饮料时，最终取得了出人意料的效果。

三、奥运会中国代表团获15金轰动全国，"中国魔水"随三连冠女排"风靡洛杉矶"

1984年奥运会上，中国代表团以15金位居金牌榜第四名。奥运会的巨大成功，激发了全民的热情和民族自豪感。健力宝作为中国代表团的专用饮料，获得了难以想象的关注度。

最巅峰的时刻出现在女排奥运会决赛赛场，作为民族英雄的中国女排击败东道主美国队，实现了世界大赛的"三连冠"伟业。日本记者在《东京新闻》发表报道《中国靠"魔水"快速出击》，报道中写道：中国队的背后有一种"魔水"，只要喝一口"魔水"精力立刻充沛，这种新型饮料很可能会引发一场革命，世界各国都将努力分析"魔水"的成分……

四、主打民族体育情结，健力宝依托体育金牌雄霸15年

从诞生到1999年，依托着赞助各项体育盛会，健力宝走过了一段长达15年的繁荣时期。

经过了洛杉矶奥运会的一炮而红之后。1985年，健力宝饮料被评为首届全国最佳运动饮料，接着荣获国家体育科技进步奖，成为人民大会堂国宴饮料，同时赞助中国体育50万元。1986年，赞助中国代表团参加第10届亚运会，成为第6届全运会专用饮料，之后几乎每次大型运动会，都有健力宝参与的身影。

1987年，正式成立广东健力宝有限公司，成为第6届全运会最大赞助商，赞助金额达到350万元。1988年，健力宝成为第24届奥运会中国代表团专用饮料，并且荣获"热心支持体育事业的企业"称号。1989年，中国"体操王子"李宁加盟健力宝集团。1990年，健力宝独家赞助第11届亚运会火炬接力活动，赞助金额高达1600万元，成为亚运会中国代表团专用饮料。1991年，健力宝赞助第7届全运会300万元，赞助第25届奥运中国代表团60万元，赞助全国少数民族运动会100万元，同年成为中国饮料行业产量和利税第一。

1992年，健力宝为当年获得奥运金牌的18名选手颁发"健力宝金罐"，为获得奖牌运动员颁发奖金，并奖励中国体育代表团20万元。年底，健力宝赞助少年球员留学巴西，成就了中国足坛的一大批球星。1993年，健力宝赞助第七届全运会500万元，成为中国驻联合国外事接待饮料。1994年，健力宝成为第12届亚运会中国代表团专用饮料，创业10周年庆典，销量达到18亿元，排名全国饮料酿酒行业第一。

1996年，中国健力宝青年队再赴巴西继续深造，赞助第26届奥运会中国代表团2 000

多万元，为中国航天基金会提供 1 000 万元赞助。1998 年，健力宝独家赞助第 8 届全运会 1 200 万元，开始建设健力宝大厦。1998 年，健力宝为希望工程捐款 1 000 万元，为长江灾区捐款捐物总计 1 500 万元。1999 年，广州健力宝大厦落成，总部搬迁到广州，赞助全国排球联赛。

飞速发展的健力宝，将"民族体育情结"发挥到了极致。

资料来源：http://sports.163.com/11/1110/07/7IFV0IVI000502OI.html.

（二）公益活动策划

1. 公益活动流程

（1）制订赞助政策。根据组织的公关目标、政策和经济能力，决定年度赞助金额，制订切实可行的赞助政策。

（2）传播赞助信息。把组织的赞助政策通过适当的传播渠道和方式，传递给可能有赞助需求的单位和个人。

（3）确定赞助对象。对有赞助需求者进行全面考察，以便有选择地进行赞助。已经确定的赞助对象，要及时通知对方。对于不能满足赞助要求的对象，应该坦率相告，诚恳解释原因，争取互相理解。

（4）实施赞助计划。对整个活动的各个项目或环节，应分工明确，各负其责，密切配合；在实施过程中，应充分运用各种公关技巧、传播方式和途径，扩大组织影响。

（5）进行效果评估与总结。活动结束后应进行效果评估，要总结经验、吸取教训。具体包括：评估公众评价与反响、评估赞助计划完成情况、制作赞助活动的声像资料、撰写赞助活动总结、做好资料存档工作等。

2. 公益活动策划方案

不同类型、不同形式的公益活动，其策划重点也不尽相同。公益活动策划方案一般包括七个方面。

（1）策划方案名称。要尽可能具体地写出策划名称，如"××企业××活动策划方案"。

（2）活动背景。首先进行基本情况简介，说明主要执行对象、组织部门、活动开展原因、社会影响等；其次是环境分析（SWOT 分析），包括优势、劣势、机会及威胁等因素。

（3）活动目的及意义。用简洁明了的语言将活动目的及意义表述清楚。

（4）活动名称。根据活动的具体内容、影响及意义拟定能够全面概括活动的名称。

（5）活动目标。此部分需明示要实现的目标及重点。

（6）活动开展。对活动的各项工作、时间安排及分工要求，应按照时间先后顺序排列。

（7）经费预算。活动的各项费用在进行具体周密的计算后，用清晰明了的形式列出。

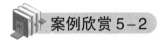

案例欣赏 5-2

深圳食品饮料有限公司公益活动策划方案

一、活动背景

深圳食品饮料有限公司主营"怡清"牌系列包装水。公司总部位于深圳高新技术产业园区，并拥有深圳、广州、成都三个生产基地和若干个加工基地，总投资 32 000 万元。公司建立了完整的质量监控体系，能实时跟踪出厂的每一桶水，杜绝假水，让消费者喝得放心；同时建立了强大的桶装水专卖店服务系统和管理系统，全市统一的客服中心与各专卖店电脑联网，进行实时信息交换，极大提高了配送效率和服务质量，为用户不断创造价值，提升生活品质。为了树立企业良好形象，呼吁人们保护水资源，公司策划了一个大型公益宣传活动，活动以"假如没有水，生活将会怎样"为主题。

二、活动目的

此次活动的目的是通过向市民宣传环保知识，加大产品的宣传力度，引起社会的关注和支持，提升组织形象，提高企业的知名度与美誉度，寻求自身发展。

三、活动主题

假如没有水，生活将会怎样。

四、活动目标

为了树立企业良好形象，延伸品牌力量，提高企业公信力，企业策划一个大型公益宣传活动，呼吁人们保护水资源。

五、活动对象

广大市民。

六、活动时间和地点

9 月 12 日开始，举办由深圳食品饮料有限公司倡导发起，由株洲市各企事业单位支持，专门为云南省连续三年干旱地区提供免费捐献饮用水的大型公益活动。活动主办方捐款 20 万元，政府、慈善机构联手支持，加上强大的媒体号召，鼓励各企事业单位大力捐赠。

10 月 12 日上午以"假如没有水，生活将会怎样"为主题的大型节约用水公益宣传活动在株洲炎帝广场举行，同时向市民募集捐款，该宣传活动由深圳食品饮料有限公司承办。

10 月 12 日下午来自××大学的同学们也带来了自己精心准备的节目，除了歌舞表演外，还向广大市民展示了先进的节水方法，并为节水技术的推广提供了平台。生活节水的展示和现场演示吸引了众多市民驻足观看，该宣传活动由深圳食品饮料有限公司承办。

七、活动项目流程设计

（一）首先，播放云南地区受旱视频，然后请市政委主任、深圳食品饮料有限公司总经理代表发言、举行捐赠仪式，邀请株洲市各企事业单位代表、株洲日报记者、潇湘晨报记者、湖南卫视进行媒介宣传，呼吁各企事业单位踊跃捐款。

（二）本次活动主要是以横幅签名、海报宣传、分发宣传小册子、赠送气球等形式展开，吸引了众多市民的围观，同时以募捐的形式向市民募集善款。此次活动旨在让广大市民了解到节水的重要性，树立节约用水观念和意识，逐渐养成节约用水的好习惯。

（三）本次活动以大学生青年团体为主，以歌舞方式为主，同时演示生活节水小技巧，吸引市民驻足观看。同时通过普及节水知识、推广节水技术、宣传节水典型等形式，多角度、全方位、广覆盖、不间断、可持续地在全社会倡导节约用水、科学用水。倡导"向观念要水，向机制要水，向科技要水"，以达到缓解人水矛盾，实现人水和谐，提供水资源保障。

八、媒介宣传

本次活动引发了社会各界的广泛参与，得到了市政府的鼎力支持和大众传媒的积极配合。除了户外的人员宣传、横幅宣传、手册宣传外，大众传媒也进行了大力宣传和积极跟进。电视台对本次活动进行评述，积极营造社会效应，倡议全社会共同关注水资源，节约用水。

九、进度安排

9月12日：预约政府机关人员、记者、电视台、株洲市各企事业单位代表。

十、物料准备

募捐箱、视频、宣传手册、宣传横幅、笔、海报、气球、桌椅、地毯、请帖等。

十一、费用预算

待定

十二、效果评估

此次活动旨在让广大市民们了解到节水的重要性，树立节约用水观念和意识，逐渐养成节约用水的好习惯。活动起到了很好的警示作用，同时也扩大了公司的社会影响力，加强了与社会群体的沟通，彰显了公司的社会责任感，提高了公司的知名度和美誉度。

资料来源：http://www.gkstk.com/article/1430054497442.html.

二、展览会

展览会又称展会，是为了展示产品和技术、拓展渠道、促进销售、传播品牌而进行的一种宣传活动，是一种常规性公共关系活动。在实际应用中，展览会名称相当繁杂，又称为博览会、展销会、订货会、交易会、贸易洽谈会等。

（一）参展意义及类型

1. 参加展览会的意义

（1）展示产品。企业可以在展会期间展示自己的产品，让客户更好地了解产品；可以与目标客户直接沟通，将产品信息发送给特定的客户；同时也可以吸引合作商的目光。

（2）寻找客户。展会是发掘新客户、维护老客户的好时机，可以集中寻找到上下游客户，实现客户开发、市场拓展的目的。

（3）宣传形象。展示企业实力、树立品牌形象，给企业增加知名度、带来新客户，让潜在客户、供应商了解企业实力，也可以给竞争对手制造压力。

（4）行业交流。展会是行业生产商、批发商和分销商进行交流、沟通的汇聚点；企业可以在展会中建立并维持与利益相关者的长期关系。研究显示，展会上 88%为新的潜在客户，49%的访问者正计划购买那些产品和服务。

（5）节约成本。一是低成本品牌推广。展览会作为典型的 P2P 传播，由于时间、地点及目标受众的集中，成为品牌推广中相对低廉的传播形式；二是低成本接触客户。根据调查显示，利用展会接触客户的平均成本仅为其他方式接触客户成本的 40%。

（6）搜集信息。专业展览会是个绝佳的情报搜集平台，企业可以收集到有关竞争者、分销商和新老顾客的信息；能够迅速、准确地了解国内外最新产品现状与行业发展趋势等，从而为企业制定下一步的发展战略提供依据。

2. 展览会的类型

（1）按展览场地可分为室内场馆和室外场馆。室内场馆多用于展示常规展品，如纺织展、电子展等；室外场馆多用于展示超大超重展品，如航空展、矿山设备展等；综合性博览会多采用室内外场馆相结合的展示方式；在几个地方轮流举办的展览会被称作巡回展。

（2）按展览内容可分为综合展览和专业展览。综合展览是指包括全行业或数个行业的展览会，如工业展、轻工业展；专业展览是指某一行业甚至某一项产品的展览会，如钟表展、瓷器展、汽车展等。专业展览的突出特征之一是常常同时举办研讨会、行业会议、技术交流会、新品发布会等，用以介绍新产品、新技术。

（3）按展览性质可分为商贸展览和宣传展览。商贸展览是通过展览会进行的商贸活动，一般是为制造业、商业等行业举办的展览，其主要目的是交流信息、洽谈贸易；宣传展览的主要目的是信息交流、传播沟通、宣传推广及形象塑造，不产生直接的商贸活动。宣传展览在公关活动中已越来越受到企业的重视。

（4）按展览规模可分为国际、国家、地区、地方展览和独家展览。不同规模的展览有不同的特色和优势，应根据企业自身条件和需要来选择。

（5）按展览时间可分为定期展览和不定期展览。定期展览有一年四次、一年两次、一年一次、两年一次等；不定期展览则是视需要和条件举办，分长期和短期；长期展可以是三个月、半年、甚至常设；短期展一般不超过一个月，专业贸易展览会一般是三天。

（二）参展活动策划

一般有实力的公司都会参加一些同行业的展会，很多新成立的公司也想通过展会拿到订单或寻求合作。参加展会一是能找到客户和合作伙伴，另一方面也可以取长补短，看看别家是怎么做的，有没有新产品或新工艺。参展前充分的准备，有助于参展目标的达成。

1. 参展前的准备

（1）确定展会和展位。每年不同行业不同地区都会举行展会，有意向的企业可直接和展会方联系，如展厅的大小、位置、同行参展商的情况等，这些最好都事先问清楚。确定好展位后就可以找人设计装修图纸了。图纸的设计和装修最好委托一家公司负责完成。

（2）准备参展样品。展会的重中之重，就是产品的展示。展示的样品一定是质量上乘、外观无瑕疵的。网络技术类的产品，要有相关的演示。

（3）准备宣传材料。客户行程一般都比较紧凑，展前的充分准备可让参展客户更多地了解公司。可将事先准备好的宣传资料装在印有企业 logo 的手提袋中，以方便客户携带。

（4）准备参展服装。参展人员统一着装，一方面显得正式正规，另一方面也能体现出良好的职业素养和精神风貌，有助于增加人气。

（5）准备精美小礼品。礼品虽小，也能积累人气。展会期间发放一些小礼品，既可以活跃气氛，也可以吸引人群，还有可能找到潜在客户。

（6）准备客户登记表与空白合同书。对有意向的客户进行统计，留下姓名和联系方式，展会结束后方便回访。现场签单虽然少见，但也有可能发生，这时候事先准备好的空白合同书就派上用场了。

（7）参展人员统一培训。要想让展会达到预期的效果，参加展会的工作人员一定要统一培训。这其中包括对公司文化的了解、对产品的介绍、对不同客户的应对策略等。

2. 参展计划书

参展计划书即参加展览会的参展方案。参加展览会不是简单地派几个人带着样品去展示一下，而是要制定详细的参展计划。参展计划书一般包括以下。

（1）展出目标。确定参加展览会的目的或预期达到的目标。

（2）选择展会。根据展出目标确定要参加的一个或数个展览会。

（3）展出重点。确定所参加的展览会要宣传或展览的重点项目。

（4）相关活动。确定在展会期间开展的各种活动。

（5）时限要求。按展览会的时间确定各项工作的起止时间。

（6）人员安排。指定参展项目的管理人员、工作人员以及各自的分工责任。

（7）资金计划。全年度用于展览会的资金使用计划。

（8）筹备工作。确定与所参加展览会配套的资料准备、展品制作、运输等其他工作。

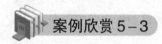 **案例欣赏 5-3**

易尔特公司参展方案

一、前言

二、参展时间

2015 年 03 月 28—31 日（应提前三天安排布展工作）

三、地点

扬州国际展览中心

四、人员

高总、杨总、何宇、刘大路、吴雪松、翻译员1人、接待文员2人，其他再定。

五、参展背景分析

上届展会于2014年3月28—30日举办，展出面积约16 000 m²。展览会展出了近年来国内外企业研制开发的新产品、新技术，汇聚了来自国内外近300家知名企业，如欧司朗、台湾恒日光电、浙江云通等。据统计，专业观众达16 000余人次，观众大多来自路灯行业、科研机构、政府主管部门、经销代理商等，展会效果得到参展商的一致好评，90%的客户表示继续参加下届展会。

六、参展目的

（一）展示产品

在扬州展会期间，向参展商展示公司产品与众不同的三大优势，让其了解公司和产品。

（二）树立易尔特品牌形象

1. 渠道拓展。通过招商加盟等合作模式，完善公司的销售渠道，将渠道商拓展至全国。

（1）本次大会汇集了来自全国各地的渠道商，具有地域性广的特点，可以很好地拓展全国代理商和合作机构。

（2）与会者基本上属于LED行业，具备很高的行业性，招商对象明确。

（3）产品的优势性：展会主题为"高新科技创造节能生活"，易尔特融合了AA产品的优势特点，且"物美价廉"，有助于渠道的拓展。

2. 公司品牌宣传。通过本次大会很好地传达易尔特品牌的新形象。

3. 终端客户拓展。为参展的终端客户进行现场演示。

4. 易尔特新品（路灯，商业照明和民用系列）推向市场的造势和推广。

5. 对市场的信息动态、国家政策、市场需求的深度把握。

七、参展安排

（一）展前

1. 展台准备

（1）参展主题的确定：高新科技创造节能文明社会。

（2）展位的确定：A368（9 m²）。

（3）展位的布置：包括物料准备、展台总体设计。

2. 代理商邀请及策略

（1）由渠道人员提前通过发送邀请函的方式邀请意向代理商和意向合作者参加展会。

（2）准备一些可以一分为二的礼品，其中之一在展前先随邀请函寄给代理商，使其必须到展位上才能凑成完整的一份礼品。

（3）制作印有公司标志和名称的挂绳，现场免费派发给参观者。

（4）代理商参会可以参加抽奖，获得数码摄像机和手机等奖品。

（二）展中

1. 合作促销活动。对当场签订代理合作的代理商给予一定的优惠（待确定）；当场签订的代理商可以按条件获得 MP3、摄像机、数码相机等赠品。

2. 媒体报道。公司网站进行同步报道；深圳、北京等媒体报道；网站各大论坛/BBS/博客的宣传；其他活动策划。

（三）展后

1. 代理商的追踪跟进。主要是针对展会所洽谈的代理商和意向合作客户的跟踪追访。

2. 后续的宣传。将展会上的火热场面刻成光盘，进行形象整合及再包装。

3. 网站的后续报道。

（四）参展物料

1. 宣传资料。A. 代理商邀请函（待定）B. 公司简介（待定）C. 公司广告服（在定做）D. 产品宣传册（待做）E. 海报（待做）F. 赠品（待定）。

2. 洽谈资料。A. 名片（待做）B. 相关合同书（完善中）

3. 服务资料（待定）。A. 客户资料统计表（待做）B. 嘉宾签到簿（已做）C. 名片夹（2个）：一个放置本公司工作人员的名片，另一个放置嘉宾名片。

（五）效果预测

1. 易尔特公司的渠道将首次开拓，产品开始进入市场，渠道框架初步构成。

2. 公司新名称借此平台得到很好的宣传，公司新形象的推广。

3. 易尔特品牌得到初步建立和推广。

4. 部分终端客户的签单；获得第一步的客户使用资料，为以后市场推广提供第一手资料。

（六）参展预算

1. 参展费用（待定）

2. 展示厅的搭建费用（待定）

3. 宣传物品的制作费用（待定）

4. 相关礼品费用（待定）

5. 媒体费用（待定）

6. 参展人员的住宿饮食费用（待定）

（七）注意事项

1. 展示期间关注笔记本摆放和演示，防止被人偷窃。

2. 关注被邀请代理商的行踪，何时到达并及时接待。

3. 在展会期间，参展工作人员不能在现场吃东西，要体现出一个国际品牌的水准要求，保持展厅干净整洁。（具体内容见参展小常识）

4. 每天闭馆后 20:00—22:00 要及时开总结会，总结一天的工作，发现问题及时解决，整理代理意向书，重要的大客户尽量当天晚上就约见。

5. 参展工作人员衣着要统一，体现出公司良好的精神面貌，和国际品牌的操作要求。

6. 参展前 2 天列出物品清单，来去依照物品清单整理东西，防止遗漏。

资料来源：http://www.chinadmd.com/file/trp3xvrc3tzvtirptwt6xtxc_1.html.

 同步训练

一、关键知识点

公益活动的类型及活动策划；展览会的意义、类型及参展策划。

二、抛砖引玉

一些地方政府举办的节庆活动，因为政府财政投入不足，要求地方企业进行赞助。假如你是当事企业，对于政府的此项安排，你会怎么处理？

三、案例讨论

FHC China 2017 成功闭幕　优安天地爆红展会

（一）案例介绍

持续举办 3 天（2017 年 11 月 14 日—16 日）的第 21 届上海国际食品饮料及餐饮设备展览会（FHC China 2017）在上海新国际博览中心成功闭幕，以 8 500 m² 浓缩世界版图，与全球美食企业对话。展馆内全球美食、美酒荟萃，积极参展的众多企业包括麦西恩食品等众多行业领先品牌和食品贸易商。所有企业都八仙过海地展示其高品质产品，包括酒店设备、零食、坚果、生鲜食品、乳制品、饮料等丰富品种。上海首座进口食品商贸产业园——优安天地展区独树一帜，引发众多业界大腕关注！

在众多食品饮料类展位中，身份特殊的进口食品商贸产业园招商展区——二度现身 FHC China 的优安天地尤其惹眼，吸引了众多客户前来咨询洽谈。优安天地项目将约 32 万 m² 中国进口食品商贸产业园打造成为全球味蕾创作基地，以实现 13 亿人食品安全"中国梦"的大格局，携手志同道合的企业精英，为国人制造"吃出来的福气"。百联、雅高等巨头企业已强势进驻，将携手其他加盟企业，稳步向世界五百强迈进！

目前，该项目正值招商阶段，展区工作人员以精美定制礼品及物料发放、信息收集，深度洽谈等多种形式与咨询客户一对一互动，并对前来咨询的客户进行了问卷调研，为项目后期的二次改造积累信息，整个展期收到多家意向企业送出的"秋波"，与多位"意中人"两情相悦，只差一纸"婚约"。因现场咨询人士众多，洽谈时间有限，多位客户表示将另约时间到项目基地实地考察，了解更多资讯并进一步确定入驻意向。

FHC China 2017 的成功举办，让众多参展企业与客户满载而归，为进入发展快车道的中国进口食品贸易行业再加一把火，13 亿人舌尖上的中国梦将燃烧更旺！优安天地作为永不落幕的 FHC China，也将"俘获更多创业家的芳心"，让更多来客在这里"吃遍全世界"。

资料来源：http://sh.house.163.com/17/1117/17/D3F8R2I200078746.html.

（二）案例思考

结合案例，谈一谈企业参加展览会的重要意义。

四、技能训练

（一）训练内容

公共关系专题活动成功案例学习交流

（二）训练要求

网上搜集有关新闻发布会、庆典活动、公益活动、展览会等公共关系专题活动成功案例，以小组为单位完成，PPT 形式展示交流。要求资料丰富、图文并茂，小组作品不得重复。

项目六

公共关系危机管理

项目 背景

在激烈竞争的市场经济中，企业难免会遭受公共关系危机。危机一旦爆发，其破坏性的能量就会被迅速释放，并呈快速蔓延之势，如果不能及时控制，危机会急剧恶化，使企业遭受更大损失。面对公共关系危机，多数企业会选择求助于公关公司。

新世纪公关传播有限公司是省内知名的公关公司，有着公共关系危机管理的丰富经验，可一站式处理舆情监测、品牌维护、媒体公关、负面新闻、客户误解、网络谣言、恶意攻击、侮辱诽谤、捏造事实等危机公关事件，深受客户好评。作为一名公关助理，王龙有机会接触到各种危机公关事件，这使他对公共关系危机管理有了更直观的了解，对自身业务能力的提升带来了很大帮助。

任务 分解

公共关系危机管理是企业为了解决危机、挽回不良事件造成的影响和损失，所采取的一系列具有预防、扭转、挽救作用的策略和措施。在现代社会中，越来越多的企业受到突发性危机事件的挑战，公共关系危机对任何企业都是一个严峻的考验。因此，作为社会组织中的企业要全面了解有关危机预防和危机处理的基本知识，能够对组织形象受损的原因及其所采取的对策进行分析，减少危机对企业造成的影响，及时正确地化解危机，创造新的发展机遇。

根据以上分析，我们将本项目分解为两个典型的学习任务。

任务一 公共关系危机分析

一、公共关系危机的类型

二、公共关系危机的特征

三、公共关系危机的成因

任务一　公共关系危机分析

知识目标

正确理解公共关系危机的类型、特征及成因，掌握公共关系危机的基础知识。

能力目标

形成对公共关系危机类型、特征及成因的初步认知，具备危机公关意识。

公共关系危机，简称公关危机，是指突然发生的、严重危害组织正常运作、对组织的公众形象造成重大损害、具有比较大的公众影响力的事件。

一、公共关系危机的类型

（一）根据危机的影响程度分类

（1）一般性危机。一般性危机主要是指常见的公共关系纠纷。从某种意义上说，公共关系纠纷还算不上真正的危机，它只是公共关系危机的一种信号、暗示和征兆。这种纠纷一般涉及的范围不大，影响面较小，但如不及时处理，事端扩大后会严重影响组织的声誉。

（2）重大危机。所谓重大危机，主要是指企业的重大工伤事故、重大生产失误、火灾造成的严重损失、突发性的商业危机、重大劳资纠纷等。它是公共关系从业人员面临的必须及时处理的真正危机。如产品或企业的信誉危机、股票交易中的突发性大规模收购等，公关人员必须马上应付处理，最好在平时就有所准备。

（二）根据危机与组织的关系分类

（1）内部危机。内部危机发生在企业之内，或者说，这种危机的发生主要是由该企业的成员直接造成的，危机的责任主要由该企业内部的成员承担。

（2）外部危机。外部危机是指发生在企业外部，影响多数公众利益的一种公关危机，本企业只是受害者之一。如谣言、舆论、政府政策、环保问题等引起的危机。

（三）根据危机的表现形态分类

（1）有形危机。这种危机给企业带来直接而明显的损失。如厂房倒塌、设备爆炸等造成的人员伤亡或财产损失。如某商场被烧毁，造成上亿元损失，这就属于有形危机。

（2）无形危机。给任何一个企业的形象带来损害的危机，皆属于无形危机。如果不采取紧急有效的措施阻止，已受损害的企业的形象将使企业蒙受更大的损失。

（四）根据危机发生的外显度分类

（1）显在危机。显在危机是指危机趋势非常明朗，爆发只是个时间问题的危机。如经营决策失误造成的产品积压、市场缩小的危机。

（2）潜伏危机。潜伏危机是指危机的因素已经存在，但没有被人们意识到的危机。如安全防火设施破坏、缺乏防火意识，或设备本身质量不过关、缺乏质量意识等。潜伏危机比显在危机具有更大的危险性，犹如一座冰山，显在危机是浮在水面的部分，所占比重小、容易被人重视；而潜伏危机犹如处于水下的冰山本体，不容易被发现且危险性更大。

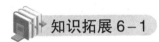 知识拓展 6-1

海恩法则和墨菲定律

海恩法则是德国飞机涡轮机的发明者帕布斯·海恩提出的一个在航空界关于飞行安全的法则。海恩法则指出：每一起严重事故的背后，必然有29次轻微事故和300起未遂先兆以及1 000起事故隐患。"海恩法则"不仅仅用于生产管理中的安全事故发现与防治，还被运用到企业的整个经营过程中，用来分析企业的经营问题。一个企业是否经营得好与它平时的表现还是有相当大的关系的，企业发生亏损甚至倒闭，都能够从企业的经营中发现这些征兆。

墨菲定律源自一个名叫"墨菲"的美国上尉，他认为"只要存在发生事故的原因，事故就一定会发生"，而且"不管其可能性多么小，但总会发生，并造成最大可能的损失"。这就告诉我们，对任何事故隐患都不能有丝毫大意，不能抱有侥幸心理，或对事故苗头和隐患遮遮掩掩，而要想一切办法，采取一切措施加以消除，把事故消灭在萌芽状态。

二、公共关系危机的特征

公共关系危机的特征，主要表现在以下几个方面。

（一）必然性和偶然性

1. 危机的发生具有必然性

危机的必然性，是指危机是普遍存在、不可避免的。正如有句名言所说："危机就像死亡和纳税一样是不可避免的。"组织遭遇公关危机的必然性,来自组织内外部环境的复杂性和组织自身的局限性。国内外许多知名企业都曾遭遇过大大小小、形式各异的危机,只不过有的被斩落马下,有的却如火中凤凰浴火重生。近年来众多企业都遭遇了严重的公关危机,各种公关事件层出不穷,引来舆论广泛关注。其主要原因有三种。

(1)组织对客观规律认识的局限性和驾驭规律能力的不足,导致任何错误都可能变为现实。组织赖以生存的外部环境越来越复杂,自然灾害、人为突发事件、极限竞争等都会给组织带来挑战和威胁,使危机的发生成为必然。

(2)组织在策划、决策和执行过程中出现偏差引发的危机。随着社会的发展,组织自身的构成要素和运作规律越来越复杂,而组织的运营管理能力和资源配置能力是有限的,它们之间的矛盾运动必然会引发危机。

(3)在公共关系的信息传播工作中,由于信息传播的误差导致危机出现。

2. 危机由特定的偶然要素引发

危机往往又是由特定的偶然要素引发的。危机的必然性和偶然性紧密关联,必然性酝酿偶然性,偶然性使必然性成为现实。危机的必然性要求组织将危机管理战略纳入整体发展战略之中,将危机管理制度化、日常化;而危机的偶然性则要求组织学习和积淀丰富的危机应对经验,掌握和运用成熟的危机管理技能,以求化险为夷、转危为机。

例如,2016年11月11日"丽江女子被打毁容事件",表面上看是一起偶然发生的旅游冲突事件,更深层次的原因却是政府长期以来对旅游市场的管理缺位,导致云南旅游行业危机全面爆发,才引发政府的高度重视和全面整治。

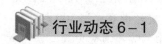

行业动态6-1

云南旅游乱象整治设立目标:让游客自由自在,政府服务无处不在

中国日报(2018年)3月6日电(记者 杨万丽、李映青)在6号下午的云南人大代表团开放日上,全国人大代表、云南省省长阮成发表示:"宁可旅游人数和收入大幅下降,也要坚决改变旅游乱象。让游客自由自在,让政府服务无处不在。带手机说走就走,游云南全程无忧。"

据了解,云南已经出台史上最严厉22条旅游业整治措施,态度严肃,措施严密,监督严格。针对旅游乱象整治,阮成发表示政府将实施"三个坚决"。

(1)坚决斩断灰色利益链。取消全省所有旅游购物点,让旅游购物回归正常市场行为;严格整治暗藏陷阱的低价游,查处一大批案件。

(2)坚决查处景区旅行社、导游违法违规行为。实行负面清单管理制和导游服务一票否决制;过去一年查处173家旅行社,吊销36家旅行社经营许可证;吊销旅行社法人资质,终身禁止行业进入;查处93家A级景区,查处134名导游,吊销10名导游资质。

（3）针对各级政府和旅游管理问题，省政府每个月开展旅游相关问题工作会议，解决旅游行业各种问题。设立州市考评制度，过去一年问责不作为、慢作为干部40多人。

阮成发说："从过去一年的数据看，整治是卓有成效的。恶性竞争的低价游没有了，强制购物没有了，旅游投诉大幅下降。"12301国家旅游公共服务热线数据显示，自2017年4月到2018年2月，云南省旅游投诉的数量同比下降了76.8%。数据显示，2017年云南接待海内外游客、旅游总收入增长分别为32%和47%。

阮成发最后说："目前，旅游市场还存在一些问题。有些传统旅游模式还没有彻底改变，违法违规行为转入地下的例子时有发生。冰冻三尺非一日之寒，但我们绝不半途而废，将以更大力度，更严厉措施改善旅游，使旅游业向可持续发展，重整旅游资源，提高景点门槛，重构诚信体系。"

资料来源：http://www.chinadaily.com.cn/interface/yidian/1138561/2018－03－06/cd_35798964.html.

（二）突发性和渐变性

1. 危机事件的出现具有突发性

突发性是指公关危机在很短的时间内爆发，往往会使企业措手不及，甚至错过危机处理的最佳时期，从而造成重大损失。危机事件一般是在组织毫无准备的情况下突然发生，让人感到意外，给组织带来混乱和各种意想不到的困难。如各种天灾人祸往往是组织难以预测和抗拒的，其爆发的具体时间、实际规模、具体态势和影响深度，都是始料未及的。

2. 危机的爆发具有渐变性

公关危机是逐渐形成的，是一个从量变到质变的过程。危机一般有四个发展阶段。

（1）前兆期。危机初露端倪，处在一个不稳定的状态。如果组织能够在这个阶段控制危机，消除隐患，就能够化险为夷，转危为安。否则，危机就会积累膨胀，全面爆发，威胁组织的正常活动、严重损害其公众形象。

（2）爆发期。这个时期，危机全面爆发。问题暴露，公众关系恶化，媒体关注，组织声誉受损。组织开展全面的抢救工作，控制危机的蔓延。

（3）处理期。处理期是危机处理的关键阶段。这个时期，组织要坚持"公开事实真相"的原则，把危机的最新消息及时向社会公布，消除新闻媒介和社会公众的猜疑、质询，以避免谣言四起，产生更大的危机，阻碍危机处理工作的有效开展。

（4）消除期。这个时期，紧张的抢救工作告一段落，主要消除危机的不良影响，安抚人心，恢复提升组织形象。还要准备详细的调查报告，对危机事件进行评估。

（三）破坏性和建设性

1. 危机给组织带来严重破坏

破坏性是指公关危机最终将破坏企业组织的最宝贵的财富——信誉和形象，威胁到企业组织的生存和发展。公关危机的危害性是很强的。对组织，危机不仅会破坏组织的正常运转和生产经营秩序，而且会带来严重的组织形象危机和巨大的经济损失；对社会，危机事件会给社会公众带来直接的物质损失或身体损失，有时还会带来心理恐慌。由于危机常具有"出其不意，攻其不备"的特点，不论什么性质和规模的危机，都必然不同程度地给组织造成破坏，同时也会给社会造成危害。而且，由于决策时间以及信息的有限性导致的决策和行动失误，会使品牌形象和信誉遭受致命打击，甚至危及生存，从而给组织和社会带来无可估量的损失。例如，2008 年的三鹿毒奶粉事件，短短半年时间，就使一个具有半个世纪历史，集奶牛饲养、乳品加工、科研开发为一体的大型企业集团迅速破产，引发"中国奶业的大地震"。

2. 解决危机需要建设性行动

危机必然会给组织造成不同程度的破坏，但处理危机的过程也是体现组织决策能力、应变能力的时机，更是展示组织形象、塑造组织形象的难得机遇。抓住这个机会，就会坏事变好事，迅速提高组织的知名度和美誉度。从辩证法的角度来看，危机=危险+机遇，所以，危机既有危害性又有建设性。成功化解危机会给企业带来意想不到的结果，使企业逢凶化吉。认识危机的建设性，才会沉着冷静地应对危机，抓住机会转危为安。

（四）聚焦性和紧迫性

1. 危机使组织迅速成为舆论焦点

在信息极速传播的今天，危机一旦发生就会迅速发酵，往往成为各种媒体的热点、焦点和公众舆论话题，它会牵动社会各界，乃至在世界上引起轰动。因此，危机的聚焦性会使组织迅速成为社会舆论关注的焦点，而信息的迅速传播更加大了公关危机影响的广度和深度。

2. 危机处理需"兵贵神速"

危机一旦爆发，就会快速蔓延，其破坏性能量就会被迅速释放。若不及时采取措施，危机就会急剧恶化，使组织遭受巨大的损失，陷入瘫痪状态。危机事件会影响到公众利益，公众不仅会对整个事件高度关注，更关注组织的处理态度和行动。同时，媒体对危机报道的内容和态度，也影响着公众对危机的看法和态度。因此，危机发生后，组织应遵循"兵贵神速"原则，在最佳时间（即事件发生的头 24 小时）内处理危机。

三、公共关系危机的成因

（一）根据危机的起因分类

1. 组织自身失误造成的危机

组织自身失误造成的危机是指社会组织在其运行过程中，由于自身行为或工作出现失误，而给自身或公众带来损害造成的公共关系危机。产品质量问题、管理不完善、违规排放、污染环境等引起的危机等都属于此类危机。危机发生后，组织的形象严重受损，无法正常运行，甚至全部停滞。例如，2011年"7·23"甬温线特别重大铁路交通事故引发铁道部门的公共关系危机。2011年7月23日，甬温线浙江省温州市境内，由D301次列车与D3115次列车发生动车组列车追尾事故，事故发生的主要原因有列车控制中心设备存在严重设计缺陷和重大安全隐患、上道使用审查把关不严、雷击导致设备故障后应急处置不力等。

由组织自身失误造成的危机具有可预见性和可控制性，所以需要建立完善的危机预报预警系统和应急机制来有效规避、控制危机。处理此类危机的首要任务是向公众公开事实真相，勇于承担社会责任，防止负面舆论和敌意的产生和蔓延，采取有效的措施进行补救，以获得公众的信任，尽快挽回声誉，减少损失。

2. 意外灾难性事件引发的危机

意外灾难性事件是指突然发生的、危及公众生命财产、给组织和公众带来重大损失的事件。如2014年"3·8马来西亚MH370航班失踪"事件。2014年3月8日凌晨2点40分，马来西亚航空公司称有一架载有239人的波音777-200飞机与管制中心失去联系，该航班号为MH370。2014年3月24日晚10点，马来西亚总理纳吉布在吉隆坡宣布，马航失联飞机在南印度洋坠毁，机上无一人生还。

意外灾难性事件具有不可抗拒性，所以组织主体的直接责任不大，关键是如何对意外灾难性事件进行处理，以避免引发公关危机。一是积极抗击灾难，二是做好舆论宣传工作，及时通报有关灾难事件各方面的情况，防止谣言流传，为组织营造一个公正、有利的舆论环境。

3. 媒体的不实报道引起的危机

对于媒体的不实报道引起的危机，组织应及时开展有效的公共关系活动处理危机。组织应以严正的态度，收集最有说服力的证据，如专家鉴定、权威部门评议、各类证明等，通过舆论告诉公众，澄清事实真相，并利用包括新闻发布会、公开声明等手段进行正当的商誉防卫，抑制谣言误导，还组织及相关产品的清白。

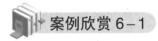 案例欣赏6-1

关于近期有媒体不实报道的严正声明

近日，北京博雅天下传媒文化发展有限公司旗下媒体《AI财经社》发表的《天上人间创始人蛰伏十年后再进A股，星美影院200亿借壳》一文中多处存在不实报道，产生了严重的负面影响，严重损害了我司合法权益。

《AI财经社》为专业财经媒体，应基于新闻事实以真实、准确、全面、客观、公正的原则予以报道，但是贵司这篇文章报道严重失实，内容东拼西凑，道听途说，主观猜测和虚构细节，引用虚假图片，歪曲事实真相，误导公众，对覃辉先生个人恶意诽谤和蓄意诋毁，已严重侵害了覃辉先生的商业声誉和个人名誉，并且也给星美集团造成了巨大的负面影响和经济损失。请《AI 财经社》立即就此篇报道进行删除处理，通过官方渠道向我司及覃辉先生公开致歉，并追究相关单位以及责任人法律责任、赔偿经济损失等。

我司法务部门已向相关媒体提出诉讼并公函，自本公告布发布之日起，相关网络及其他各类媒体请立即停止转载、转播、传播标题为《天上人间创始人蛰伏十年后再进 A 股，星美影院 200 亿借壳》的不实报道，已转载媒体请立即进行删除处理。

资料来源：http://www.xmcm.com/zh/news/show-222.html.

4. 竞争对手或公众的行为破坏而引起的危机

由于某些竞争对手会通过不正当的手段获取利益和个别公众道德水平较差，一些社会组织会遭遇人为的恶意破坏，由此引发公关危机。例如，在组织的产品中投放有害物质，散布对组织不利的谣言，策划损害组织声誉的恶性事件等。作为当事的组织，除了迅速采取举措，抢救受害公众，并完善、强化组织内部管理和相关产品的安全保护措施外，还应向公安机关报案，通过司法途径，寻求法律保护，还原事实真相，争取获得公众的支持。例如：2015 年 5 月 28 日，一名男子因对社会不满，对四家便利店内王老吉注射毒鼠强，导致消费者中毒，已造成一死四伤。东莞公安局迅速破获了这起投毒案件，并于 29 号凌晨 3 时在莞城逮捕嫌疑人关某，嫌疑人对犯罪事实供认不讳。

5. 由民族情结引发的危机

国外组织的不当行为伤及本国民众的民族尊严，会引发该组织的公关危机。例如，韩国的"萨德乐天"事件。2016 年 7 月 8 日，美国和韩国不顾中俄等国的强烈反对，宣布将在韩国布置 THAAD "萨德" 导弹防御系统，严重损害了我国的国家战略安全。2017 年 2 月 27 日，乐天集团决定把星州高尔夫球场地皮转让给韩国国防部用于部署"萨德"反导系统，中方对此表示坚决反对和强烈不满。乐天支持萨德的消息一经传开，迅速在中国引起强烈反响，乐天超市在中国的门店瞬间沦为众矢之的，导致乐天在中国被全面封杀。

在现实生活中，危机往往是由两种以上因素共同引发，所以不能机械地、简单化地寻找原因，而应整体分析，对症治疗。

（二）根据公众的类型分类

企业公关危机也分为内部公关危机和外部公关危机两大类，前者包括员工关系危机、股东关系危机，后者包括顾客关系危机、媒体关系危机、社区关系危机和政府关系危机等。

1. 员工关系危机及成因

员工关系危机是指企业与自己员工之间关系的恶化而引发的危机。员工关系危机有时表现为大批骨干力量辞职或"跳槽"，有时表现为劳资纠纷，如罢工、怠工、与企业对簿公堂，其极端的表现是员工破坏企业的资产，如烧厂房甚至杀掉企业的领导人等。员工关系危机不仅会严重影响企业正常生产的经营活动，而且还会严重地破坏企业形象，严重地威胁企业的生存和发展。引发员工关系危机的根本原因在于企业员工自身素质低下和管理的无能无效，主要原因有四个方面。

（1）企业领导者自身素质低下。表现为刚愎自用，独断专行，造成员工士气低落。

（2）企业管理理念落后，未能体现"以人为本"。管理者不能采纳员工的合理化建议，不能尊重员工的个人价值，不能满足员工的需要，不能激发员工的积极性。

（3）企业管理不规范。表现在：企业内部规章制度不健全、不规范，出现管理者的随意性和无序性；规章制度内容和制定程序的违法性，直接侵犯了员工的合法权益；劳动合同管理的不规范，如采取不签订合同、拖延签订合同的方式，或采用"霸王合同"等，严重侵犯了员工的利益。

（4）员工素质低下。一些企业追求利益最大化，不惜违反劳动法律法规，造成了劳动关系的不稳定、不和谐，员工对企业没有归属感，甚至离心离德。例如，北京的国贸中心惠康超市员工强行对两名顾客搜身；沈阳商业城店员手持电风扇殴打顾客；宁波南大连锁超市公司保安殴打孕妇等一系列恶性事件的发生，轻则使组织陷入民众谴责、舆论曝光的困境；重则直接影响组织的生存。

2. 股东关系危机及成因

股东关系危机是指企业与投资者之间关系的恶化而引发的危机，股东关系危机表现为投资者对企业发展丧失了信心，纷纷转移投资，使企业在财源上陷入困境，使企业的生产经营难以维持，甚至倒闭或破产。引发股东关系危机的原因主要有两点。

（1）企业的投资决策失误，使投资者利益受损，甚至血本无归，造成股东关系的危机。例如，陈欧在位期间的 18 个月，聚美市值损失了 3.97 亿美元，市值蒸发 45%，董事长陈欧遭股东炮轰，称其乱投资。短短三年，聚美走向衰落。

（2）企业的欺诈作为，使投资者利益受损，造成股东关系危机。例如，2002 年 6 月 25 日，美国第二大长途电话公司——世界通信（WorldCom）承认，在过去的五个季度中，先后共虚报了 38 亿美元的利润。这一美国历史上最大的公司财务欺诈丑闻，导致股东关系危机，企业破产。

3. 顾客关系危机及成因

顾客关系危机是指企业与消费者之间关系的恶化而引发的危机。引发危机的主要原因有两点。

（1）产品质量缺陷引发危机。产品是企业联系消费者的实物媒介，产品质量直接关系消费者的切身利益，甚至生命安全。产品质量粗劣使消费者受到损害或危及生命安全是导致顾客关系危机的主要原因。

例如，2018 年"3·15 晚会"曝光名单：途锐发动机存在安全隐患、非标波纹管使用再生料、道路标线反光效果不达标、大量进口牙刷不合格等都属于产品质量缺陷问题，它们先后引发了顾客关系危机。产品质量是信誉的基础，产品质量出问题必然使消费者对企业的信誉产生动摇。因此，产品质量问题不但引发顾客关系危机，而且还引发消费者对企业的信誉危机。

（2）顾客行为责任问题引发危机。如服务行业中经常出现的醉酒滋事、喧哗吵闹、毁坏物品、侮辱服务员等，产品使用不当造成的人身伤害等，都会将企业置于危机之中。

 **案例欣赏 6-2**

"在高速失控狂奔"奔驰车已被封存，原因仍待查

央视新闻微博 3 月 25 日消息，近日，河南薛先生称，他驾驶奔驰轿车在河南通往陕西的连霍高速上出现定速巡航失灵，无法切换回人工驾驶，刹车和挡位等系统无法正常运行，被迫以时速 120 km 的速度在高速路上狂奔近 1 h，后在交警等多方援助以及打开车门等自救措施下结束"奔驰"。

据此前媒体报道，3 月 14 日晚，在河南通往陕西的连霍高速上，定速巡航深夜失灵，时速 120 km 的奔驰在高速路上狂奔近 1 h。豫陕交警全力营救，河南高速交警与陕西高速交警沟通，打开了所有入陕车道。进入陕西后，奔驰售后终于通过后台系统操作，使这辆在高速公路上失控距离长达 100 km、失控时间近 1 h 的奔驰车，安全停靠在连霍高速 923 km 处路段。

3 月 22 日，该事件有了进展：薛先生和奔驰公司方面达成初步共识，在成都将车辆封存后运回郑州等待下一步协商。失控车被贴 18 张封条，车辆被拖回郑州封存，将协商检测。

薛先生称，这辆车是第一次使用定速巡航功能，在近 1 h 的失控过程中，只踩过两次刹车。事发全程定速 120 km/h，过收费站时也没降。而打开车门这一举动，是因为紧张误解交警的话，结果发现车速降低。事发后继续上路，是因为有重要工作。

而奔驰公司与售后技术部门沟通后存在几点疑问：车速在 120 km/h 情况下，非专业运动员无法通过臂力推开车门；该车辆没有开门降速功能；售后服务部门无法通过后台对车辆进行远程控制，目前只能做到查看车辆位置；车辆制动系统的机械力始终存在。技术试验分析表明，在车辆软件控制系统完全失灵的情况下，脚踩刹车不会没有制动力。

很多网友质疑，认为这种情况几乎不可能发生，而是怀疑事发前奔驰车已超速，为逃避责任谎称车辆失控。警方解释，连霍高速在洛阳以东限速 120 km/h，进入新安县到三门峡是 100 km/h。不排除车主从洛阳过来时是 120 km/h，后来发现需要降低车速，但踩刹车却不起作用。

目前还需等检测结果出来后，才能确认车主此前是否违章。

资料来源：http://www.guancha.cn/car/2018_03_26_451488.shtml.

（3）产品被假冒引发危机。名牌产品具有较强的市场竞争力和较高的市场占有率，一些企业靠正当竞争无法立足，于是就盗用名牌生产假冒产品以牟取暴利。假货质量低

劣，使名牌企业遭受不白之冤，造成企业信誉和生存危机。统计资料显示，全国几乎所有的名牌产品，特别是名烟、名酒都有假货在市场上销售。山西的"汾酒"曾被不法分子假冒并致死人命，造成"汾酒"的信誉危机而严重影响"汾酒"的市场占有率。

（4）消费者的误解引发危机。误解性公关危机，是指企业自身的工作或产品质量等方面没有什么问题，没有出现任何损害公众的事件，但是由于沟通不畅或者流言、谣言影响，企业被公众尤其是新闻记者公众、政府公众误解和怀疑，受到公众的无端指责，企业由此而陷入危机之中。它虽是误解性的，也能严重地破坏企业的形象，甚至影响企业的基本生存权。

例如，曾有一位美国科学家在医学杂志上撰文指出："医院病房里摆设的花瓶内的水中含有对某些病人潜在威胁的细菌，如果长期使用，可能对病人造成不同程度的危害。"对这一"新"发现，美国的许多报刊也登载了许多文章，指出种植花卉可能对人体造成严重伤害，甚至危及生命。在这种舆论的影响下，美国花卉行业惨遭损失。从这里我们可以看出，公众对社会组织的怀疑，虽然没有任何事实上、科学上的依据，但仍能支配他们的言行，使企业陷入困难之中。所以，公共关系人员应高度重视公众的误解，及时采取措施，消除影响。

4. 媒体关系危机及成因

媒体关系危机是指企业与新闻传播媒体之间关系恶化而引发的危机。媒体关系危机破坏力最大，它会引发企业其他公共关系危机，如股东关系危机、顾客关系危机，从根本上破坏企业的公众形象和生存条件。引发媒体危机的原因在于企业的负面新闻及应对负面新闻的失策。媒体是好奇的，企业的新闻特别是不愿公开的负面新闻往往是媒体极力捕捉的对象。

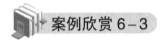 案例欣赏 6-3

五星级酒店床单事件

这是发生在 9 月份的一次"群体性品牌危机"。9 月初，蓝莓测评发布一篇《五星级酒店，你们为什么不换床单》的评测报告，刷爆了朋友圈和微博。在测评视频中，曝光了北京 W 酒店、北京三里屯洲际酒店、北京希尔顿酒店、北京 JW 万豪酒店以及北京香格里拉酒店，均未在客房退房后彻底更换床品，其中 3 家酒店"床单、枕套都没换"。此外，5 家酒店均未清洁浴缸，部分酒店"马桶圈、漱口杯等未彻底清洁"，甚至地上还有一个拆开的安全套的外包装。

北京三里屯洲际酒店最先通过媒体发布了对此事件的回应，表示"该报道不能全面真实地反映我们的服务标准，且我们无法核实该报道的准确性"。随后，香格里拉酒店在其官方微博上发布了回应，同样表示"我们尚无法核实其准确性"。一天之后，北京希尔顿酒店也在官微上发布了几乎一样的内容，同样表示"尚无法核实媒体报道的准确性"。

三家五星级酒店，就和商量好的一样，几乎用同一个版本的公关稿搪塞媒体和公众。另外两家甚至都没有对外发声，这才是真正的恐怖。反观同样被曝不换床单的美国酒店，以及海底捞的危机公关，用"天壤之别"来形容一点也不为过。

资料来源：http://www.shichangbu.com/article-30999-1.html.

5. 政府关系危机及成因

政府关系危机是指企业与当地政府及职能部门之间关系的恶化而引发的危机。政府关系危机一旦出现，还会被媒体曝光，从而引发出其他的危机，其危害同样不容忽视。

引发政府关系危机的原因主要是企业经营活动中的违法行为和违规行为。企业违法行为主要指偷税漏税、贪污行贿、诈骗制假、违反《劳动法》等。企业的违规行为主要是指产品质量或生产经营达不到国家规定的质量标准、安全生产标准、环保标准等。

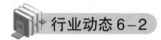 行业动态6-2

企业行贿列入"黑名单"不得参与招投标

广州日报讯（全媒体记者吴多，通讯员杨有为、骆克猛）为拿项目行贿，企业要列入"黑名单"，不得参与财政项目的招投标；聘请社会廉政监督员，通过到执法一线明察暗访等形式加大监督力度。近日，海珠区安监局多措并举，杜绝工作中权钱交易问题的发生。

2017年，海珠区安监局发生了一系列违纪违法案件，被列为海珠区基层正风反腐治理重点单位。海珠区纪委监委通过发出《纪检监察建议书》和派出第七派驻纪检监察组驻点指导区安监局查摆问题，以建章立制、建立诚信"黑名单"、加大通报曝光力度、聘请廉政监督员四项措施正风肃纪，不断推动基层正风反腐专项工作取得实效。

在查处海珠区安监局原调研员何成木等人的违纪违法问题后，海珠区纪委监委督促区安监局在全体干部中举办警示教育大会，深入剖析原因，认真查摆"企业安全生产标准化建设"及"重大危险源场外应急救援预案"推进工作中存在的权钱交易问题，摸清腐败高危风险点底数，排查制度管理漏洞，及时修订完善制度16项，通过"以案促改"建章立制，堵塞管理漏洞。

建立诚信"黑名单"，禁止不法企业参与区财政项目的招投标。在海珠区纪委监委的指导下，区安监局对具备评估资质的企业建立了诚信档案，将5家曾经采用行贿等不正当手段获得安全生产评估中介项目的企业列入"黑名单"，禁止其参与该区政府财政项目的招投标。

此外，海珠区安监局还在街道和监管行业企业中选出7名代表，聘请为区安监局社会廉政监督员，联合海珠区安监局的纪检监察队伍力量，不定期地以向相关企业发放问卷调查、到执法一线明察暗访和关键时间节点短信提醒等形式，加强对干部特别是党员领导干部的监督管理。

资料来源：http://sh.qihoo.com/pc/9288cbf9bb2f3300e?sign=360_e39369d1.

6. 社区关系危机及成因

社区关系危机是指企业与所在地的单位和居民之间的关系恶化而引发的危机。企业尤其是生产性企业的经营活动必然对社区环境产生一定的影响，有些影响是积极的，如提供就业机会、繁荣社会经济；有些影响则是消极的，如生产过程中发出的噪声，排出的废水、废气、废渣等，如果企业不能有效地控制废水、废气、废渣或者在生产中出现一些事故，如造成有毒气体、有害物质泄漏，对社区环境（空气、水流、土壤）造成严重破坏和污染，危害到当地居民的身体健康时，必然会遭到社会公众的反对，导致社区关系的恶化而引发危机。

值得注意的是，社区关系中又包含着顾客关系、政府关系等，所以社区关系危机还会造成顾客关系和政府关系的危机，破坏企业在社区公众中的形象，威胁企业的生存和发展。

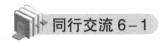 同行交流 6-1

化工厂污染严重，投诉无门怎么办？

本人所居住的上海青浦赵巷镇，四边都是工厂：化学厂、药厂、橡胶厂、橡塑厂、芯片厂、石棉厂，以及垃圾填埋场。小区 QQ 群里，接连反映：闻到恶臭！恶心、头晕、想吐、睡不着觉。n 多人反映，n 多人电话举报环保部门、信访办，就只差报警。于是小区居民开会讨论毒气污染维权问题。初步计划如下。

（1）自行周边排查，重点锁定剧毒物质、大量违规排放的工厂、公司。目前以上海信谊制药厂，阿姆斯壮建筑制品公司（美资）嫌疑最大。

（2）先找环保局，当面协商。

（3）然后找青浦区政府信访，当面协商。

（4）再找新闻媒体对周边工厂放毒一事进行曝光。

（5）再通过微信、QQ、论坛等网络媒体进行曝光。

（6）如果这么曝光还无反馈，那么我们组织民间化学专业团体，调研和测量周边工厂污染情况，拿出我们的污染分析报告。

（7）直接拿我们自己的污染报告，向市政府、市信访办举报投诉。希望通过上级部门和媒体形成倒逼，促使区环保局拿出实地污染调查报告。

（8）拿到环保局污染报告后，再动员周边小区全体居民，签字、维权、集体信访。不确定这个计划是否有效，大家有什么好的建议，不妨集思广益来讨论。

------------------------150427 更新------------------------

今天青浦环保局的人打电话给我，向我确定空气污染一事。他问我说，有没有看到偷排的情况。我说没看到，我们只是闻到，很多人都闻到，只是恶臭，臭得让人头晕恶心睡不着觉，没有亲眼见到谁在偷排，什么时候偷排，怎么偷排，就是恶臭严重影响生活，仅此而已……然后电话那边说："好的好的，我们会对相关企业进行调查。"

心里有点担心，这两天没有那么严重的臭味了，环保局这会儿派人过去会查到什么呢？要是有办法能够在半夜里强烈恶臭袭来的第一时间去抽查附近水污染就最好了，百度查询得知药厂菌丝废渣产生厌氧反应后用废水排放。

------------------------150514 更新------------------------

经过近一个多月连续不断电话上访、投诉、沟通，今天晚上环保局终于派人到现场核查情况。这次青浦环保局工作人员亲自出马，带着两位邻居，驱车至嫌疑最大的药厂进行现场勘察。发现是上海杏林科技制药公司，在生产排污过程中严重违规。废气没有处理或失效处理，就直接给排放了。这是个生物菌种，周边污水处理站无法完全处理，大量有害废渣随废水直接流出。在环保局工作人员要求下，工厂当日已关停整改。这个处理方式比预想的要好，环保局行动比预想的要快。希望 5 月底整改结束后药厂不要再违规放毒了。

------------------------总结------------------------

（1）环保投诉，必须有理有据，有确定的怀疑目标地址。

（2）环保投诉，多管齐下。不仅要打区环保电话，还要打市环保电话以及市民热线。

（3）环保投诉，必须多人多次、反复、急迫，表达尽量专业。

我自己不是学化学的，问度娘找了很多医药资料自行科普；邻居们，学化学的或者环境的，以专业态度去投诉。这样的投诉会更容易引起重视。

资料来源：https://www.zhihu.com/question/27388536.

同步训练

一、关键知识点

公共关系危机类型、特征及成因。

二、抛砖引玉

一线 | 今日头条：相关融资报道不实

2018年05月07日 19:53:29|来源：腾讯《一线》作者张帆

5月7日，有媒体曝出今日头条2018年估值预计为400亿美元，2019年有望达到600亿美元。对此，今日头条方面对腾讯《一线》表示，有关媒体报道的今日头条融资消息不实。

结合以上信息，谈谈媒体不实报道给组织带来的危害及应对措施。

三、案例讨论

网 络 谣 言

（一）案例背景

2017年4月17日，国家食药监总局举行通气会，邀请农业部、国家卫计委、国家质检总局、国家网信办、清华大学、中国社科院等有关部门负责人、专家学者和腾讯、新浪等互联网平台从业人员，就如何"多方联动，有效治理食品谣言"展开座谈。食药监总局新闻发言人颜江瑛表示，要加大对食品安全谣言制造者的处罚、追责力度，提高公众科学素养，使谣言无处遁形。网络谣言有几种类型。

有意编造，别有用心。造谣者罔顾事实，凭空捏造所谓真相，甚至自导自演，炮制图片视频等"证据"，以谋取不正当利益。如今年2月，几段展现"塑料紫菜"的视频在网上广泛传播，视频中有人称几个福建晋江企业产的紫菜是"塑料做的"，并表示紫菜嚼不烂，劝诫网友"别吃了"，引发一轮"塑料紫菜"风波。

偷换概念，混淆视听。造谣者利用夸张、歪曲的加工手段，模糊事实本原和全貌，频繁使用"有毒""致癌""致死"等刺激性语言，愚弄公众认知。此类谣言因为与事实真相"鱼龙混杂"，较难甄别，也不易取证，辟谣难度较大。

旧闻翻炒，刻意抹黑。造谣者以食品药品安全事件为背景，将过去发生的事情掐头去尾改头换面；改变日期新瓶装旧酒；将日期模糊或者删除、乔装改扮，以此达到相互转发，误导百姓消费的目的。

戏谑嘲讽，负面传播。造谣者对影视片段进行配音配文，制成戏谑嘲讽的图片视频，利用互联网以年轻群体为主、低龄受众猎奇心理重的特点，形成裂变式传播，后续效应在很长时间内都难以消除。

资料来源：https://zhidao.baidu.com/question/923852862717266099.html.

（二）案例思考

结合以上材料，分析网络谣言对行业、产业与企业的影响，及对政府公信力和社会和谐稳定的危害。

任务二 公共关系危机预防与处理

知识目标

明确公共关系危机管理的意义，掌握公共关系危机预防的内容和要求，掌握公关危机处理的原则、程序、处理技巧和对策。

能力目标

初步具备公共关系危机管理的基本能力，能够协助公关经理进行公共关系危机预防、公共关系危机处理的基础性工作。

公共关系危机管理是企业为了解决危机、挽回不良事件造成的影响和损失，所采取的一系列具有预防、扭转、挽救作用的策略和措施。危机管理对于妥善处理危机事件，迅速控制事态的发展，维护组织形象，减少组织损失，创造经营时机具有重要意义。

公共关系危机管理主要包括危机预防和处理。

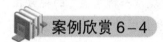 **案例欣赏 6-4**

京东小米 MIX 2 发错货后：买贵我赔　占便宜不用退

2017 年 9 月 15 日上午 10 点，小米 MIX 2 在小米官网、京东等平台迎来了首发开售。官方公布的数据显示，小米 MIX 2 在官网 58 秒内就销售一空，火爆程度可见一斑。

作为首发平台之一，京东商城也参与了此次小米 MIX 2 的首卖，且其极速达服务使得部分用户在下单后数小时就收到了手机。不过，昨晚有多位第一批拿到小米 MIX 2 的用户，在京东小米 MIX 2 页面下方反映，选的是 256 GB 版，收到的却是 64 GB 版。当然，也有人正好相反，买的 64 GB 版，却意外收到了 256 GB 版。京东在声明中表示，9 月 15 日小米 MIX2 在京东首发，由于抢购异常火爆，工作人员忙中出错发生出货错误，导致 300 多名用户收到了错误版本的手机。本着用户满意度第一的原则，将为用户提供以下售后服务。

对于 198 名购买了 256 GB 产品但收到 64 GB 产品的用户，京东将为用户更换为 256 GB 产品并提供 700 元京券作为补偿；对于 140 名购买了 64 GB 产品但收到了 256 GB 手机的用户，用户可直接保留高配产品，无须退回。

京东强调，京东客服已经联系了所有受影响的用户，售后服务正在顺利进行中。对于此次发货错误给用户带来的不便我们真诚的表示道歉，也向小米公司诚挚致歉。

由于错货事件的及时处理，京东的形象不仅没有受损，反而得到了提升。

资料来源：http://www.sohu.com/a/192530796_119573.

一、公共关系危机预防

企业公共关系危机的预防是事前防范，通过树立危机意识和建立危机预警机制来实现。公共关系危机预防，只能使危机爆发次数或程度减到最低值，而无法杜绝危机。

（一）树立危机意识

这里所说的危机意识，是特指如何创造一个能让企业不被干扰的良好舆论环境的危机公关思维意识。没有危机意识，单纯的硬性危机防预体系是无力的，超前、无形、全面的危机意识才是企业公共关系危机防范中最坚固的防线，其内容包括以下几个方面。

（1）形象意识。把声誉和形象视作企业的无形资产，把树立和维护良好的组织形象作为企业危机公关的目标，这是企业可持续发展的源泉。

（2）传播意识。主动利用一切传播机会和传播媒介影响公众、引导公众和争取公众，引导新闻媒体对企业的正面宣传，形成有利于企业发展的良好舆论环境。

（3）诚信意识。市场经济需要的是信任与合作，任何的欺诈行为都会对诚信社会造成伤害。诚信是企业拥有良好公关危机意识的重要体现。面对危机，企业要开诚布公地说明事情原委，采取诚意的态度接受批评、淡化矛盾、转化危机。

（二）建立危机预警系统

公共关系危机预防要着眼于未雨绸缪、策划应变。许多危机在爆发之前都会出现某些征兆，因此，组织必须建立科学的预警系统来及时捕捉这些信息，这样才能从容不迫地应对危机带来的挑战，把损失减少到最低的程度。危机预警至少应该包括以下六个方面的内容。

（1）舆情监测。由专业机构运用技术手段，对互联网上的海量信息进行监测，掌握企业自身、竞争对手以及行业的舆情状况，并重点关注负面声音，对其内容进行初步分析。

（2）内部研讨。舆情监测更多是数据筛选，初步分析，要定期组织内部相关人员对舆情报告进行研讨，对于负面声音进行定性，并拟定应对计划。

（3）倾听外部意见领袖的意见。企业自身人员由于身在企业内部，有可能"不识庐山真面目"，出现盲点，因此要注意倾听外部意见领袖的意见。这些意见领袖包括，行业媒体、行业协会领导、行业资深人士、公关专家等。由他们对企业的舆论状况提出意见。

（4）制定危机预案。通过前面的工作，对企业的舆情状况有了比较完整的了解，应该联合危机公关专家，制定本企业的危机预案，建立危机管理小组、进行明确的风险提示，给出应对建议等。

（5）未雨绸缪，有针对性地解决某些问题。预警只是系统性的指导，关键还是行动，把工作做在先。比如，以科普的方式让媒体和消费者掌握必要的产品知识，避免因为专业知识的缺乏而出现误解。

（6）重要外部资源整合。危机公关中单靠企业一方说话，权威性不足，需要各个方面的声音。企业应该在平时注意围绕公关危机整合重要外部资源，包括第三方研究机构、监测机构、政府主管部门、核心媒体、行业资深人士。需要注意的是，所谓的整合资源并非是不正当地拉关系，而是因为相关各方能够从各自专业和职能的角度发出自己的声音，确保在危机中专业、理性的声音不被淹没。相反，如果相关方没有自己的专业立场，一味站在企业立场说话，反而适得其反。

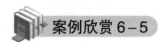 **案例欣赏 6-5**

危机公关：请重视危机预警

在危机公关中有两种现象比较典型，一种是出现危机企业反应迟钝，实施鸵鸟政策，回避问题；另一种是尽管企业快速响应，发出回应声明并站出来澄清情况，但是媒体和消费者却并不买账，"澄而不清"。近年来随着企业危机公关意识的增强，第一种情况已经不多见，但第二种情况却越来越普遍，成为企业危机公关的难点。比如，前段时间发生的汉森制药"四磨汤致癌门"事件。

4月25日，媒体突然曝光湖南汉森制药股份有限公司旗下拳头产品四磨汤存在致癌成分，让公司措手不及的同时也迅速吸引了大量媒体的关注。事件被媒体引爆后，迅速登上各大网站财经频道首页，舆情迅速发酵。

因四磨汤是汉森制药的拳头产品，报道对其影响重大。25日当天，汉森制药迅速反应，申请临时停牌，并于晚间发布澄清公告。但汉森制药的快速回应并没有减轻外界对此事的关注程度，澄清公告发布后，质疑之声不断。作为上市企业，汉森制药在股市上遭遇重大挫折，其股价在复牌当日即跌停，舆情持续发酵。随后由于时值五一小长假，舆论关注度有所下降，但节后又出现舆情关注度的反弹，媒体报道量及网友热议度再次增长。

为什么汉森制药会面临"澄而不请"的难堪局面呢？究其原因主要有几点。

首先，四磨汤属于使用比较广泛的药品，涉嫌致癌，兹事体大，很容易触动舆论和消费者的敏感神经，对于这种事关生命健康的问题，人们处于健康考虑会习惯性"宁可信其有"，将其拉入黑名单。

其次，媒体和消费者作为非专业人士，并不清楚食用槟榔和药用槟榔的区分，很容易将"食用槟榔易致癌"与"药用槟榔致癌"混为一谈。

再次，尽管汉森制药的澄清公告中称，由中国药理学会药检药理长沙新药新技术服务部完成的四磨汤口服液毒理试验结果表明：四磨汤口服液安全。但并没有出示检测机构所出具的检测报告，让澄清公告的权威性和说服力大打折扣，也成为随后舆论质疑的因素之一。

此外，汉森制药在对包括四磨汤在内的数款热销中成药品的说明书中，关于"不良反应""禁忌"等事项多是"尚未明确"，也没有对药理实验内容、临床试验情况进行说明，这一点被部分媒体诟病。

需要特别注意的是，尽管企业在危机中的应对方法可以改进，技巧可以提高，但是，由于药品的高敏感性和高专业性，一旦危机发生企业几乎是百口莫辩，澄清和扭转舆论的难度极大。尤其是作为上市药企，在资本市场上面临的考验更大，甚至是毁灭性的。

那么，危机公关应该从何入手呢？重视危机预警，提前进行风险评估和危机研判是最好的途径之一。再回到汉森制药的"四磨汤致癌门"事件，尽管事发突然，但是对于汉森四磨汤成分的安全性质疑并非只有槟榔，早在三年前就有媒体曾对四磨汤的主要成分"乌药"的毒性产生过疑问，但这在当时并未引起舆论和业界的关注。这条消息被很多媒体引用，成为对四磨汤安全性质疑的注脚。

试想，如果三四年前"乌药"事件爆发时，汉森制药就开始意识到对四磨汤各成分安全的质疑可能引发重大危机，主动邀请权威机构开展相关的毒性实验并严格规范标示和有充分的药品说明书，那么是否就可以在一定程度上避免如今的危机呢？

资料来源：http://www.360doc.com/content/13/1212/22/6850534_336721397.shtml.

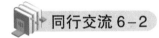 **同行交流 6-2**

公关危机，以防为主

对危机公关有足够重视的企业，都会有两套预防系统，一是媒体关系预警，二是舆论监测预警。两者的区别在于，前者知道哪些负面要出，后者第一时间发现负面新闻。

如何理解媒体关系预警？其实，这个也很简单，就是利用自己的媒体关系网络，在负面新闻出刊之前或者媒体想调查之前得到信息，进而采取有利的措施应对。厉害点的公关公司可能会要求报社撤稿或停止跟进，有些则与媒体记者充分沟通，将原本是负面的新闻转变为中立客观乃至正面的新闻报道。当然，也有些媒体不买账，或者趁机索取高额的广告代理费。

在工作中，确实遇到了媒体预警的情况。去年，某报在出刊前曾打电话告诉我们将要出一个可能对我们公司客户不利的新闻，叫我们做好应对准备。当天晚上，我们就做好了应对机制，等该报道一出来，马上跟进澄清，并与媒体做好沟通，很快，负面新闻被淡化。

说到舆论监测，算是第二道防线，一是有些企业未必有能力去维护一个强大的媒体关系网络，二是就算可以维系，也不可能面面俱到。所以，需要有舆论检查来弥补。大型企业一般都会有一系列的舆论监测机制。有钱的就买套监测系统，没钱的话就由公关代理公司人工监测，再穷的话就由自己公关部的人来负责，穷的响当当的话，那就算了。

这种监测是发现危机于萌芽状态。但无论怎么说，这负面新闻已经暴露于公众眼前，如果是自媒体传播的话，想消灭问题不大，但如果是由主流媒体发出，那这危机就算是形成了。

就目前来说，舆论监测范围包括：纸媒、视频、微博、论坛、博客等各种类型。利用技术监测的就不说了，如果利用人工监测的话，鉴于不同搜索引擎的收录不一样，记得使用多个搜索引擎，以保证搜索到更多的信息。

资料来源：https://www.douban.com/group/topic/39108130/.

二、公共关系危机处理

公共关系危机处理也称危机公关。危机公关可以这样理解：危机就是遭遇舆论危险（负面的舆论），可能会遭受损失；而公关，则是通过各种有效手段影响舆论，减少危机所带来的损失，甚至转危为机。针对公司的危机主要有：产品、品牌、企业运营等，如果涉及上市公司，财务、股权交易等都有可能成为危机。

公关危机必然与媒体舆论有关，如不涉及媒体也不涉及可能曝光，公关危机也无从说起，危机恶化的很大原因在于媒体的推波助澜。因此，危机发生之后，企业必须表明自己的立场，并通过积极的沟通，引导舆论，稳定人心，重构企业与公众之间的信任关系。

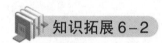 知识拓展6-2

网络危机公关

网络危机公关是指利用互联网对企业的相关品牌形象进行公关，尽可能避免在搜索企业的相关人物与产品服务时出现负面信息。

有人说，现在最厉害的武器不是原子弹，而是媒体的炒作。而网络媒体炒作的速度之快、影响力之大远远超过了其他传统媒体。网络可以让一个在酒吧卖唱的人一夜之间变成最红的网络歌手，继而成为年度最佳音乐新人；也可以让一个因为一次没有满足客户需要的企业臭名远扬，使其名誉扫地。网络的普及，使信息传播的速度加快，也加快了危机形成的速度。

互联网的迅速兴起，改变了媒介与受众之间的传播关系，同时也改变了整个传播的话语环境。经过诸多案例的证实，在如今，网络已经成为企业危机公关的触发器与放大器，企业必须加强网络媒体监控，以增强自身的网络危机公关能力。

（一）危机处理的原则

由关键点传播集团董事长、著名公关顾问专家游昌乔创导的危机处理5S原则，包括承担责任原则、真诚沟通原则、速度第一原则、系统运行原则、权威证实原则。

1. 承担责任原则（shouldering the matter）

危机发生后，公众会关心两方面的问题：一方面是利益的问题，利益是公众关注的焦点，因此无论谁是谁非，企业应该承担责任。即使受害者在事故发生中有一定责任，企业也不应首先追究其责任，否则会各执己见，加深矛盾，引起公众的反感，不利于问题的解决；另一方面是感情问题，公众很在意企业是否在意自身的感受，因此企业应该站在受害者的立场上表示同情和安慰，并通过新闻媒介向公众致歉，解决深层次的心理、情感关系问题，从而赢得公众的理解和信任。

2. 真诚沟通原则（sincerity）

企业处于危机漩涡中时，是公众和媒介的焦点。你的一举一动都将接受质疑，因此千万不要有侥幸心理，企图蒙混过关。而应该主动与新闻媒介联系，尽快与公众沟通，说明事实真相，促使双方互相理解，消除疑虑与不安。这里的真诚即诚意、诚恳、诚实。如果做到了这"三诚"，则一切问题都可迎刃而解。

诚意。在事件发生后的第一时间，公司的高层应向公众说明情况，并致以歉意，从而体现企业勇于承担责任、对消费者负责的企业文化，赢得消费者的同情和理解。

诚恳。一切以消费者的利益为重，不回避问题和错误，及时与媒体和公众沟通，向消费者说明进展情况，重拾消费者的信任和尊重。

诚实。诚实是危机处理最关键也最有效的解决办法。我们会原谅一个人的错误，但不会原谅一个人说谎。

3. 速度第一原则（speed）

"好事不出门，坏事传千里。"在危机出现的最初 12～24 小时内，消息会像病毒一样，以裂变方式高速传播。而这时候，可靠的消息往往不多，社会上充斥着谣言和猜测。公司的一举一动将是外界评判公司如何处理这次危机的主要根据。媒体、公众及政府都密切注视公司发出的第一份声明。对于公司在处理危机方面的做法和立场，舆论赞成与否往往都会立刻见于媒体报道。因此公司必须当机立断，快速反应，果决行动，与媒体和公众进行沟通，从而迅速控制事态。否则会扩大突发危机的范围，甚至可能失去对全局的控制。危机发生后，能否首先控制住事态，使其不扩大、不升级、不蔓延，是处理危机的关键。

4. 系统运行原则（system）

在逃避一种危险时，不要忽视另一种危险。在进行危机管理时必须系统运作，绝不可顾此失彼。只有这样才能透过表面现象看本质，创造性地解决问题，化害为利。危机的系统运作主要是做好以下几点。

（1）以冷对热、以静制动。危机会使人处于焦躁或恐惧之中。所以企业高层应以"冷"对"热"、以"静"制"动"，镇定自若，以减轻企业员工的心理压力。

（2）统一观点，稳住阵脚。在企业内部迅速统一观点，对危机有清醒认识，从而稳住阵脚，万众一心，同仇敌忾。

（3）组建班子，专项负责。一般情况下，危机公关小组的组成由企业的公关部成员和企业涉及危机的高层领导直接组成。这样，一方面是高效率的保证，另一方面是对外口径一致的保证，使公众对企业处理危机的诚意感到可以信赖。

（4）果断决策，迅速实施。由于危机瞬息万变，在危机决策时效性要求和信息匮乏条件下，任何模糊的决策都会产生严重的后果。所以必须最大限度地集中决策使用资源，迅速做出决策，系统部署，付诸实施。

（5）合纵连横，借助外力。当危机来临，应充分和政府部门、行业协会、同行企业及新闻媒体充分配合，联手对付危机，在众人抬柴火焰高的同时，增强公信力、影响力。

（6）循序渐进，标本兼治。要真正彻底地消除危机，需要在控制事态后，及时准确地找到危机的症结，对症下药，谋求治"本"。如果仅仅停留在治标阶段，就会前功尽弃，甚至引发新的危机。

5. 权威证实原则（standard）

自证清白不如权威认证。危机发生后，企业不要整天拿着高音喇叭叫冤，而要曲线救国，请重量级的第三者在前台说话，使消费者解除对自己的警戒心理，重获他们的信任。

（二）危机处理的程序

当出现发生突发事件或重大事故时，企业会面对强大的公众舆论压力和危机四伏的社会关系。要面对危机，企业应尽可能掌握主动权、避免被动，沉着冷静、循序渐进。

1. 全面了解危机状况

危机爆发了，成立紧急危机解决小组后的第一件事情，就是立刻对本次危机程度进行一个系统全面的监测扫描，列出电视、报纸、网络等刊登的版面、内容、观点等情况，对已经发生的事态做实时总结，并对可能进一步发生的状况进行预估，全面了解危机事态状况。比如哪些频道、哪些栏目进行了怎样的报道，哪些媒体、哪些板块进行了哪些导向的内容报道，网上负面报道转载率多少，重点有哪些网站，哪些网站正准备撰写负面文章并发布等。

2. 制定应对策略方法

在了解事态的全面情况之后，马上制定出应对策略和方法，主要目的是防止危机的蔓延，同时做到最短时间内屏蔽各类负面消息。具体包括：跟哪个媒体交涉，谈判处理的各种可能条件，计划在什么时间内完成，采用什么办法去执行等。在技术层面，一般的处理方法包括三个方面。

（1）针对平面媒体，要快速发布企业的其他信息，采用冲淡和转移策略，把外界对企业的关注转移到好的方面，并在第一时间与已经发布负面信息的媒体进行沟通协调，争取谅解。

（2）针对网络新闻，可采用撤稿、更换标题、更换位置等办法进行紧急处理。

（3）针对网络论坛，可采用沉帖、发布新帖、封帖等网络技术手法进行处理。

3. 化解危机的负面影响

应对办法只是防止危机蔓延的速杀技术，但已经看过负面新闻的人，解决他们的心理阴影才是关键，否则危机还会从这些人身上再次披露和爆发。此刻，化解的最佳办法就是针对性公布事实、让已知的消费者了解真相，采用不回避、不主动、迂回包抄的策略。但这里有一个关键点，就是"度"的把握，公布事实最好不要过于广泛，能直接针对知道该事件的消费者最好，如果扩大化地公布事实，可能反而引起不必要的关注和解释，于企业不利。所以，在化解的阶段，要理清思路和事情完整的缘由过程，最好达到"捂着说"的效果。

4. 精准策划，转危为机

精准策划和巧妙构思，让危机事件成为提升企业美誉度的好事。如某奶粉被质疑为"假洋鬼子"，该企业采用了类比说明和新概念整合的手法，巧妙地转危为机。

先是类比说明：如青岛海鲜销往全球且都被各个国家运回本国销售，而我们的奶粉也同样的只是从其他国家进口产品回国销售，这是一种国际成熟的商业模式。进而导出一个"全球产业链共享与整合"的新概念，即从产地好、产品好的国家进口产品和原料回到本国销售，这是中国乳业整合全球产业链的新型商用模式。从而将其塑造成"世界资源，为我所用"的领先商业形象，巧妙地把"危险"转化成了"机会"，反而得到了更多消费者的信任。

5. 主动出击，重塑形象

危机公关不能仅仅满足于单纯地解决了危机本身，企业还需要更好的发展、更大的市场。因此，应借此机会主动出击，重塑形象。

主动出击的要点就是"重塑"品牌形象，"去伪存真、去弱留强"。经过危机的洗礼，企业更明白了消费者需要的是什么、企业的真正优势在哪里，这时就是做品牌修复的最好契机。在精准地修复了品牌识别之后，企业还需要借助专家、权威、意见领袖的平台，把修复后的品牌精髓和价值取向等向外界发布，重新塑造或加固品牌的优秀特质。同时，结合本次危机背景主题的行业研讨会、专家论坛、媒体发布会等，也是一种惯用和有效的手段，能为企业迅速到位传达信息起到至关重要的目的。

6. 策划推广，稳步提升

"重塑"步骤虽然已经是"提升"步骤的开始，但从消费者角度看，以消费者利益点为核心的活动策划和推广，才是品牌美誉度和市场销售真正提升的关键。专家的证言支持固然能提升消费者的信心，但捆绑在销售终端的公益活动或让利活动，更能激发消费者的消费热情。所以，为了抹平曾经的摩擦和不愉快，迎接更大一轮的市场热销，这个时候，企业一定要"舍得"，比如特价促销、大力度的回馈活动等。

有了前面五大步骤的完美铺垫，这时候的"舍"不仅会重新唤回消费者对品牌好感，更能让消费者真正体验到企业的诚意和对自己的在意，因此他们将加倍支持和喜爱这个品牌。获得了消费者的心，品牌的美誉度和忠诚度就全都有了。

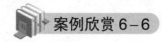 **案例欣赏6-6**

海底捞"老鼠门"危机应对的两篇声明

2017年8月25日这天的海底捞，经历了过山车般的一天。上午爆出两家门店后厨有老鼠出没，下午发出两篇业界赞为危机公关范文的声明。

（一）两篇声明的主要内容

我们先来看海底捞两篇声明，不绕弯子，直接拆解分析声明的公关价值。为了抓住重点，此处只谈最重要信息。

1.《关于海底捞火锅北京劲松店、北京太阳宫店事件的致歉信》的主要信息

（1）开篇即承认错误，毫不避讳媒体报道属实。

（2）强调一贯重视食品安全，处理结果要公之于众。

（3）道歉。

（4）明确告知详细处理结果的查看地方。

（5）再次表达自责和歉意，顺便感谢曝光的媒体。

（6）谈到自身管理问题，愿意承担责任。但有信心改进，且已在整改中。

（7）欢迎监督，感谢监督。

2.《关于海底捞火锅北京劲松店、北京太阳宫店事件处理通报》的主要信息

（1）两个涉事门店已开始自查整改。

（2）主动积极配合政府的监管调查。

（3）欢迎媒体和顾客检查。

（4）找防虫害公司专业性整改。

（5）涉事门店服从法律法规。

（6）员工勿慌，管理有责，海底捞没有背锅"临时工"。

（7）全体海底捞门店服从法律法规整改。

（8）每项整改点名道姓落实责任人。

（二）两篇声明的公关分析

海底捞两篇"雄文"般的声明，如果各自提炼最大两点，那一定是以下两点：

第一篇："快"；第二篇："暖"。

从上午事件发酵，微信群聊和朋友圈引爆，到第一篇声明出现，前后不过三个小时。对于一篇篇幅翔实、字词拿捏准确又面面俱到的声明，可以倒推想象，海底捞舆情监控部门从事件锁定响应、对上汇报、内部调查、高层讨论决策、危机措施制定、声明撰写到发布，几乎是分秒不停。

危机公关三大黄金法则第一条，就是别拖，别耽误时间。第一时间承认错误，公布事件真相并道歉，纵然再大的危机，也可以算是解决一半了。公众给海底捞迅速的反应也很迅速。基本很肯定其声明的正面效果。不少餐饮从业者或评论人士，还纷纷自动开

启上帝视角，分析为什么中国餐饮业治不住老鼠。《零售老板内参》App（微信 ID: lslb168）读者用户群里，不少用户甚至认为，老鼠问题是社会性问题，而不仅是餐饮业问题。

这还不算完。昨天傍晚时分，海底捞第二篇声明，毫无防备的袭来！这篇更炸更燃。吃瓜没吃瓜的群众，已经对声明里配合政府、服从法律、联系专业公司治鼠不感兴趣了。全部扑向第六条那句"两个涉事门店员工干部无须恐慌……主要责任由公司董事会承担"。危机公关三大黄金法则第二条，就是转移负面事件的注意力，不要成为舆论讨论的焦点。海底捞第二篇声明，貌似做到了。这些年来，海底捞品牌沉淀的核心要素，就是超出一般人常识的口碑效应，对顾客近乎赔本式的服务，对员工也近乎亲人般的照顾。第二篇声明的第六条，被人赞为"依然很海底捞"，有事发生，管理层想到的竟然还是要保护员工。

海底捞两篇声明，我们不好揣测海底捞在其中埋藏了什么意图。不过，文章一出，确实为公众制造了新的舆论兴奋点，纷纷赞赏文章的文辞巧妙和态度耿直。

危机公关三大黄金法则第三条，危机事件的解决过程，毫无保留呈现给社会大众，但也显得很专业复杂。一般社会大众是不会对细节感兴趣的，有兴趣了解细节的，早就去查知乎问答或维基百科了。

最后总结：我们愿意以专业化的危机公关角度关注此事，而非从所谓连锁餐饮行业如何进一步加强食品安全卫生云云。其目的，是希望行业老板决策层注意到，海底捞的声明好文，只是果，其内因，还在于海底捞从创始人张勇到整个企业文化中，那些一以贯之的健康基因。

资料来源：http://36kr.com/p/5090039.html.

（三）报道失实和谣言的处理

常见公共关系危机有两种情形：报道失实和谣言传播，它们是公共关系危机处理的核心。

1. 报道失实的处理

报道失实是指媒体报道的情况与事实本身不符致使企业形象受损。处理要点如下。

（1）迅速搜集媒体失实报道的信息内容，核准其失实程度。

（2）立即向发表失实报道的媒体提出更正要求。

（3）尽全力找到失实报道的记者、编辑及制作者，诚恳地提出更正要求。

（4）如失实报道的媒体和个人拒不认错，可通过上级主管部门出面处理，借其他新闻单位发表文章或广告，把真实情况公之于众。

（5）如失实报道情节特别严重，造成不良后果，可诉诸法律，依法维护组织声誉。

2. 谣言传播的处理

谣言传播是指不正确事实的非正式渠道传播，它是对事实的蓄意渲染、夸大、歪曲，或是无中生有，损害组织形象和信誉。处理要点如下。

（1）对谣言追根溯源，揪出谣言制造者。

（2）邀请本领域、本行业的权威人士、有关领导、新闻记者及其他有关公众，来澄清事实，妥善辟谣。

（3）必要时组织新闻发布会，就有关问题向新闻界做出说明，公开事实真相，倘若属于不正当竞争而发生的恶性中伤事件，则应诉诸法律解决。

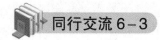 同行交流 6-3

负面新闻危机处理

（一）迅速定性

根据预警，既然知道危机即将发生或者已经发生了危机，就得马上处理。

如果是媒体预警的话，有三种可能：一是接触到关于该品牌不好的信息，向企业了解情况；二是要出一篇负面的报告，但还没有出刊；三是一定要出刊。

前面两个还能将负面扼杀在未出刊之前。这关键要看企业与媒体的关系，或者代理公关公司与媒体的关系。当然，前提是真的没有问题，或者问题不大。不然，再怎么捂都是捂不住的。有效沟通，尽可能提供更多有利的信息，是企业不二的选择。

在媒体预警这一块，也涉及定性的问题。可能是媒体真心给你信息，也有媒体暗示交易。无论哪种情况，都比较容易判断，如是暗示给钱的话，再怎么样也会让企业明白"给钱"。

无论是负面还是正面，记住，不要轻易放过任何一个可以对外传播的新闻点。

（二）迅速应对

在不能撤稿，也来不及沟通的情况下，或者已经出刊的情况下，企业应该如何应对？

1. 迅速组建危机处理小组，评估这次负面新闻可能对企业造成多大的影响，是属于品质问题还是运营问题、财务问题还是其他问题，随着媒体的深入挖掘，是否会有更大的危机？

2. 确认这次负面新闻出刊是媒体自行采编，还是媒体要钱，还是竞争对手攻击。

3. 对危机进行定性，确定危机等级，并商定处理方案。

4. 最短的时间厘清外界目前关心的问题，以及判断可能出现的情况。有条件的召开新闻发布会，一次性澄清问题，没有条件的，给媒体发新闻通稿。

5. 研究接下来媒体可能关注的重点与未来舆论趋势。

6. 公关危机讲究的是第一反应，至于怎样行动则另当别论。

很多企业在遇到危机时都会强烈反击，马上跳起来说诽谤诬陷之类的，然后又要起诉又要控告等。但务必记得，在记者面前说话要谨慎。前一段时间处理的一个危机事件就是客户在接受记者采访时说要起诉对方，但在后来并没有去起诉，也没有说明为什么又不起诉了，于是，记者又开始发挥想象力了：你不起诉了，是不是有猫腻？

有些企业会选择沉默。比如本身就有些问题的，在面临媒体责难时，只要涉及的负面不太严重，客户都会采取沉默的方式。一方面，让负面自然淡化，另一方面就是避免企业的回应再次引起媒体的关注，并继续深挖，结果不堪设想。

究竟是强烈反击还是沉默应对，这个度如何掌握，还真的是一门艺术。

（三）持续监测

如果在一两天之内还是没能很好回答媒体质疑的问题怎么办？为了不让新闻进一步扩散进而引起对产品或品牌的恐慌，就要做好媒体监测，随时了解舆情动态。

危机公关期间的媒体监测又和平时的媒体监测不一样，一般来说，会实行×小时汇报制，根据不同的危机等级，我所接触到的都是3～4小时进行一份最新的监测报告分析。不要小看这份监测，这可是做策划决定的依据。在监测的时候，不仅仅要罗列数据，还要懂得分析，做好媒体质疑的应答及判断明天可能出现的舆情，并提出处理意见。因为没有比监测的人更了解整个事情的动态。

监测的范围有四大引擎的新闻及网页信息，如果算上 360 综合搜索的话，就是五大搜索。可利用搜狗、360 搜索引擎搜索论坛博客内容。另外，微博搜索是必需的，各大论坛的站内搜索也要关注一下，百度指数的趋势变化同样要关注。一份重点突出，数据翔实，分析有理有据的监测报告才是项目组最想看到的。

监测的内容有最新转载情况、最新报道、舆论动态、媒体态度、文章观点、媒体疑问、专家人物、政府态度、网友评论等多种，并在监测报告中用关键词的方式体现。

资料来源：https://www.douban.com/group/topic/39108130/.

（四）不同公众的具体对策

针对不同的公众群体，公关处理的重点和策略是不一样的。

1. 组织内部对策

（1）迅速成立处理危机事件的专门机构，这个专门小组的领导应由企业负责人担任。

（2）迅速而准确地把握事态发展，确定危机事件的类型、特点，确认相关的公众对象。

（3）迅速制定危机处理的基本原则与对策，统一口径、统一思想认识、协同行动。

（4）向媒体公布危机事件的真相，表明企业对该事件的态度，通报将要采取的措施。

（5）危机事件若造成伤亡，一方面应立即进行救护工作或进行善后处理，另一方面应立即通知受害者家属，并尽可能提供一切条件，满足受害者家属的探视或其他要求。

（6）如果是由产品质量引起的危机事件，应不惜代价立即进行产品召回、撤架或检修。

（7）调查引发危机事件的原因，并对处理工作进行评估。

（8）奖励处理危机事件的有功人员，处罚事件的责任者，并通告有关各方。

2. 消费者对策

（1）迅速查明和判断消费者的类型、特征、数量、分布等。

（2）通过不同的传播渠道向消费者说明事故概况，不隐瞒事故的真相。

（3）听取并满足受到不同程度影响的消费者对事故处理的意见和愿望。

（4）通过不同的渠道公布事故的经过、处理方法和今后的预防措施。

（5）所有的对策、措施，都应以尊重消费者权益为前提。

（6）热情接待消费者团体代表，回答他们的询问、质询。

（7）及时与消费者团体中的领导以及意见领袖进行沟通、磋商。

（8）通过新闻媒介向外界公布与消费者团体达成的一致意见或处理办法。

3. 受害者对策

（1）认真了解受害者情况后，诚恳地道歉，并实事求是地承担相应的责任。

（2）耐心而冷静地听取受害者的意见，包括他们要求赔偿损失的意见。

（3）了解、确认和制定有关赔偿损失的文件规定与处理原则。

（4）避免与受害者及家属发生争辩与纠纷。即使受害者有一定责任，也不要现场追究。

（5）向受害者及受害者家属宣布补偿方法与标准，并尽快实施。

（6）应由专人负责与受害者及受害者家属谨慎地接触。

（7）给受害者安慰与同情并尽可能提供其所需服务，尽最大努力做好善后处理工作。

（9）在处理危机事件过程中，如无特殊情况，不可随便更换负责处理工作的人员。

4. 媒体对策

（1）成立媒体接待机构，专人负责发布消息，集中处理与事件有关的新闻采访，主动向记者提供权威的资料和真实、准确的信息。

（2）发布信息时如何措辞、采用什么形式、如何进行有计划披露等，应事先达成共识。

（3）公开表明企业的立场和态度，以减少媒体的猜测，帮助媒体做出正确的报道。介绍危机事件应简明扼要，避免使用技术术语。

（4）对媒体表示出合作、主动和自信的态度，不可采取隐瞒、搪塞、对抗的态度。对确实不便发表的消息，也不要简单地"无可奉告"，而应说明理由，获得记者的理解。

（4）当出现不实报道和谣言时，应尽快采取措施进行处理，但应注意避免产生敌意。

5. 政府部门对策

（1）危机事件发生后，应以最快的速度向政府部门报告，争取政府的援助与支持。

（2）在危机事件的处理过程中，应定期汇报事态发展状况，求得上级领导部门的指导。

（3）危机事件处理完毕后，应向政府部门详细汇报处理的经过、解决方法、事件发生的原因等情况，并提出今后的预防计划和措施。

6. 社区居民对策

（1）社区是企业生存和发展的基地，如果危机事件给社区居民带来了损失，企业应组织人员专门向他们致歉。

（2）根据危机事件的性质，也可派人到社区居民家庭中分别道歉。

（3）发表谢罪广告。其内容包括：作为谢罪广告对象的有关公众；公众了解的事项；明确而鲜明地表明企业敢于承担社会责任、知错必改的态度。

（4）必要时应向社区居民赔偿经济损失或提供其他补偿。

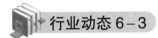

2017 年 10 大失败危机公关

（1）携程亲子园虐童事件；（2）携程捆绑销售事件；（3）五星级酒店床单事件；（4）BOSS直聘少年李文星之死；（5）美团清真门；（6）美联航殴打拖拽亚裔乘客事件；（7）包贝尔火锅店牛血冒充鸭血；（8）香港航空傲娇回应赌王四公子；（9）一毛钱都不给的创业公司；（10）丽江女子被打毁容事件。

资料来源：http://www.shichangbu.com/article-30999-1.html.

一、关键知识点

公共关系危机预防的内容和要求；公关危机处理的原则、程序、处理技巧和对策。

二、抛砖引玉

鸿茅药酒案双方和解起疑云

（北京综合讯）备受关注的"鸿茅药酒案"以当事人谭秦东道歉、企业撤案告一段落。双方突然达成和解，引起外界质疑中间是否存在猫腻。

谭秦东前天透过其妻子的微博发表个人声明称，自己在文章中使用了"毒药"作为标题，主要是想用这种"抓眼球"的方式吸引读者，强调该药品的"禁忌证"，希望起到警示作用。

谭秦东承认自己在标题用词上考虑不周，缺乏严谨性，"如果因该文对鸿茅国药股份有限公司带来了影响，本人在此深表歉意，同时希望鸿茅国药股份有限公司予以谅解。此外，本人对该文给消费者可能带来的误解表示歉意"。

谭秦东的声明发布一小时后，鸿茅药酒也通过官方微博发布声明，表示公司接受谭秦东的致歉，并分别向公安局和法院撤回报案和侵权诉讼。

资料来源：https://www.zaobao.com/news/china/story20180519−860239.

（1）网上搜索有关鸿茅药酒的案件资料，充分了解该案件的前后背景。

（2）如果由你代表鸿茅药酒，你将怎样处理这起公关危机？

三、案例讨论

5·6郑州空姐打车遇害案

（一）案例介绍

2018年5月5日晚上，空姐李某珠在执行完郑州—连云港—郑州—绵阳—郑州的航班后，在郑州航空港区通过滴滴叫了一辆车赶往市里，结果惨遭司机杀害。

2018年5月8日，警方告知家属李某珠的遗体被找到，身中多刀。

2018年5月10日，滴滴公司向全社会公开征集线索，寻找一位名为刘振华的顺风车司机。对提供线索的热心人，滴滴将视线索重要程度给予最高100万元人民币的奖励。

2018年5月10日，针对滴滴顺风车乘客遇害一事，滴滴发布声明称其负有不可推卸的责任，向受害者家属道歉。目前滴滴已经成立了专项工作组，配合警方开展案件侦查工作。

5月12日，警方已对打捞出的尸体DNA样本完成鉴定，与此前在案发现场搜集的嫌疑人刘某华DNA样本分型一致，可以确认，此次打捞出的尸体确系杀害空姐李某珠的犯罪嫌疑人刘振华。案件至此告破。

2018年5月12日，滴滴表示一定会对受害者家属进行赔偿。在所有的安全事故（包括交通事故和刑事案件）中，不管是法律规定的赔偿还是没有法律规定的人道主义援助，这都是滴滴的安全赔付机制。

以下为滴滴致歉声明全文。

对郑州顺风车乘客遇害感到万分悲痛和愧疚。

对于郑州顺风车乘客李女士遇害一事，我们感到万分悲痛和愧疚，在这样的悲剧面前，任何言语都无法表达我们沉痛的自责。我们真诚地和李女士的家人道歉，作为平台我们辜负了用户的信任，在这件事情上，我们负有不可推卸的责任。

滴滴已经成立了专项工作组，密切配合警方开展案件侦查工作，目前案件正在侦破过程中。请李女士的家人以及公众放心，滴滴将尽最大努力协助警方尽快破案，将凶手绳之以法，还李女士和家人一个公道。

再次向乘客家人以及公众道歉。我们会全力做好后续工作，同时全面彻查各项业务，避免类似事件的发生。

2018 年 5 月 10 日

资料来源：https://baike.sogou.com/v170648886.htm?fromTitle=5%C2%B76%E7%A9%
BA%E5%A7%90%E6%BB%B4%E6%BB%B4%E6%89%93%E8%BD%A6%E9%81%87%
E5%AE%B3%E6%A1%88.

（二）案例思考

请你对滴滴公司的危机公关处理发表自己的看法，并用危机处理 5S 原则进行分析。

项目七

组织形象建设

公共关系的根本目的就是为社会组织建立声誉、塑造形象，提高组织的知名度、美誉度和认可度，赢得社会公众的信任和支持，为组织创造良好的公众舆论环境，因此，组织形象建设的重要程度是不言而喻的。

新世纪公关传播有限公司在帮助企业进行组织形象建设方面积累了丰富的经验，能够承接 CIS 战略设计、企业形象塑造、企业形象维护、品牌形象建设等一系列公关业务，有固定的客户群，深受客户信赖。作为一名公关助理的王龙，经常有机会接触到企业形象建设的具体项目，这对他的业务能力提升带来了很大帮助。

良好的组织形象可以创造消费信心、优化组织生存环境、增强组织凝聚力，可以有效地帮助组织塑造形象、建立品牌、拓展市场并建立起良好的公众关系。组织形象的建设基于对组织形象构成要素、衡量指标等的全面分析。组织形象建设的重点是组织形象的塑造和维护。

根据以上分析，我们将本项目分解为两个典型的学习任务。

任务一　组织形象分析

一、组织形象的作用和特征

二、组织形象的构成和类型

三、组织形象的衡量指标

任务二　组织形象塑造与维护

一、组织形象塑造

二、组织形象维护

任务一　组织形象分析

知识目标

了解组织形象的作用和特征，掌握组织形象的构成和类型，明确组织形象的衡量指标。

能力目标

形成对组织形象作用和特征、构成和类型及衡量指标的初步认知，具备组织形象分析的基本能力。

组织形象，即社会公众对组织综合评价后所形成的总体印象。理解和把握组织形象的含义，至少应包括三个要点：第一，组织形象是一种总体印象和综合评价，包括对组织产品服务、品牌形象、企业精神等的全面认识；第二，组织形象的评价来源于社会公众，通常以知名度、美誉度和认可度等指标来衡量；第三，组织形象的好坏来源于组织的表现。

一、组织形象的作用和特征

（一）组织形象的作用

组织形象是组织内在资源所体现出来的凝聚力、创造力、吸引力和竞争力。良好的组织形象是组织无形的财富。有人说："如果可口可乐公司遍及全世界的工厂在一夜之间被大火烧光，那么，第二天的头条新闻就是：各国银行巨头争先恐后地向它货款，以尽快让它恢复生产"。这是因为可口可乐有着"世界第一饮料"的良好形象，人们是绝不会让这样的美好形象消失。组织形象的作用主要表现在以下四个方面。

1. 良好组织形象可以创造消费信心

良好的组织形象能深得社会公众认同、好感和信任。信任包括员工对组织的信任、股东对组织的信任、客户对组织的信任、合作伙伴对组织的信任和社会对组织的信任。信任是组织开创事业、持续发展的基石。

例如，中国产的青岛啤酒，在美国检验主要品质指标均高于美国的百威啤酒。但在1994 年评估时青岛啤酒的品牌价值（商标在我国的估价）只有 2 亿元人民币，而百威啤酒为 97 亿美元。百威品牌价值为青啤的 380 倍，销售额为青啤的 400 倍。

2. 良好的组织形象是市场无形的通行证

组织形象是组织发展的最大资本和无形的通行证。组织通过品牌载体、不断提高的产品质量和信誉等累计其价值，塑造独具个性的组织形象，在市场竞争中获取社会的高额回报。

例如，儿童科幻畅销小说《哈利·波特》具备良好的品牌形象，通过销售图书即可获得巨大的版税回报，除此之外，还有对书中人物形象商业化的许可权利和电影拍摄权，均可取得高额的经济利益。

3. 良好的组织形象能优化组织生存环境

良好的组织形象对外有强大的吸引力，对内有强大的凝聚力，是现代组织竞争的法宝。在现实生活中，一些知名度、美誉度高的企业，其社会地位都比较高：政府器重、客户信赖、金融界支持，往往振臂一呼，应者云集。这种良好的社会形象，优化了组织的生存环境，为解决组织各类难题、争取更有利的外部条件提供了极大的便利。

4. 良好的组织形象能增强组织凝聚力

组织形象是组织价值观念和行为规范的综合体，组织形象的确立为组织的自身的生存和发展树立了一面旗帜，向全体员工和社会公众传播一种号召，而组织价值观念在得到公众的认可、接受和拥护后就会产生巨大的组织凝聚力、吸引力，形成一种精神支柱。

（二）组织形象的特征

1. 主观性和客观性

组织形象的定义表明形象源于社会组织的表现，具有客观性；但评价者是公众，因而又具有主观性。主客观相统一的形象是真实形象，虚构、想象、误解的形象是虚假形象，组织领导及其他成员所追求形象是理想形象。形象的两重性要求组织既要做得好，又要说得好。

由于不同公众的价值观、利益取向、审美取向以及获取组织信息的不同，因此同一组织在不同公众心目中会产生有差异的形象。在信息传播过程中，组织的各种情况会被公众广泛知晓，不同的评价会逐渐收敛，从而使公众能对组织做出较为客观、真实的评价。

2. 整体性与多维性

组织的形象是指组织的整体形象。组织形象构成具有多维性。组织的整体形象由各个形象要素构成，不管哪一方面出现失误都可能使组织形象受损。更为重要的是，整体形象与形象要素都有各自的作用，其功能不能相互替代。比如在组织评优、升级、资产或竞争力评估中强调的是整体形象，当不同组织之间部分形象要素一致时，其他形象要素的作用就显得十分重要。因此，多维性不仅指影响组织整体形象的因素具有多维性，还指组织的各形象要素的功能也是多维的、各不相同的。

3. 相对稳定性与可变性

公众对于组织形象的主观认识一般落后于实际的变化，从而表现为组织形象的相对稳定性。但当组织出现较大失误时，公众就会改变对组织的评价。现代组织时刻处在公众舆论的监督之下，而影响甚至足以毁灭组织形象的危机时刻有可能发生。一个组织千辛万苦建立起来的形象，如果不能很好地处理发生的危机事件，则可导致形象的巨变，甚至危及组织的存亡。

二、组织形象的构成和类型

（一）组织形象构成

组织形象是一个完整的系统，它由各个形象的子系统有机构成。其中任何一个形象子系统出现问题，都会对整个组织形象构成影响。组织形象的构成大致包括以下八个方面。

1. 组织的产品形象

组织的产品形象即公众对组织的产品所形成的认知和评价。产品是组织形象的物质载体，是公众对组织进行认知与判断的主要依据，通过产品体现出来的组织形象最为直观，产品形象是整个组织形象的客观基础。产品形象的基本要素包括质量、性能、款式、包装、品牌、商标等。不同的组织有不同的产品形式，比如政府的公共政策、组织的工业产品、餐馆的菜肴、宾馆的客房、银行的服务项目、出版社的书籍、电视台的节目、学校培养的学生等，这些都是产品的特殊形态，都有其特定的产品形象。

2. 组织的管理形象

组织的管理形象即公众对组织的管理行为所形成的认知和评价。通过组织的管理行为展示的形象是全面的、整体的，包括组织的管理体制、方针政策、规章制度、办事程序、工作效率、服务态度、人事政策、财政资信、遵守合同的信誉、技术实力、公共关系能力、参与社区活动的影响等，综合地反映着一个组织的管理形象。组织形象竞争很大程度上在于服务的竞争。

3. 组织的人员形象

组织的人员形象即公众对组织的人员所形成的认知和评价。组织的人员是最活跃的形象载体，通过组织成员所展现出来的组织形象，包括人员的品行、素质、作风、能力、行为、仪表等具体的形象因素。组织领导人的形象、管理群体的形象、全体员工的形象，都是组织形象的缩影和化身。

4. 组织的环境形象

组织的环境形象即公众对组织的内外环境所形成的认知和评价。环境对组织起着烘托装饰的作用，通过组织内部及外部环境设施所展现的形象，包括组织的门面、招牌、厂容店貌、展览室、会客室、办公室、生产场地，以及橱窗、指示牌的陈设、装修等，属于组织形象的"硬件"之一，构成现代办公文明、生产文明、工程文明、商业文明的一部分。

5. 组织的文化形象

组织的文化形象即公众对组织的特定文化所形成的认知和评价。通过组织文化系列要素展现出来的形象，构成组织形象的"软件"部分。组织的特定文化制约着组织形象的个性，标志着组织形象的特定风格。组织文化包括组织的价值观念和管理理念，组织的历史与传统，组织的榜样人物和标志性事件，组织的职业意识与职业道德，组织的礼仪与行为规范，以及组织的口号、训诫、厂歌、厂旗、厂服，各种宣传品，均鲜明地体现出一个组织的形象内涵。

6. 组织的社区形象

组织的社区形象即公众对组织的社区活动形成的认知和评价。组织的社区形象是一种睦邻形象、地方形象、左邻右舍的形象。社区是组织生存和发展的根基，与组织在空间上紧密地联系在一起，组织的各种社会关系是通过社区形成和延伸的，组织的社会形象首先表现为社区的认知程度和评价状况。一个组织如果不能得到社区公众的认同，就很难在社会上获得良好的名声。

7. 组织的标识形象

组织的标识形象即公众对组织的标识所形成的认知和评价。标识本身就是组织形象的标志，能够帮助公众识别和记忆组织的形象。通过标志和识别系统所展现的组织形象，包括组织的名称、产品的品牌、商标或徽记，广告代言人、宣传的主题词和典型音乐，标准字体和标准色彩、包装的风格，宣传的格调等。这些视觉形象或听觉形象的基本要素，是组织识别系统（CIS）的基本构件。

8. 组织的媒介形象

组织的媒介形象即公众对组织在大众媒介上有关的宣传报道所形成的认知和评价。在现代信息社会和大众传播时代，人们对外界的认知和判断越来越依靠各种传媒，大众媒介是广大公众认知一个组织的重要渠道。公众对组织的认知与评价，很大程度受媒介宣传的引导，媒介宣传的概貌影响和制约着组织的社会形象。

（二）组织形象的类型

组织形象的分类按不同的角度可有不同的划分。

1. 单项形象和整体形象

单项形象是针对组织形象的某一个方面所留给公众的印象。如过硬的产品质量、良好的服务态度或优雅的购物环境等，都属此类。组织的单项形象是组织改善自我形象的突破口，充分利用单项形象，可以为构建组织整体形象打下基础。

整体形象是组织呈现在公众面前的总体形象，它由各个单项形象构成的。良好的组织形象是现代组织的一种无形资产，它与资金、技术和人才并列，是当代管理的核心内容之一。

2. 实际形象和期望形象

实际形象即组织真实展现出来的、为社会公众普遍认同的组织形象。组织的实际形象一般可以通过形象调查的方法测得。了解组织的实际形象就是了解社会公众对组织的普遍看法，以便于组织有的放矢地开展形象策划塑造工作。只有清楚地了解自己的实际形象，组织才能以此为起点，塑造理想中的期望形象。

期望形象是组织期望在公众心目中所树立的形象，即组织的形象目标。期望形象是组织发展的内在动力，是组织自身的形象要求，对自我期望形象的要求越高，自觉做出努力的可能性就越大。期望形象是组织的形象目标，任何一个组织都要为自己设立一个期望形象。当然，期望形象的设立要符合发展的规律和组织的实际情况，要有可实施性、可实现性。

3. 真实形象和失真形象

真实形象是组织本身具有的形象。而失真形象是公众心目中的印象与组织真实形象产生误差甚至歪曲的形象。造成组织形象失真的因素很多，有传播中的因素、有组织本身的因素、也有公众认知水平的因素等。在组织形象传播过程中，要根本避免组织形象的失真是不可能的，因此，努力给公众一个真实的组织形象，使组织形象的失真度降低到最小是组织形象传播的重要任务。

4. 有形形象和无形形象

通过人们的感觉器官直接能够感到的组织实体的形象就是有形形象。它一般由三个方面组成：品牌形象、人物形象和环境形象。品牌形象的构成有产品的名称、商标、包装、外表形态、内在质量、售前售后服务以及广告设计等。人物形象的构成有管理层人员形象和普通员工形象等。环境形象的构成有内外空间设计、装饰、色彩、环境绿化等。有形形象构成的诸方面，都具有可以感知的物质性。因此，识别性和感受性是组织有形形象的两大特点。

通过人们的记忆、思维而抽象升华成的组织深层的形象，是组织的无形形象。一般包括组织的信誉和风貌等。组织无形形象的核心内容是组织信誉，它体现在一个组织的经营管理或对外服务等整个过程之中。组织信誉的好坏能直接影响公众对该组织所采取的行动，如消费者一般更倾向于接受名牌产品。组织的信誉是靠组织长期积累、不断培养而形成的，并非是朝夕之功所能换来的。因此，可以说信誉是组织的重要的资源，是组织的财富来源之一，组织要很好地维护和使用它。组织的风貌一般表现为组织的风格、风气以及内部员工精神面貌。员工的干劲、凝聚力、创造力等都是组织风貌的表现。虽然它们本身并无明显的直观性，但却能够有力地影响组织在公众心目中的形象。

无形形象以有形形象为基础，一个完整的组织形象是有形形象和无形形象的综合。对于一个组织来说，要从有形形象和无形形象两方面来塑造自己的形象。

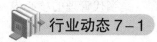 **行业动态 7−1**

中国民族企业图鉴：这些企业如何成长为国家品牌形象代表？

近年来，伴随着中国品牌持续创新和开拓进取的步伐，国内消费层次及需求也发生了深层次的变化。消费升级，品牌影响力增强，国人对于品牌选择也不再只依赖欧美，优秀的中国品牌如阿里巴巴、苏宁、华为等，正在不断改变着人们的消费思维模式。

国务院宣布，自 2017 年起将每年 5 月 10 日设立为"中国品牌日"，以此鼓励大众媒体大力宣传知名自主品牌，讲好中国品牌故事，并推动自主品牌以优质产品夯实品牌实力，巩固国内市场并扬帆全球。

今天，以"中国品牌 世界共享"为主题的第二届"中国品牌日"正式启动。据了解，本次"中国品牌日"活动中，一批代表大国重器、国之精品的民族品牌，将集体展现所在领域的影响力及品牌价值。与第一届"中国品牌日"相比，今年众多本土优秀品牌跻身榜单，他们是服务中国消费者，促进行业发展乃至中国市场改革的重要力量。

一、阿里、苏宁、华为……这些企业撑起中国品牌形象

这几年，阿里巴巴、苏宁、华为、吉利等民族品牌，成了我们经常挂在嘴边，甚至是铭记于心的中国品牌。曾经的中国消费者，开的是德系车或日系车，用的是苹果和三星手机。如今，无论是北京、上海等一线城市的白领人群，还是那些三四线城市的小镇青年，都经常在苏宁购买家电，开着吉利、长城、比亚迪等品牌的汽车，苹果手机也纷纷换成了华为手机。

这些都不是偶然。过去的几年里，阿里巴巴启动了从电商到新零售的转型，苏宁从老百姓喜欢的家电连锁商场演变为覆盖人们衣食住行的智慧零售平台。这些企业不仅极大程度地丰富了消费者们的生活，让中国品牌的影响力远播海外，甚至在某种程度上，成了中国经济的新动能。

联纵智达营销咨询集团的创始人及董事长何慕认为，欧美国家工业化进程已有 250 年，日本明治维新到现在也已经 150 年，中国改革开放才 40 年，就诞生了这么多百亿级乃至千亿级的品牌，"回顾走过去的路，我对中国品牌是竖大拇哥的。"

中国品牌有值得骄傲的资本。2017 年，人民日报连续三天刊出报道，点赞阿里巴巴。人民日报认为，"作为实体经济大省，浙江不遗余力扶持新实体经济。以阿里巴巴为代表

的新实体经济正在迅速崛起：集团去年合计纳税 238 亿元，带动平台纳税至少 2 000 亿元，相当于 4 000 家大型商场的销售体量，创造了超过 3 000 万个就业机会。"

的确，阿里巴巴已经不再是马云一个人的企业，更是可以代表整个中国对外输出的优质品牌。同样能够代表中国的，还有行业领先的 O2O 智慧零售企业苏宁。

事实上，苏宁已经被众多权威媒体评选为中国民族品牌的代表。去年，苏宁入选了央视推出的"国家品牌计划"。该计划要求入围企业"所属行业是国家支柱或民生广泛需要的行业，企业及其产品具有高尚品质，能够支撑起国家品牌形象，居于行业领先地位"。

再看新华社的"民族品牌传播工程"，这项工程旨在为国内优秀民族企业走向全球、扩大品牌影响力提供载体和渠道。现场专家《中国名牌》杂志总编辑周志懿认为，苏宁是一个天生具有创新基因的品牌，具有强大的品牌塑造能力，也是实体企业互联网转型的典范，业绩持续爆发，全渠道、全产业、全客群的生态融合引领零售业进入全新阶段，已经成为中国智慧零售的名片和品牌旗手，入选新华社"民族品牌传播工程"当之无愧。

二、智慧零售已成苏宁最有价值品牌，获人民日报点赞

1990 年，苏宁在南京宁海路一间不足 200 平方米的小门面中诞生。在过去 28 年间，苏宁已经成为中国改革开放 40 年来，中国品牌从诞生到借助这股东风蓬勃发展的重要见证者。

从 2009 年开始，苏宁启动了互联网转型，并探索出了智慧零售模式。2017 年，苏宁取得了自互联网转型以来最好的业绩，智慧零售进入全面落地阶段。对此，有专家认为，智慧零售本身已经成为苏宁的品牌，"智慧零售强调苏宁这两个字吗？没有。最牛的企业做标准，做行业里的引领，这就是最大的品牌。"

智慧零售这个无价的品牌，也被人民日报这样的顶级权威媒体所关注。今年 4 月 26 日，人民日报以 2/3 版面篇幅对苏宁智慧零售模式进行了深度报道，文章通过"为用户提供更好消费体验""定制化提供商品和服务""形成完整的智慧零售图景"三个维度对苏宁智慧零售模式进行了解读。人民日报指出，中国零售企业各显神通，在新风口下展开一系列探索。而苏宁作为中国零售业的传统巨头，正加快布局引领智慧零售。

在智慧零售的新业态变革中，苏宁将近 30 年的零售经验积累和近 10 年的互联网转型、线上线下融合探索助力行业发展，并将核心智慧零售能力向社会开放与输出，让整个零售行业甚至是跨行业都受益。

三、绿色环保+能力输出，这是新时代的企业社会责任感

众所周知，一家企业要想树立良好的品牌形象，不仅需要好看的经营数据，还要强烈的社会责任感。

2017 年 4 月，苏宁物流率先启动"共享快递盒计划"，首次推出一种可以循环使用的周转箱，为快递员在"最后一公里"配送实现回收再利用，这种行业独创的创新模式，成了绿色物流的重要发展方式。

3 月 15 日，苏宁"共享快递盒回收站"首次登上央视新闻频道《新闻直播间》，报道

称快递盒回收站化解快递污染问题，肯定了共享快递盒及回收站在环保方面的意义，评论"共享快递盒确实是新的发明创造"。

在万众创业的新时代，优秀企业的责任感来自于为行业带来的全方位产业价值。2017年，苏宁推出了零售云平台，该平台是苏宁智慧零售能力输出的战略项目。在乡镇市场及欠发达的县级城市，苏宁启动"接入零售云，省心做老板"项目，除了让用户买到更好、更便宜的商品，还要让拥有创业梦想的年轻人赚钱。预计 2018 年全年，零售云门店将开到 3 000 家，也就是说，苏宁将帮助至少 3 000 名"乡镇青年"创业或二次创业。

"今年是改革开放 40 周年，民营企业作为改革开放的见证者、参与者，以及受益者，最先享受和把握住了改革开放带来的发展机遇，反哺社会是民营企业义不容辞的责任"，苏宁董事长张近东认为，这是一家中国优秀品牌所具备的企业责任感和担当。

资料来源：https://www.toutiao.com/a6553987253956248078/.

三、组织形象的衡量指标

组织形象的衡量指标，通常以知名度、美誉度和认可度来表示。

（一）知名度、美誉度和认可度的含义

1. 知名度

知名度是指公众对企业及其产品服务、品牌名称的识别记忆状况。

其测算公式是：

$$N（知名度）=[m（知晓公众人数）/M（调查公众总人数）]×100\%$$

一般而言 N 大于 50%属于高知名度，小于 50%则属于低知名度。对于企业来说，知名度本身就意味着良好的形象指标与市场占有率，这是因为公众倾向于选择自己熟悉的品牌，只要企业的品牌为公众所知晓，就容易成为公众的首选目标。组织要想在较短时间内提高知名度，就要善于策划一些带有新奇色彩、能给公众以鲜明印象和强烈刺激的产品推介和公共关系活动。

2. 美誉度

美誉度又称信誉度，是指公众对组织及其产品、服务、品牌名称的褒奖赞誉状况。

其测算公式是：

$$B（美誉度）=[m'（顺意公众人数）/m（知晓公众人数）]×100\%$$

经过调查测试，如果 B 大于 50%属于高美誉度，低于 50%则属于低美誉度。组织要想赢得较好的美誉度，就要讲究信誉，提高服务水平。信誉是树立组织形象的根本，没有良好的信誉，就不可能有美誉度，也就不可能有真正的组织形象。

3. 认可度

认可度是指公众把组织的产品、服务项目纳为自己消费首选对象的程度。

其测算公式是：

K（认可度）＝［m''（首选行为公众人数）/m（知晓公众人数）］×100%

经过调查测试后，K 大于 50%属于高认可度，低于 50%则属于低认可度。一个组织的产品或服务项目推上市场后，能够迅速成为知晓公众的首选消费对象，就说明这个企业具有较高的认可度。

（二）知名度、美誉度和认可度与组织形象的关系

组织形象的三个指标，与组织形象之间的关系主要有以下几种情形。

1. 知名度、美誉度和认可度都高

处于这种状态下，说明该组织社会形象、公共关系均处于最佳状态。这是组织形象的理想状态，它能够产生出巨大的形象效应和市场行销效应。

2. 知名度、美誉度和认可度都低

处于这种状态下，表明该组织的公共关系状况不佳，其公共关系工作甚至需要从零开始。公关工作的重点首先应该完善自身形象，争取较高的美誉度，而在传播方面暂时保持低姿态；待享有较好的美誉度后，再在大力提高知名度和认可度上做工作。

3. 知名度、美誉度都高，但认可度偏低

处在这种状况下，说明该组织具有良好的公关基础，公关工作的重点应该是在维持知名度和美誉度的基础上，提高认可度。

4. 美誉度、认可度都高，但是知名度偏低

处于这种状态下，说明该组织具有良好的公关基础，公关工作的重点应该是在维持美誉度和认可度的基础上，提高知名度。

5. 知名度高，但是美誉度、认可度不高

处于这种状态下，说明该组织的公共关系处于臭名远扬的恶劣境况，其公共关系工作应该先扭转已经形成的坏名声，默默努力改善自身，设法逐步挽回信誉。

 同步训练

一、关键知识点

组织形象的作用和特征；组织形象的构成和类型；组织形象的衡量指标。

二、抛砖引玉

2011 年 3 月 15 日，央视"3·15"特别节目《"健美猪"真相》抛出一枚"重磅炸弹"：我国最大肉制品加工企业双汇集团下属的济源双汇公司，在食品生产中使用"瘦肉精"猪肉。"瘦肉精"事件对双汇的影响：3 月 15 日双汇发展股价跌停，市值蒸发 103 亿元；截至 2011 年 3 月底，"瘦肉精事件"影响销售收入 15 亿元；处理肉制品和鲜冻品直接损失 3 000 多万元；由于"瘦肉精"改生猪头头检查，全年预计增加检测费 3 亿多元；双汇品牌美誉度受到巨大伤害。

资料来源：http://www.jcrb.com/zhuanti/fzzt/fzlps/yljdp/tm/201201/t20120111_789556.html.

请结合双汇"瘦肉精"风波事件，谈谈你对组织形象重要性的认识。

三、案例讨论

双汇"瘦肉精"风波引发的组织形象危机

（一）案例介绍

1. 事件主角：双汇集团旗下分公司——河南省济源双汇食品有限公司
2. 发生时间：2011 年 3 月 15 日被央视曝光
3. 危机根源：食品质量问题（添加"瘦肉精"）
4. 危机类型：企业形象危机，企业信誉危机
5. 事件过程：2011 年 3 月 15 日，央视"3·15"特别节目曝光了双汇在食品生产中使用了含有"瘦肉精"的猪肉。新闻中曝光的公司是双汇旗下分公司，河南省济源双汇食品有限公司。该公司主要以生猪屠宰为主，有自己的连锁店和自己的加盟店。据该公司的销售人员介绍，他们店的猪肉基本上是济源双汇公司屠宰加工的，严格按照双汇的"十八道检验"正规生产，质量可靠。但是，双汇公司的"十八道检验"并没有包括"瘦肉精"检测。事情一经曝光，公司的股票双汇发展股价午后开始下跌至停，双汇品牌美誉度受到巨大伤害。
6. 双汇的危机公关措施
（1）双汇集团于 3 月 16 日发表第一次书面声明，对消费者致歉，同时表示将配合有关部门严肃认真地彻查此事，给消费者一个说法。
（2）双汇集团 3 月 17 日发表第二篇书面声明，表示将对一些相关责任人进行处罚。
（3）双汇集团 3 月 17 日停牌整顿。
（4）3 月 21 日济源双汇无限期停产整顿，双汇重组发展成隐患。
（5）3 月 22 日通报称已经销毁了 32 头被检测出含有"瘦肉精"的生猪。

（6）3月23双汇集团董事长万隆召开4 000人经销商视频会议，就"瘦肉精"事情公开道歉，同时集团研究决定济源双汇公司停产自查，并派出集团高层领导驻济源双汇公司进行整顿处理，对济源双汇总经理、主管副总经理、采购部长、品管部长免职。

（7）4月19日，双汇发展对"瘦肉精"核实情况进行公告并复牌。

（8）2011年5月1日之前生产的过期滞销品退货政策，由原双汇承担50%调整为承担100%，并在退货范围中新增加了临期产品；其他三类滞销产品的退货政策均保持双汇承担100%没有变化。

7. 危机处理中存在的问题

（1）没有确定完善的危机公关系统。

（2）没有积极引导舆论导向，道歉存在一系列问题。其一，道歉诚意与民意期待有很大距离，道歉诚意明显不够。其二，道歉大会似乎变成了娱乐大会。经销商高喊"双汇万岁，万隆万岁"成了一出闹剧，完全缺乏严肃认真的态度。其三，道歉的对象理应是广大消费者，但此次道歉大会云集了职工和经销商，更像是一次热热闹闹的"家族聚会"，淡化了道歉。

（3）双汇集团在道歉大会结束后，没有提出处理措施，没有积极承担责任。

（4）滥用危机公关手段，反而起到相反的效果。

资料来源：https://wenku.baidu.com/view/ff02f149fe4733687e21aa26.html.

（二）案例思考

请利用组织形象的衡量指标，对双汇"瘦肉精"事件前后的组织形象进行对比。

任务二　组织形象塑造与维护

知识目标

明确组织形象塑造的原则，掌握组织形象塑造的方法和不同时期形象塑造的要求；了解企业形象危机的影响因素，明确企业形象与品牌形象的关系，掌握受损企业形象修复与品牌维护的途径。

能力目标

初步具备组织形象塑造与维护的基本能力，能够协助公关经理进行企业形象塑造与品牌建设的基础性工作。

组织的兴衰存亡很大程度上取决于自身形象的塑造维护。良好的组织形象已经成为企业争雄国内外市场的巨大无形资源和财富，它比资金、设备、原材料等有形资源和财富更为重要。因此，如何塑造和维护组织形象，成为每一个企业面临的重大实际问题。

一、组织形象塑造

（一）组织形象塑造的原则

组织形象塑造的原则，是组织制定和实施形象战略必须遵循和贯彻的指导思想，是塑造组织形象的行为准则。它包括以下四个方面。

1. 以质量为本的原则

产品形象的塑造是树立企业良好形象的关键。塑造产品形象，除了品牌建设外，还必须靠过硬的质量、合理的价格、周到的服务取信于公众。我国许多老字号，经过几百年的风风雨雨历久不衰，主要靠的是质量过硬，不虚不假。这些老品牌如恒源祥、五粮液、茅台酒等，都是以质取胜，赢得了消费者的良好口碑。

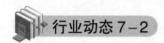
行业动态 7-2

2016 中华老字号品牌排行榜 TOP20

排名	老字号	类型	排名	老字号	类型
1	恒源祥	服装	11	稻香村	食品餐饮
2	回力	鞋	12	五芳斋	食品餐饮
3	茅台	酒	13	泸州老窖	酒
4	永久	自行车	14	光明	食品餐饮
5	五粮液	酒	15	马利	文化
6	三枪	服装	16	大益牌	茶叶
7	凤凰	自行车	17	张裕	酒
8	红双喜	文化	18	张小泉	日用品
9	云南白药	中药	19	敦煌	乐器
10	洋河	酒	20	黄古林	日用品

资料来源：http://top.askci.com/news/20170401/11143294872.shtml.

2. 视信誉为生命的原则

组织形象的核心指标是信誉，信誉是企业的生命，是无可替代的财富。企业及一切组织的形象塑造，都要坚持"信誉高于一切"的原则。良好的信誉会在消费者心目中树立起牢固的组织形象基础，真正的企业家宁可承受经济上的损失，也不会放弃信誉。下面的例子会给我们带来很多有益的启示。

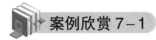

只有一名乘客的航班

英国航空公司所属波音 747 客机 008 航班，准备从伦敦飞往日本东京时，因故障推迟起飞 20 小时。为了不使在东京候此班机回伦敦的乘客耽误行程，英国航空公司及时帮助这些乘客换乘其他公司的飞机。共 190 名乘客欣然接受了英航公司的安排，分别改乘其他公司的飞机飞往伦敦。但其中有一位日本老太太叫大竹秀子，说什么也不肯换乘其他班机，坚决要乘 008 号班机。出于信誉，原拟另有飞行安排的 008 号只好照旧到达东京再飞回伦敦。这样东京至伦敦 008 号航班只载一名乘客，航程达 13 000 公里。大竹秀子一人独享该机的 353 个座位以及 6 位机组人员和 15 名服务员的周到服务。

有人估计，这次飞行使英航至少损失 10 万美元。从表面看英航的确是不小的损失，但从深层来看却换取了一个用金钱也难以买到的良好企业形象。

资料来源：https://zhidao.baidu.com/question/118835259.html.

3. **注重全局的原则**

对于组织来说，建立良好的组织形象是一项全方位的工作，这是由组织形象整体性的特点决定的。它主要包括四个方面：一是组织形象的目标具有全面性；二是组织形象涉及组织的各方面；三是组织形象的塑造需要全体人员共同努力；四是塑造良好形象应运用多种方法。

正因为良好形象的塑造涉及组织的方方面面，所以要求组织各部门必须有大局观念，切忌各自为政；一定要从全局出发，部门利益服从整体利益。在对外开展公共关系活动时，公关部门应事先争取各有关部门的支持和配合，以求得协调一致，统一口径。

4. **注重传播的原则**

一个良好的组织形象，首先来源于这个组织的行为，来源于它的实力和努力。但是，仅靠这一点是远远不够的，良好组织形象的塑造还必须靠有效的传播手段。这就是说，必须通过适当的渠道宣传自己，使本组织的形象在尽可能更多的公众心目中留下良好的印象。

（二）组织形象塑造的方法

目前，组织形象塑造比较流行的是全方位的实施组织形象管理 CIS 战略，一般译为组织形象识别系统，或者称为企业形象战略，其英文名称是 corporate identity system，简称 CIS。CIS 战略不仅在企业中采用，也被各类组织广泛采用。

所谓 CIS，就是社会组织为了塑造自身形象，将经营理念、行为规范、视觉形象实行统一化、标准化与规范化的科学管理。CIS 由理念识别、行为识别和视觉识别三部分构成。

1. 理念识别（mind identity，MI）

理念识别是组织形象识别系统的核心，是引导企业行为的精神理念，是一个组织经营思想的定位，它反映了组织为了长远经营而确立的战略目标，包括组织经营理念、组织精神、组织价值观、组织战略目标、组织发展方针等，犹如企业的心脏。

企业理念是企业在长期发展中形成的基本精神和独具个性的价值体系，是企业精神形象的象征，是企业发展的原动力。如海尔集团通过"真诚到永远"的理念，强化人本化经营管理与产品设计，对消费者产生巨大的吸引力和企业品格的感召力；麦当劳通过"Q、S、C、V"的经营理念，即"优的品质、微笑服务、优雅环境、物有所值"，确立了优良的企业形象。

2. 行为识别（behavior identity，BI）

行为识别是一个组织的动态识别系统，是组织理念的具体体现。行为识别通过组织内、外部各种活动的开展，形成独特的组织形象，以获得社会公众的认同，犹如企业的四肢。

在组织内部，行为识别的主要内容有：组织制度的构建、管理活动风格的形成、员工行为规范的培训、工作环境的设计、员工福利等。通过员工教育等一系列活动，使员工对组织理念形成共识，以此增强组织的凝聚力，树立组织形象。在组织外部，行为识别的主要内容包括市场调查、产品推广、营销活动、公关活动、公益活动、文化宣传等。通过一系列活动的开展，体现并贯彻组织理念，宣传树立组织形象。

3. 视觉识别（visual identity，VI）

视觉识别是指将组织的一切可视事物进行统一的视觉识别表现，并通过标准化的语言和系统化的视觉符号传达给社会公众，塑造组织的独特形象，达到组织形象识别的目的。

视觉识别以组织名称、组织标识，标准色和标准字体的对外展示为核心，其目的在于强化公众对组织视觉识别要素的认知和理解，形成对组织的深刻印象和迅速辨识。视觉识别好像企业的脸面。如全球闻名的可口可乐商标就具有很强的视觉识别功能，红色背景上的八个充满波动条纹的字母 Coca·Cola，流畅飘逸，生动形象，易于记忆，有很强的视觉冲击力；麦当的标志是金色的双拱门，取其英文首字母 M 的造型，也给人留下了深刻的印象。

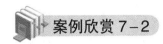

麦当劳公司的 CIS 战略

作为餐饮业的龙头企业和世界 500 强之一，麦当劳的成就与辉煌令人瞩目，而作为创始者的雷·克洛克先生则是公认的快餐业的鼻祖，他第一个把速食观念介绍给大众，在他的带领下麦当劳成为世界上最大的餐饮企业。

一、经营理念

麦当劳的创始人雷·克洛克先生创业初期，就为自己设立了快餐店的三个经营理念，后来又加入 V 信条，构成了麦当劳快餐店的"QSCV"经营理念。

Q（quality），是指质量、品质。麦当劳对顾客的承诺是永远让顾客享受品质最新鲜、味道最纯正的食品，从而建立起高度的信用。

S（service），是指服务。微笑是麦当劳的特色，所有的店员都面露微笑，活泼开朗地和客户交谈、做事，让顾客感觉满意。

C（cleanness），是指卫生、清洁。麦当劳员工规范中，有一项条文是"与其靠着墙休息，不如起身扫地"，全世界一万多家连锁店的所有员工都必须遵守这一条文。

V（value），是指价值。意为"提供原有价值的高品质物品给顾客"。

二、行为规范

麦当劳制定了规范化的行为标准，员工们严格按标准的程式运转，即"小到洗手有程序，大到管理有手册。"麦当劳创始人雷·克洛克认为，快餐连锁店要想获得成功，必须坚持统一标准，并持之以恒地贯彻落实。

（1）麦当劳营运训练手册。该手册详细记载了麦当劳的有关政策、餐厅各项工作的程序和方法。在总结经验和吸取最新管理成果的基础上，公司每年都要对该手册进行修改和完善。60 多年来，营运训练手册已成为指导麦当劳运转的"圣经"。

（2）岗位观察检查制度。麦当劳把全部工作分为 20 多个工作站。每个工作站都建立了岗位观察检查表，详细说明该岗位职责及应注意事项等。新员工进入公司，要接受岗位培训，包括看岗位标准操作录像带，进行有专人辅导的操作练习等。管理者要对员工的实际操作情况进行跟踪，员工的岗位完成情况要记入岗位观察检查表，检查记录可作为考核、录用、升降和奖惩的依据。

（3）品质参考手册。麦当劳管理人员都有一本袖珍品质参考手册，上面载有诸如半成品接货温度、储藏温度、保鲜期、成品制作温度、制作时间、保存期等指标，还有关于机器设备方面的数据。有了这种手册，管理人员就可以随时随地进行检查和指导，发现问题及时纠正，保证产品质量能够达到规定标准。

（4）管理发展手册。为提高管理人员自身的素质，为餐厅培养高级管理人才，公司设计了一套管理发展手册。该手册实际上是具有麦当劳特色的餐厅管理教科书，即结合麦当劳的实际情况，讲解餐厅管理的方法，同时给出大量案例，要求经理们结合实际工作来完成。当管理人员掌握了一定的理论与实践知识后，还要系统学习些相应课程。在完成上述学习后，要想担当餐厅经理，还必须到美国汉堡大学进修高级运营课程。

三、识别标志

（1）金色拱门。麦当劳的企业标志是弧形的"M"字母，以黄色为标准色，稍暗的红色为辅助色，黄色让人联想到便宜的价格，而且无论什么样的天气里，黄色的视觉性都很强。"M"字母的弧形造型非常柔和，和店铺大门的形象搭配起来，令人产生进店的强烈愿望。

（2）麦当劳大叔。和蔼可亲的麦当劳大叔，是友谊、风趣、祥和的象征，他总是传统马戏小丑打扮，黄色连衫裤，红白条的衬衣和短裤，大红鞋，黄手套，一头红发。他在美国4～9岁的儿童心中，是仅次于圣诞老人的第二个最熟悉的人物。

资料来源：https://wenku.baidu.com/view/c2e0c8edb8f67c1cfad6b814.html.

（三）不同时期的组织形象塑造

组织发展的不同时期，形象塑造的重点不同，巧妙把握时机会收到事半功倍的效果。

1. 组织初创时期

组织初创时期，还未能与社会各界建立广泛联系，知名度不高。这时，组织如能选择合适的传播媒介，设计独特的传播方式，就能给公众留下美好的第一印象。

2. 组织发展时期

组织发展时期，通过实施 CIS 战略，并配合产品推广、公关宣传和形象塑造的一系列行动措施，大力提高组织的知名度和美誉度，塑造组织在公众心目中的良好形象。

3. 组织逆境时期

组织的发展不可能是一帆风顺的，当组织处于逆境时，如因经营不善导致连续亏损、市场萎缩、经济效益下滑、员工福利受到影响，以及供应商、代理商、消费者的支持力度下降等。这时候，组织要沉着冷静，积极寻找突破口，树立公众信心，以实际行动赢得组织内外公众的支持、理解和合作，帮助组织顺利渡过难关。

4. 新品上市之时

这时组织面临的最大挑战就是如何消除公众的观望与等待的态度。受消费惯性的影响，在组织推出新产品、新服务或新举措时，消费者往往会持观望和等待态度。这时应采取有针对性的措施，如现场展示、操作示范、广告宣传、顾客承诺等，消除公众的疑虑和摇摆态度。

二、组织形象维护

良好的公共关系，可以有效地帮助组织塑造形象、建立品牌、拓展市场并建立起良好的公众关系，增强组织的凝聚力。但是组织形象却不可避免的因为公共关系危机受到损害，此时就必须对形象加以修复。下面以企业为例，说明危机中受损企业的形象修复与品牌维护。

（一）企业形象维护

1. 企业形象危机因素分析

企业形象危机因素较为复杂，在此，以产品质量和企业家形象为例进行具体阐释。

（1）产品质量与企业形象危机。消费者的信任是企业的生命线，而企业的产品质量则是消费者能否信赖企业的关键。产品是否安全有效是产品质量的核心。产品质量问题一方面严重损害消费者利益，另一方面也直接关系着企业的品牌形象。不同程度的产品质量问题，构成了对于企业形象的相应伤害，也将导致社会各界对于企业形象的不同反应（见表7-1）。

表7-1　产品质量问题与企业形象危机

危机程度	产品质量问题典型案例	企业形象危机对应项
高危 （生命安全威胁）	"三聚氰胺奶粉"致婴儿肾结石 劣质奶粉吃出"大头娃娃" 双黄连注射液致死 学生奶集体中毒 山西疫苗致死致残	消费者控诉 舆论倒戈 政府严厉惩罚 生产销售停滞 资金支持减少 赔偿数额巨大 法律责任难当 企业信用归零
中危 （健康威胁）	"地沟油"回收利用 午餐肉添加瘦肉精 苏丹红成增色剂 装饰材料是"隐形杀手" 问题汽车惹车祸 家用电器、电子产品爆炸伤人	消费者质疑 舆论批评 政府责令整改 市场受众锐减 企业斥资理赔 名誉恢复待时
低危 （经济损失威胁）	LV竟是不合格产品 住房建设存在质量问题 龙凤汤圆过氧化值超标	消费者投诉索赔 媒体小幅度报道 政府介入检查 市场暂时萎缩

（2）企业家形象与企业形象危机。企业家形象是企业形象的外在展现，是企业最宝贵的无形资产。一旦企业家出现形象危机，必将给企业带来相应的威胁和一系列不可估

量的损失。通过企业家形象危机因素自测，能预估危机程度，及早进行预防（见表7-2）。

表7-2　企业家形象危机因素

危机因素类型	危机因素内容	危机因素表现
固有因素	企业行业道德要求度	企业家被指昧良心等
	企业的国有化程度	国有企业工人高工资、领导高福利、产品质量差等
	企业家的品牌相关度	企业家形象代言企业、企业家形象识别度很高
	企业的员工规模	员工人数多、组织化程度高、利益多元化
	产品的人身安全相关度	食品、药品、医疗、住房等行业的伤人事件
衍生因素	同类用品常见度	企业日常生活用品、日常设施、日常出行工具等
	产品获取程度	汽车、房子的高价难获取造成消费者强烈的"损失感"
	行业易获利程度	低成本、高稀缺度、高需求、严格市场准入的行业获利巨大
	媒体出镜率	企业家出书、经常接受采访、频繁发表言论等
	消费者群体性质	消费者受教育程度、维权能力、组织化程度等

2. 受损企业的形象修复

企业形象在危机中会受到不同程度的损害，因此危机结束后企业应着手进行形象修复，医治受损的企业形象。企业形象修复可以从以下几个方面着手。

（1）进行形象修复，增强公众信心。为了转变相关公众在危机阶段对企业的负面印象，企业通常要进行形象修复建设，比如推出新产品或新服务、公布新的市场计划、引进代表新形象的高层人物等，目的只有一个，那就是增强相关公众对企业的信心。必须强调的是，新形象一定要与原有形象一致，否则公众会产生认知上的冲突，不利于品牌的长期建设。

（2）开展系列活动，吸收公众参与。企业形象建设不仅要有企业内部的参与，更需要相关公众的参与，因为形象存在于公众心中，企业单方面修复通常是无效的。企业要评估危机影响和检讨危机管理得失，明确自己还有哪些方面需要改善，如何改进才能获得公众的优质评价。企业还要了解相关公众的想法与需求，只有了解他们的想法才能更加有效改进。因此，企业形象的修复活动更需要相关公众的参与，进而获得公众的认同。这些活动包括新闻发布会、消费者座谈会、开放参观等。

（3）邀请专家参与，获得权威认可。企业形象建设靠"王婆卖瓜，自卖自夸"是行不通的，无论是危机处理还是形象修复都离不开权威认可。权威专家相对诚实可信，因此相关公众总是愿意倾听权威专家的意见和看法。在形象修复过程中，如果能邀请权威专家参与进来，往往更能获得相关公众的信任，取得事半功倍的效果。

（4）承担社会责任，提升企业形象。危机过后，企业总想尽快恢复生产与运营，以增强相关公众的市场信心。这样做无可厚非，但不能忽视企业的社会责任。企业正常运营是对社会的最大贡献（带动就业、贡献税收），但在恰当的时候回馈社会是必要的，特别是危机过后。企业开展社会赞助、资助教育、关注老人等公益活动，都可以提升企业的形象。

（5）关注受害公众，进行持续关怀。对危机事件中受到损害的相关公众进行适当赔偿是必需的，但并不是赔偿以后就一了百了。作为一个有责任心的企业，要持续的关注受害者的后续生活，并提供持续的帮助。企业领导人在适当的时候去看望受害者，更能获得受害者及公众的好感，提升企业的形象。

（二）品牌形象建设

品牌，就是商品的牌子。品牌形象代表着企业形象，是企业信誉的标志。企业建立品牌为的是走得更长久，品牌建设是企业形象建设的重点，品牌维护关系着企业的兴衰存亡。

1. 品牌形象决定企业形象

（1）产品形象是企业形象的基础。企业形象是一个由多要素构成的大系统，主要有产品形象、服务形象、职工形象、管理者形象、公关形象、环境形象等。而构成企业形象的各个要素，也由一系列的分支形象要素所组成。如产品形象，就是由品牌形象、质量形象、造型形象、包装形象等要素组成。其中，产品形象是构成企业形象的首要因素和决定性因素，是企业形象的基础。从一定意义上讲，产品形象代表着企业形象。

（2）品牌形象决定着产品形象。在产品形象构成诸因素中，品牌形象又成为首要的决定性要素。具有良好形象的产品，就是那些技术先进、质量高、信誉佳、服务周到，能够满足顾客的需求，使顾客产生好感和信任的品牌。从一定意义上讲，品牌形象的好坏，直接决定着产品形象。

（3）名牌产品造就名牌企业，品牌形象决定企业形象。一个具有良好品牌形象的产品，能提高企业的知名度和美誉度，从而促进良好企业形象的确立；反过来，良好的企业形象，也会为品牌形象建设创造条件。可以说，品牌形象建设是企业形象塑造的关键点，抓住了品牌形象，就是抓住了企业形象塑造的"牛鼻子"。通过品牌形象来塑造企业形象，提高企业的知名度和美誉度，是一条富有成效的途径。从一定意义上讲，名牌产品造就名牌企业，品牌形象决定企业形象。

2. 品牌形象的建设

（1）严把品牌质量关。在很多情况下，品牌和质量是画等号的。品牌就意味着很好的质量，品牌质量的体现就在于它的耐久性。一个品牌产品，是十分耐用的，即使在恶劣的使用环境下，品牌产品依然有着很好的效果。

（2）增强品牌的创新能力。品牌必须要有创新，要有突破。没有创新能力的品牌，是不能适应社会发展的需求的，唯有创新才能获得品牌的市场价值，才能在激烈的市场竞争中获得生机和活力。

（3）肩负起品牌的社会责任。良好的品牌，代表了社会的正能量。良好的品牌，应当有良好的社会形象，通过依法纳税，慈善募捐等行为，承担社会责任，为社会做出贡献。一个具有良好社会形象的品牌，更容易被大家所接受，更有利于品牌价值的提升。

（4）确保品牌优质的售后服务。售后服务是赢得顾客忠诚度的关键环节。一颗螺丝、一个零件的更换，都可让品牌的承诺兑现，使品牌与顾客之间通过售后服务建立起良好的沟通。优质的售后服务可体现品牌企业的诚信度，从而提升企业的知名度、美誉度和认可度，赢得顾客的忠诚。

（5）及时妥善处理品牌危机。很多企业在发展过程中，都会或多或少面临一些品牌危机。这些危机或许来自一些小事，也或许来自比较严重的事件。这就要求企业要及时妥善处理，通过积极有效的公关措施，化解危机，挽回信誉，维护和修复品牌形象。

3. 企业网络品牌的维护

自媒体时代，人人都是网络传播者，存在着各种不确定的因素，影响消费者对企业品牌的认知。因此，企业网络品牌的维护就显得十分重要。网络品牌维护着重把握以下三方面。

（1）网络品牌建设。网络品牌建设是网络品牌维护的前提，只有先创建好网络品牌，才更方便展开后续工作。企业在网络平台上创建权威的品牌信息，如建立公司官网、创建百度知道、百科词条等，发布一些企业的相关信息，增加品牌的曝光度，在一定程度上能提升新用户对企业品牌信任度。

（2）网络品牌负面信息处理。网络负面信息对品牌危害度不言而喻，在网络舆论放大作用下，企业哪怕出现一点点负面信息都极有可能引发一场严重的品牌危机。所以，企业一旦检测到网上出现有关品牌的负面消息，必须尽快处理，并利用公关手段重塑品牌形象。

（3）网络品牌口碑维护。口碑推广是网络营销中最重要的策略之一，是必不可少的环节。口碑维护一般采用网络新闻、论坛帖子、微博平台等方式，来创造良性的网络口碑环境，引导广大网友受众对品牌的接受认可度。维护好一个品牌可以通过以下几个途径。

一是不同品牌之间的联手。不同品牌之间的联手可以提高企业知名度，比较容易得到来自合作伙伴和消费者的积极反馈。这种联手往往是基于合作双方或多方的品牌共赢，依托他人优势提升自身价值，而其中最为关键的是找准合作的契合点，发挥相对优势。

二是品牌延伸。所谓品牌延伸，是指企业利用消费者对现有成功品牌的信赖和忠诚，推动副品牌或其他品牌产品的销售。品牌延伸策略包括副品牌策略和多品牌策略。

三是创造一个好的概念。一个好的产品必须创造一个好的概念。实践告诉我们，如果企业没有品牌经营意识，缺少对品牌这一无形资产的长远规划，不考虑为品牌长期投资；或者盲目自信，自我封闭，抱着"酒香不怕巷子深"的观念吃老本；或者不知如何营造品牌资产，不会促进品牌价值的不断升值。那么，即使企业有很好的产品，也不一定能形成品牌优势。因此，企业想要在市场上站稳脚跟的话，一定要维护好自己的品牌，扩大自己的消费群。

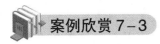

案例欣赏 7-3

大白兔奶糖"甲醛风波"中的危机应对与形象维护

大白兔奶糖，相信大家并不陌生，它伴随了几代人的成长。然而，由于被曝含有甲醛，一时间被推到了风口浪尖。危机来临，上海冠生园是如何化解这次"甲醛风波"的呢？

2007年7月16日，菲律宾突然以含甲醛为由宣布禁售上海冠生园集团生产的大白兔奶糖。上海冠生园积极应对，短短四天时间，成功渡过危机，及时挽回了企业形象。"甲醛风波"过后大白兔奶糖出口量不降反升。冠生园的危机应对措施主要安排如下。

一、积极主动应对危机

2007年7月16日，上海冠生园在得到了有关"大白兔奶糖被检含甲醛"的消息后，第一时间采取积极应对措施，连夜对大白兔奶糖组织内部检测，并在冠生园（集团）有限公司网站上公告检测结果。同时，将产品送到国际公认的权威检测机构 SGS（通标标准技术服务有限公司上海分公司）进行检测认定。另外，还积极通过经销商向菲律宾食品药品检测机构索取检测报告和产品实样。一系列的积极应对行为，无疑使得事件向着有利于冠生园的方向发展。

二、迅速取得权威认证

对于很多因产品质量而发生的危机事件，权威部门的检测与认证，是能够及时化解危机的一味良药。而对于这起源于国际市场的食品质量风波来说，能不能得到国际权威认证的支持，是这起风波事件能否化解的决定性因素。显然，此时冠生园也意识到了权威认证的必要性，所以在得到"大白兔被疑含甲醛"消息的当天，就将样品送到了国际公认的权威检测机构 SGS，并在19日上午10点得到了 SGS 关于"大白兔不含甲醛"的权威认证结果。这无疑给此次危机事件的应对提供了权威的证据。

三、牢牢把握媒体主动权

对于突发性危机事件来说，媒体与舆论的主动权可以直接左右事件的发展。在大白兔这起意外风波的始终，冠生园都牢牢把握住了媒体主动权。16日当天，冠生园即在集团公司网站上连夜公告检测结果；18日，大白兔奶糖的生产企业上海冠生园食品有限公司也已刊登了有关声明。这无疑在事件初期传达了冠生园的基本立场，防止了有关媒体对这起风波的盲目猜疑，从而避免了可能出现的事件恶化。

19日，在得到 SGS 关于"大白兔不含甲醛"的权威认证结果一个小时之后，冠生园立即召开新闻发布会，向海内外数十家媒体发布了这个检测结果。这样一来，冠生园就在第一时间内，将国际权威认证机构对"大白兔不含甲醛"的消息，通过国内外媒体向全球消费者及各地代理商进行了传达，及时诉说了大白兔的"冤情"，并直接否定了菲律宾方面有关"大白兔含有甲醛"的检测结果，在一定程度上化解了这起风波在全球市场的不利影响。

四、政府部门大力支持

在这次大白兔风波事件中，自16日有关媒体对事件进行报道开始，上海质量技术监督部门就密切关注此事，并着手对此事进行调查，对相关信息进行核实；18日，香港文汇报就此事件采访了世界卫生组织总干事陈冯富珍，陈冯富珍说，食品安全是全球问题，不应该特别针对中国；同日，国家质检总局局长李长江在接受中央电视台国际频道记者专访时，也表明了中国政府高度重视食品质量和食品安全的态度，回应了部分境外媒体的失实报道。世界卫生组织与国家质检总局的最高领导对事件的鲜明立场与声明，无疑给冠生园吃了一颗定心丸；20日，在国务院新闻办举行的新闻发布会上，李长江局长声明，质检总局检测显示大白兔奶糖在生产过程中没有添加甲醛，并称就大白兔奶糖事件，我们没有接到菲律宾政府有关方面的情况沟通。

在上海冠生园的积极应对与相关部门的大力支持下，大白兔风波在短期内得以迅速解决，从而避免了不必要的国际市场的损失与不利的品牌影响。7月21日，新加坡、文莱等国家分别对"大白兔"进行了抽检，结论都是不含甲醛，目前产品在这些市场都已陆续恢复上架。到7月底，"大白兔"已经先后发往新加坡、马来西亚、尼泊尔等国家。总体而言大白兔的出口不仅没有降低，反而比事件发生之前有所上升。

资料来源：http://www.3490.cn/shangdao/1774.html.

同步训练

一、关键知识点

组织形象塑造的原则、方法和要求；企业形象修复与品牌维护。

二、抛砖引玉

华为作为中国民营企业500强的榜首企业，中国第一大智能手机生产商，因为"闪存门"遭到了大众的口诛笔伐，先是"屏幕门"，后来的"闪存门"更让华为陷入了信任危机。

2017年3月24日，作为华为最新旗舰的P10系列终于在国内召开发布会宣布正式上市。可惜华为P10系列发货之后便一直问题不断，被接二连三地曝出质量问题。截至4

月 26 日，深圳市消费者委员会共收到 32 宗消费者的投诉，深圳消委会对华为 P10 系列手机展开了专项调查。虽然最后深圳消委会给出调查结果，未发现 P10 系列手机存在虚假宣传和批量性产品质量的问题，但是消费者并不买账。

资料来源：http://www.sohu.com/a/138059381_786855.

请结合华为"闪存门"事件，谈谈你对"产品质量与企业形象危机"关系的认知。

三、案例讨论

华为"闪存门"事件引发的信任危机

（一）案例介绍

1. 华为"闪存门"事件

2017 年 2 月，华为推出新一代高端旗舰手机 P10 系列。上市以来，先是出现了手机"屏幕门"，根据机主的反映，在撕掉 P10 系列手机的出厂膜之后，发现屏幕上面少了一层疏油层。这也就意味着，屏幕上面不贴膜，就会沾满手机指纹。接踵而至的是"闪存门"，据网友的描述，华为 P10 系列手机疑似采用 MIC 颗粒和 TLC 颗粒混用，造成不同手机闪存速度差异巨大，速度最差的竟然只能达 eMMC5.1 的标准，与官方宣传的 UFS2.1 的传输速度相差甚远。

值得注意的是，华为 P10 系列手机的价格在四千元至五千元之间，这在国内智能手机市场上并不便宜，且对于消费者来说，花同样的钱，产品的质量却参差不齐，让消费者心有不甘。

随后，华为官方微博发文正式回应了"闪存门"事件。声明中表示，华为 P10 系列从未宣传过只采用某一款特定型号闪存，不同闪存是生产时随机配置的。余承东回应核心原因在于供应链"闪存"的严重缺货，因此采用的是多种解决方案供货。在业界看来，这是手机制造商通用的做法，而这次引起轩然大波的根本因素在于不同规格之间的性能差异太大。

2. 华为的危机公关

"闪存门"事件发生后，华为方面发声不少，但是舆论却愈演愈烈，不难看出，这次华为的危机公关工作做得很失败。事件发生后，不管是官方回应"不影响用户体验"，还是余承东通过微博回应，称是"个别友商看到华为 P10 手机的全球热销十分眼红，大肆抹黑我们。"显然，这都很难让消费者信服、接受。甚至，还被不少消费者解读为"客观上推卸责任"。

在消费者看来，余承东的话并没有事实依据，也没有给消费者一个好的交代。随后，在余承东的《倡议书》里，也反省了前几天的回应，表示，面对消费者的质疑和意见，习惯于将自身的境遇、所做的努力以及行业的特性作为第一诉求来回应，态度傲慢，缺乏谦卑。总的来说，P10事件是华为史上很失败的一次公关。纵观整件事件，华为的回应态度强硬，更多的是站在整个行业"潜规则"上去面对质疑。而消费者需要的是产品的体验，花费同样的钱享受同样的服务。此外，对于消费者要求"召回"的请求，华为方面也没有回应。

资料来源： http://www.sohu.com/a/138059381_786855.

（二）案例思考

请你以"闪存门"事件为背景，运用所学知识，为华为进行企业形象修复的方案设计。

参 考 文 献

[1] 魏翠芬，陈艳华. 公共关系理论与实务［M］. 北京：北京交通大学出版社，2009.

[2] 栗玉香. 公共关系［M］. 5 版. 大连：东北财经大学出版社，2016.

[3] 李兴国. 公共关系实用教程［M］. 3 版. 北京：高等教育出版社，2015.

[4] 方莉玫，熊畅. 公共关系实务［M］. 北京：机械工业出版社，2013.

[5] 邢伟，徐盈. 公共关系［M］. 北京：高等教育出版社，2015.

[6] 贾薇，岳士凯，徐洁. 公共关系项目化教程［M］. 沈阳：东北大学出版社，2015.

[7] 张克非. 公共关系学［M］. 3 版. 北京：高等教育出版社，2014.

[8] 朱崇娴，范恪劼，范昕伟. 公共关系原理与实务［M］. 2 版. 北京：高等教育出版社，
2014.

[9] 荣晓华. 公共关系：理论、实务、案例、实训［M］. 2 版. 北京：高等教育出版社，
2014.

[10] 居延安. 公共关系学［M］. 5 版. 上海：复旦大学出版社，2013.

[11] 赵应文. 公共关系学概论［M］. 北京：清华大学出版社，2013.

[12] 张云. 公共关系：理论、实践与案例［M］. 上海：华东师范大学出版社，2012.

[13] 邱伟光，阎照武. 公共关系实务［M］. 合肥：安徽大学出版社，2011.

[14] 张亚. 公共关系与实务［M］. 2 版. 北京：科学出版社，2011.

[15] 蒋楠. 公共关系原理与实务［M］. 北京：科学出版社，2011.